# 目次

CONTENTS


## 序章
**ストラテジー（戦略）とタクティクス（戦術）** 2

## 第1章　アップウインド（風上航）
**「はしご段をイメージしよう」** 4
● 風上を目指す ● 振れ戻る風 ● 振り切れる風
**「風を見る、風を読む、風を知る」** 14
● 風向を知る ● 風振れパターンを見極める ● VMG：風上へ向かう速度 ● 乱れた風
**「ミート、作戦遂行」** 26
● ヨットレースのルール ● ポート／スターボード ● ミート、作戦遂行 ● カバーリング

## 第2章　スタート
**「スタートラインとルール」** 44
● レースコース ● スタートライン ● スタートの手順
● スタート時に必要なルール ● スタート時はルームを得る資格なし
**「いざ、スタート」** 56
● スタート戦略 ● 三つの選択肢 ● スタート戦術

## 第3章　マーク回航
**「マーク回航時のルール」** 62
● 風下マークでのルール ● 風上マークでのルール
**「風上マーク回航」** 68
● レイラインでの攻防 ● コース全体の戦略
**「風下マーク回航」** 74
● ラウンディング・マニューバー ● ライバルを振り切る風下マーク回航術
● スターボード・ラウンディング ● スピネーカーダウン

## 第4章　ダウンウインド（風下航）
**「ダウンウインドのVMG」** 80
● アップウインドと同じこと、違うこと ● ここでも、はしご段 ● コースエンドはやっぱり危険
● ダウンウインドでのカバーリング ● リーチング

## 第5章　フィニッシュ
**「フィニッシュでの攻防」** 92
● フィニッシュライン ● 有利なエンド ● 風下フィニッシュ
● フィニッシュライン際でのタクティクス ● リーチングフィニッシュ

## 第6章　ペナルティー
**「規則を守って楽しいレースを」** 104
● 違反すれば罰則あり ● 2回転のペナルティー ● シリーズ戦略

序　章

# ストラテジー（戦略）とタクティクス（戦術）

## ヨットレース、勝利への要素

ヨットレースで勝つためには、

○ **ボートスピード**
○ **クルーワーク**
○ **ナビゲーション**
○ **戦略**
○ **戦術**

……と、いくつもの要素が必要になる。

### ボートスピード

スピード競争であるから、いかに速く走るかというのは重要だ。

かといって、ただ全力で走ったり、ペダルを漕いだりすればいいという競技でもない。

舵の操作（ヘルム）やセールの調整（セールトリム）で艇速は違ってくる。

いや、走り始める前のマストのセッティングや、それに合わせたセールの選択、あるいは船底を磨いたり、レース中に船が壊れないように整備しておくことも、艇速をアップさせるための重要なポイントだ。

このように、ボートスピードを上げるための要素だけを考えても多岐にわたる。

### クルーワーク

艇速ばかりではない。スムースでロスのないタッキングやジャイビング、あるいは風上マーク回航時のスピネーカー展開や風下マークでのスピネーカー回収を含めて、マーク回航をいかに円滑に、ミスなく行うか。

これにはクルーワークと、それに合わせたボートハンドリングが重要な要素となる。さらにこれは、先に挙げたボートスピードにも関連してくる。

ボートスピードのアップやクルーワークの上達には、拙著『クルーワーク虎の巻』、『セールトリム虎の巻』をご参照いただきたい。

### ナビゲーション

いったい今、自艇はどこにいるのか？　目的地はどの方向にあるのか？　これを知るのがナビゲーションだ。目的地が見えない長距離レースの場合はもちろん、インショアのブイ回りレースでも、自艇がコース内のどこにいるのかを常に把握しておくことは、戦略を立てる上で重要になる。

ナビゲーションの詳しいことについては、『ナビゲーション虎の巻』に譲るとして、本書では、以下の戦略と戦術について、解説していく。

## ストラテジー（戦略）とタクティクス（戦術）

本書で解説していくのは、ヨットレー

**ヨットレースの要素**

ヨットレースは、さまざまな要素を競う競技だ。ボートスピードを上げるにはクルーワークも必要になるし、ボートスピードがタクティクスにも生かされる。タクティクスの前提として、ナビゲーションとストラテジーも重要だ

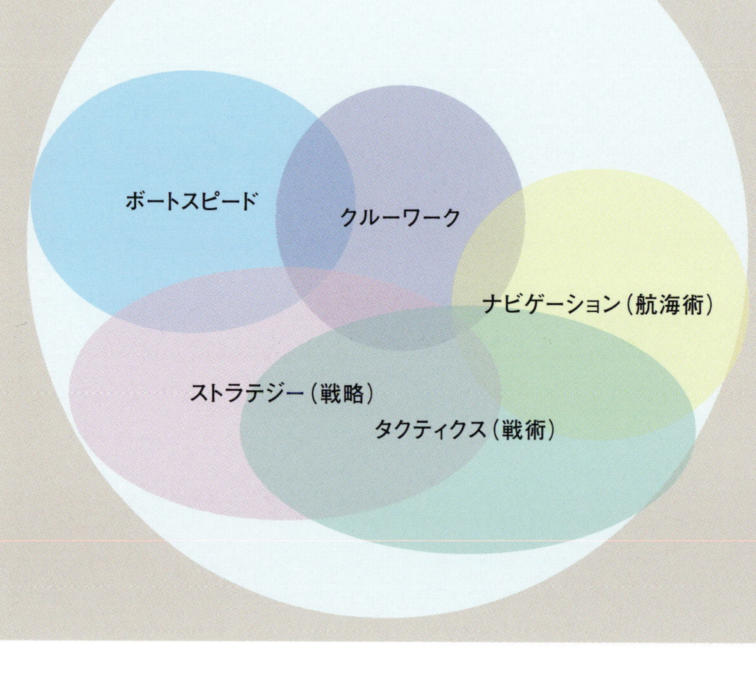

風や潮を利用して、いかに前に出るか。これが戦略。
立てた戦略を、いかにして実現するか。これが戦術。
本書では、戦略と戦術をこのように定義した。
戦略あっての戦術だし、戦術の妙なくして、戦略は成り立たない

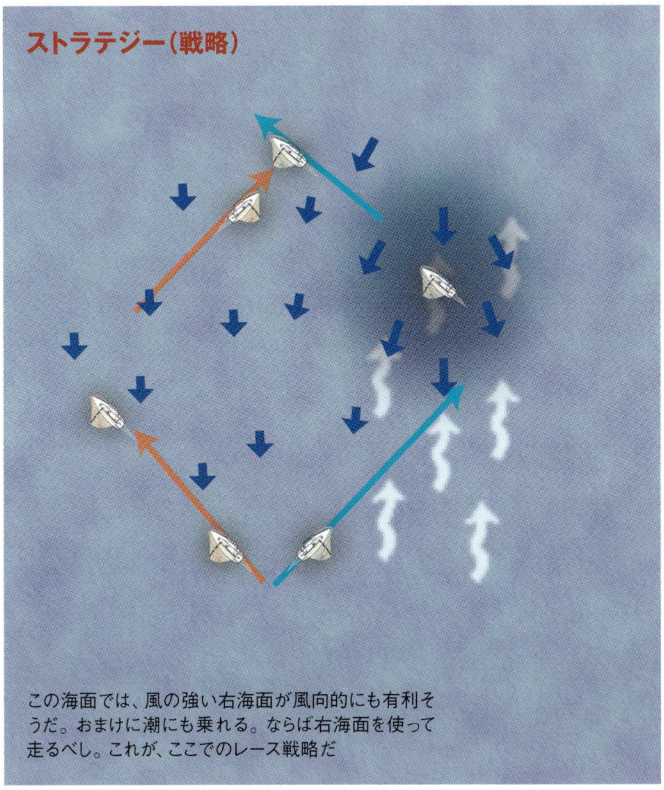
ストラテジー(戦略)
この海面では、風の強い右海面が風向的にも有利そうだ。おまけに潮にも乗れる。ならば右海面を使って走るべし。これが、ここでのレース戦略だ

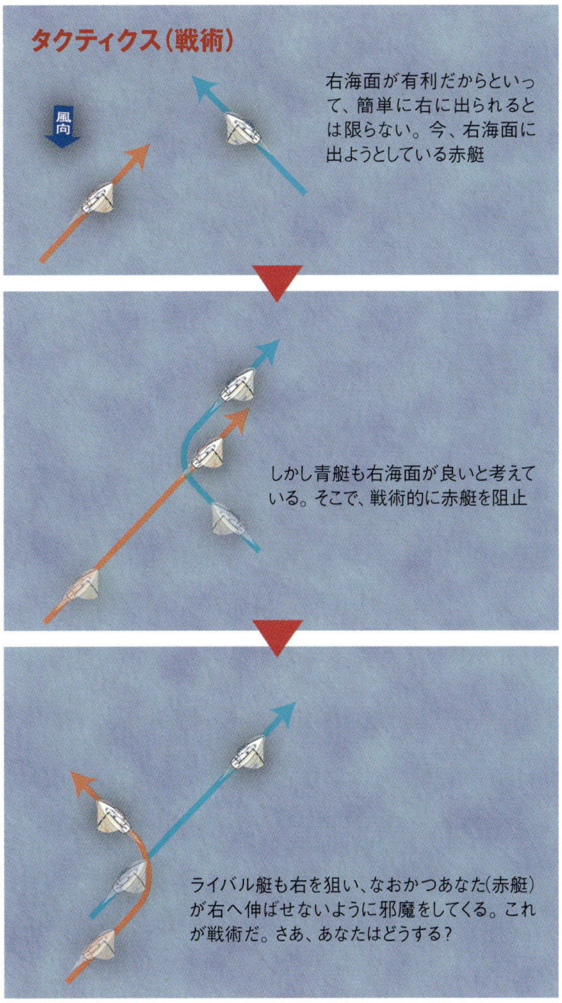
タクティクス(戦術)
風向
右海面が有利だからといって、簡単に右に出られるとは限らない。今、右海面に出ようとしている赤艇
しかし青艇も右海面が良いと考えている。そこで、戦術的に赤艇を阻止
ライバル艇も右を狙い、なおかつあなた(赤艇)が右へ伸ばせないように邪魔をしてくる。これが戦術だ。さあ、あなたはどうする?

スにおける戦略と戦術だ。似たような語句だが、どう違うのかを説明しておこう。

## ストラテジー(戦略)

ヨットは風を使って走る。すなわちヨットレースは、自然相手の競技でもある。広いレース海面全体に、一様に風が吹いているとは限らない。右海面の風が強いなら、右へ。いやいや左海面は強い連れ潮だ、ということなら左海面を選ぶだろう。風向も、ずっと同じではない。風向の変化をいかに利用するかというのも、レースの勝敗に大きく影響する。

そうした大局的な作戦が、戦略だ。

どんなに艇速が速くても、基本戦略ができていなければ前には出られない。それがヨットレースなのだ。

## タクティクス(戦術)

右海面が有利だと判断し、スタート後、右に出ようという戦略を立てた。

あなたがそう思ったのなら、他の艇も同じ戦略を立てても不思議ではない。

さてそこで、いかにして右海面に展開するか。ライバル艇が、それを阻んでくるかもしれない。それを乗り越えて右にでる作戦——それが戦術だ。

戦術しだいで、ライバル艇を左に追いやり、自艇は右へ行くこともできる。目指す戦略を遂行するために必要になるのが戦術だ。

戦略と戦術。ヨットレースをゲームとして楽しむ、重要な鍵となる。

『高木　裕の図解ヨットレーシング』(1997年刊)に引き続き、今回も講師を高木　裕氏にお願いした。ロサンゼルス五輪(470級)の日本代表選手であり、外洋レースでも数々の実績を残す名レーサーであり、A級ジャッジの資格を持つルールのオーソリティーでもある。

筆者はこれまで何度も高木氏とともにヨットに乗り、数々のレースで勝利を味合わせてもらうことができた。そんな「高木 裕のレース運び」、「高木 裕のレースに勝つコツ」といったものを、本書でじっくりと絞り出していきたいと思う。

レースコースの説明は44ページから。その前に、まず風上に設置された回航ポイントである、風上マークを目指すアップウインドのレグでの戦略と戦術から話を進めていく。

# 第 1 章
## アップウインド（風上航）

# はしご段をイメージしよう

近代ヨットの特徴は、風上に向かって進むことができるという点だ。
風上に設置されたマークを目指して走るのが、アップウインド・レグ。
ヨットレースの戦略と戦術の面白みは、
このアップウインド・レグに凝縮されているといってもいいだろう。

## 風上を目指す

風上を目指すというのはどういうことなのか？ まず、そこから考えていこう。

### 何がイーブンなのか？

クローズホールドで走る赤艇と青艇（右図）。このイラストを見る限り、青艇のほうが1艇身ほどリードしているように見える。ところが、両艇は今、風上にあるマーク（風上マーク）に向かって走るアップウインドのレグにいる。となると、両艇の位置関係は下図のようになる。

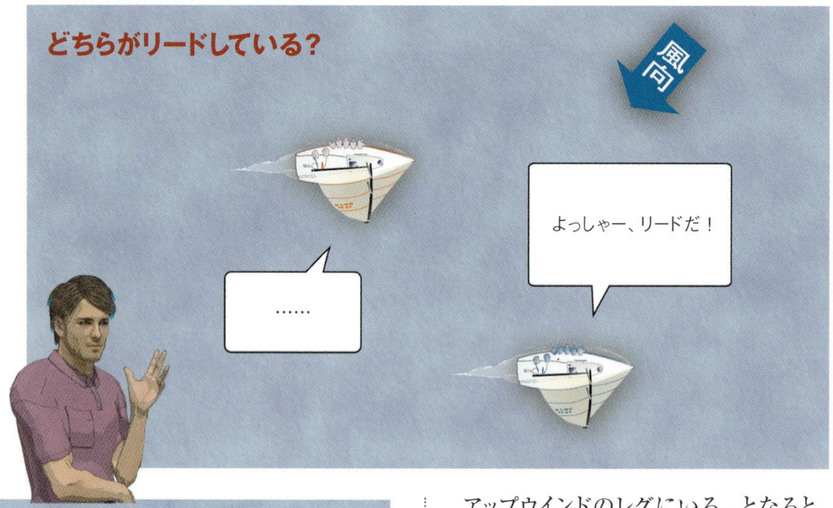
どちらがリードしている？
風向
よっしゃー、リードだ！
……

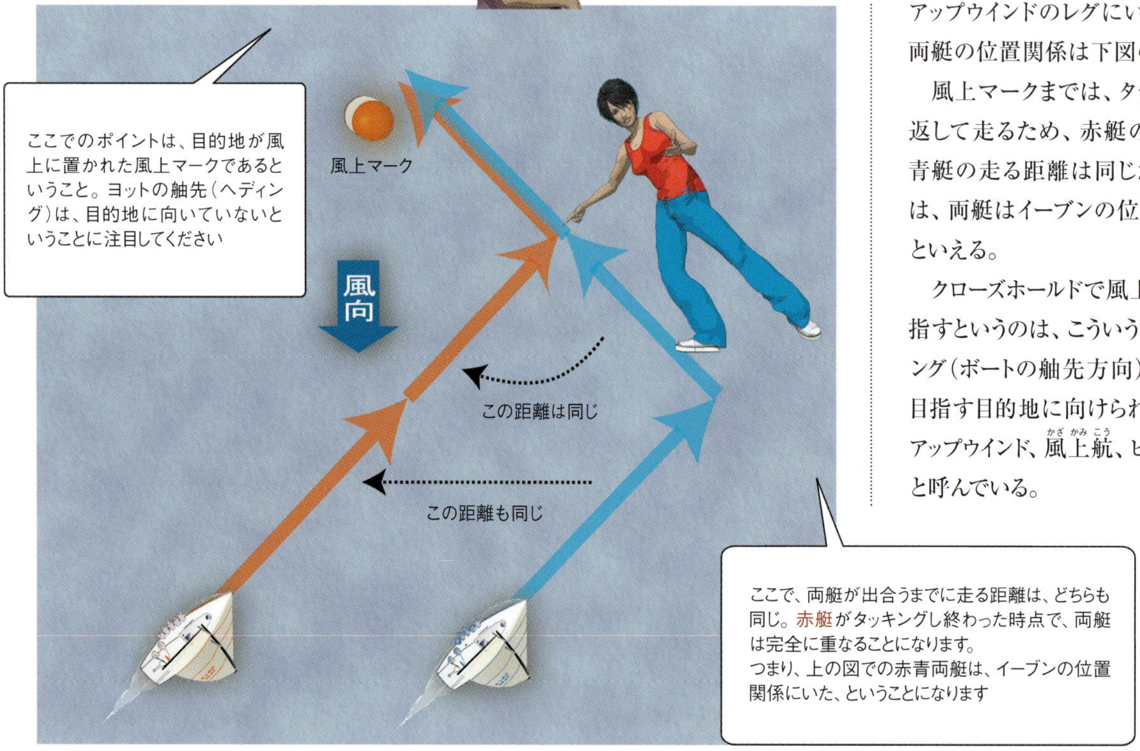
ここでのポイントは、目的地が風上に置かれた風上マークであるということ。ヨットの舳先（ヘディング）は、目的地に向いていないということに注目してください
風上マーク
風向
この距離は同じ
この距離も同じ
ここで、両艇が出合うまでに走る距離は、どちらも同じ。赤艇がタッキングし終わった時点で、両艇は完全に重なることになります。
つまり、上の図での赤青両艇は、イーブンの位置関係にいた、ということになります

風上マークまでは、タッキングを繰り返して走るため、赤艇の走る距離と、青艇の走る距離は同じだ。ということは、両艇はイーブンの位置関係にあるといえる。

クローズホールドで風上のマークを目指すというのは、こういうことだ。ヘディング（ボートの舳先方向）は、最初から目指す目的地に向けられない。これをアップウインド、風《かざ》上《かみ》航《こう》、ビーティングなどと呼んでいる。

# アップウインド

風上マークは真の風上にあるとは限らない。風が吹いてくる方向を風位《ふうい》といい、自艇から見て風位に当たる方向を真上《まかみ》ともいう。風上マークは真上にあるとは限らない。

右の図では、青艇の真上に風上マークがある。赤艇から見るとマークは真上にはない。

マークとの直線距離からすると、青艇の方がマークに近いように感じるかもしれない。事実、直線距離からすればずっと近い。

しかし、ヨットは直接風上に向かって真っすぐに進めない。タッキングを繰り返して風上マークを目指す。

そうなると、ここでも、赤、青、両艇から風上マークまで、走る距離は同じ。ということは、赤と青の両艇はイーブンの位置関係にあるといえる。

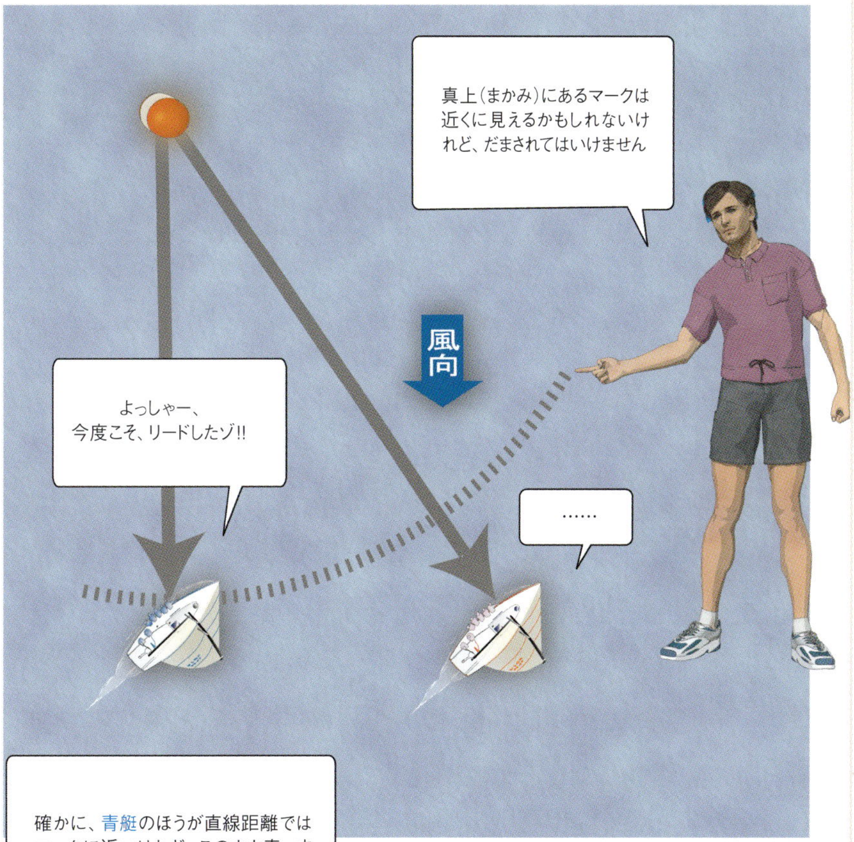
真上(まかみ)にあるマークは近くに見えるかもしれないけれど、だまされてはいけません
風向
よっしゃー、今度こそ、リードしたゾ!!
……

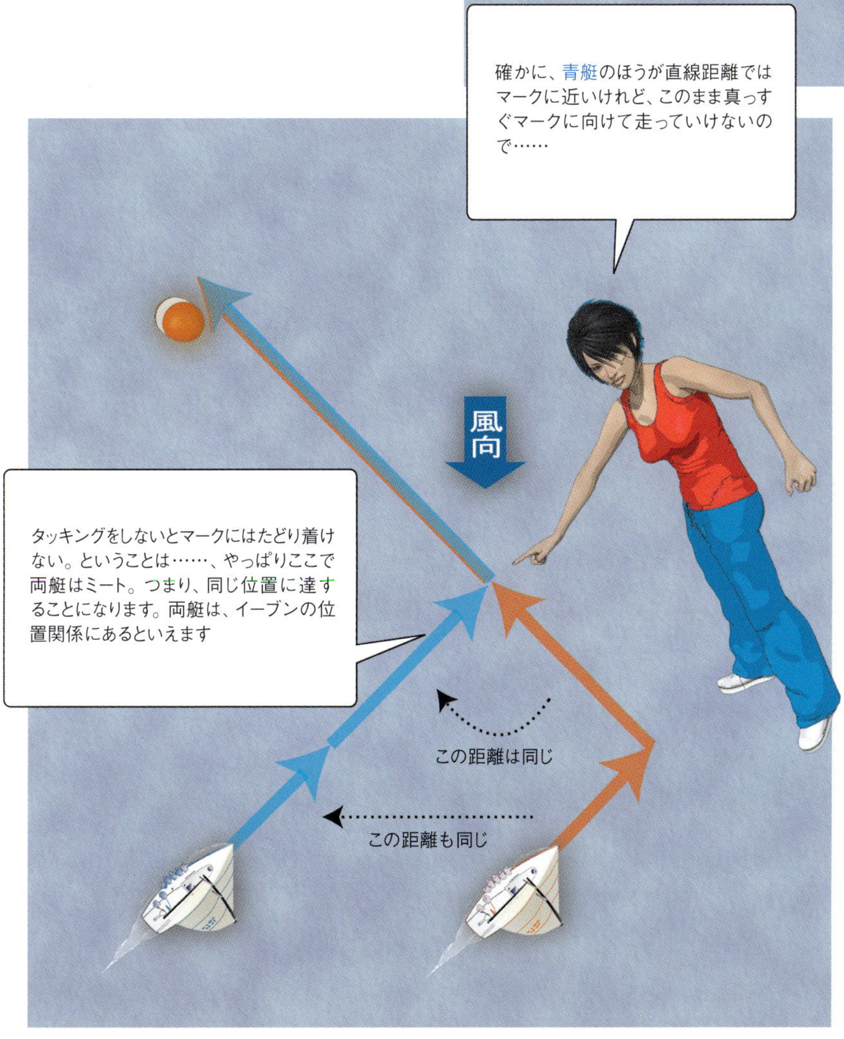
確かに、青艇のほうが直線距離ではマークに近いけれど、このまま真っすぐマークに向けて走っていけないので……
風向
タッキングをしないとマークにはたどり着けない。ということは……、やっぱりここで両艇はミート。つまり、同じ位置に達することになります。両艇は、イーブンの位置関係にあるといえます
この距離は同じ
この距離も同じ

レースコースは、いくつかの区間に分けて考えられる。風上マークを目指す区間を、アップウインド・レグという。

レグ(leg)というと、タッキングしてから次にタッキングするまでの距離、またはその間の航跡を指す場合もあるが、ここでいうレグは、回航すべきマークからマークへの区間のことだ。風下マークから風上マークまでの区間がアップウインド・レグだ。

アップウインド・レグで位置関係の基準となるのは、風上マークではなく、あくまでも風向だ。

風向は、絶えず変化する。風向が変化すれば、位置関係も変化していく。ここがアップウインド・レグでの勝負における一番のポイントとなる。

風向は、目で見て判断しにくく、これがヨットレースの難しい部分だが、逆にヨットレースの面白さでもある。

風向の変化を活かして、いかに前に出るか。レース戦略の基本を、さらに詳しく考えていこう。

## 風向の変化とはしご段

風向にともなう位置関係を分かりやすくするために、風向に直角な線を引いてみる(右図)。同じ線上にいる艇は、イーブンの位置関係にあるといえる。

ちょうど梯子《はしご》を登っていくように、一段一段この線を上りながら風上に向かっていく……というようにイメージしてもらえばいいと思う。

そこで、この線を「はしご段」と呼ぶことにする。

風向は常に一定ではない。このはしご段は風向に直角であるから、風向の変化(これをシフトという)に連れて、はしご段も同時に傾く。ヨットの位置関係も、それにともなって変化することになる。

言葉では分かりにくいかもしれないので、その変化をイラストで見ていこう。

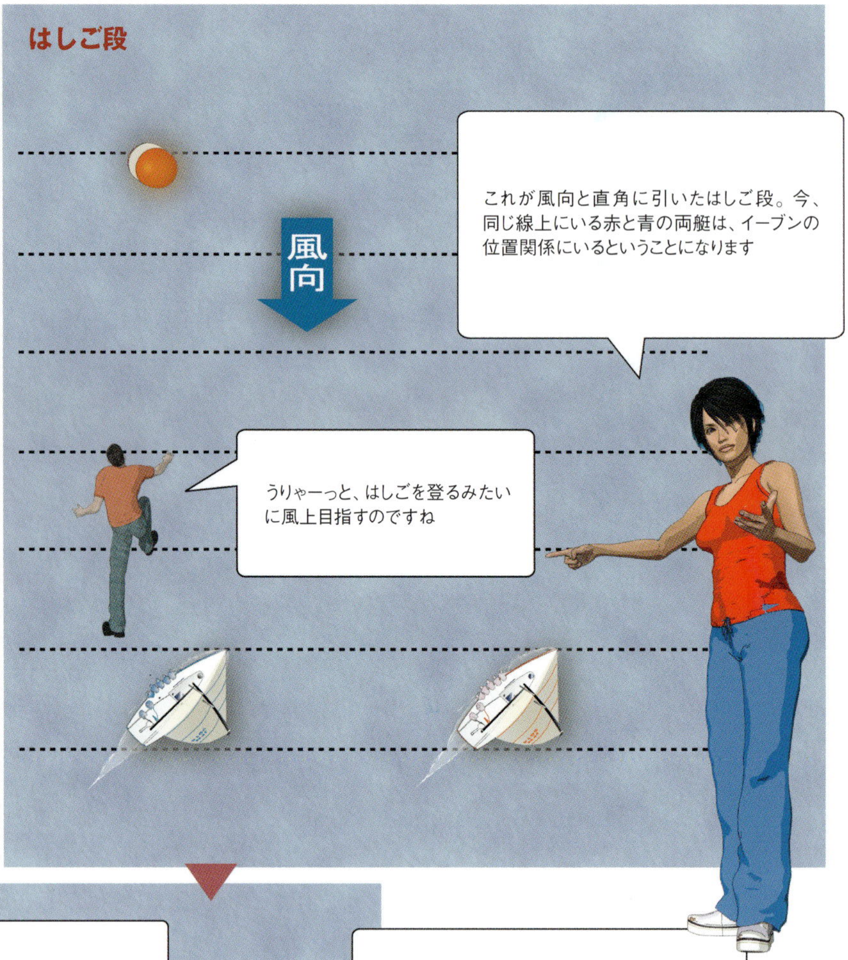
はしご段
風向
これが風向と直角に引いたはしご段。今、同じ線上にいる赤と青の両艇は、イーブンの位置関係にいるということになります
うりゃーっと、はしごを登るみたいに風上目指すのですね

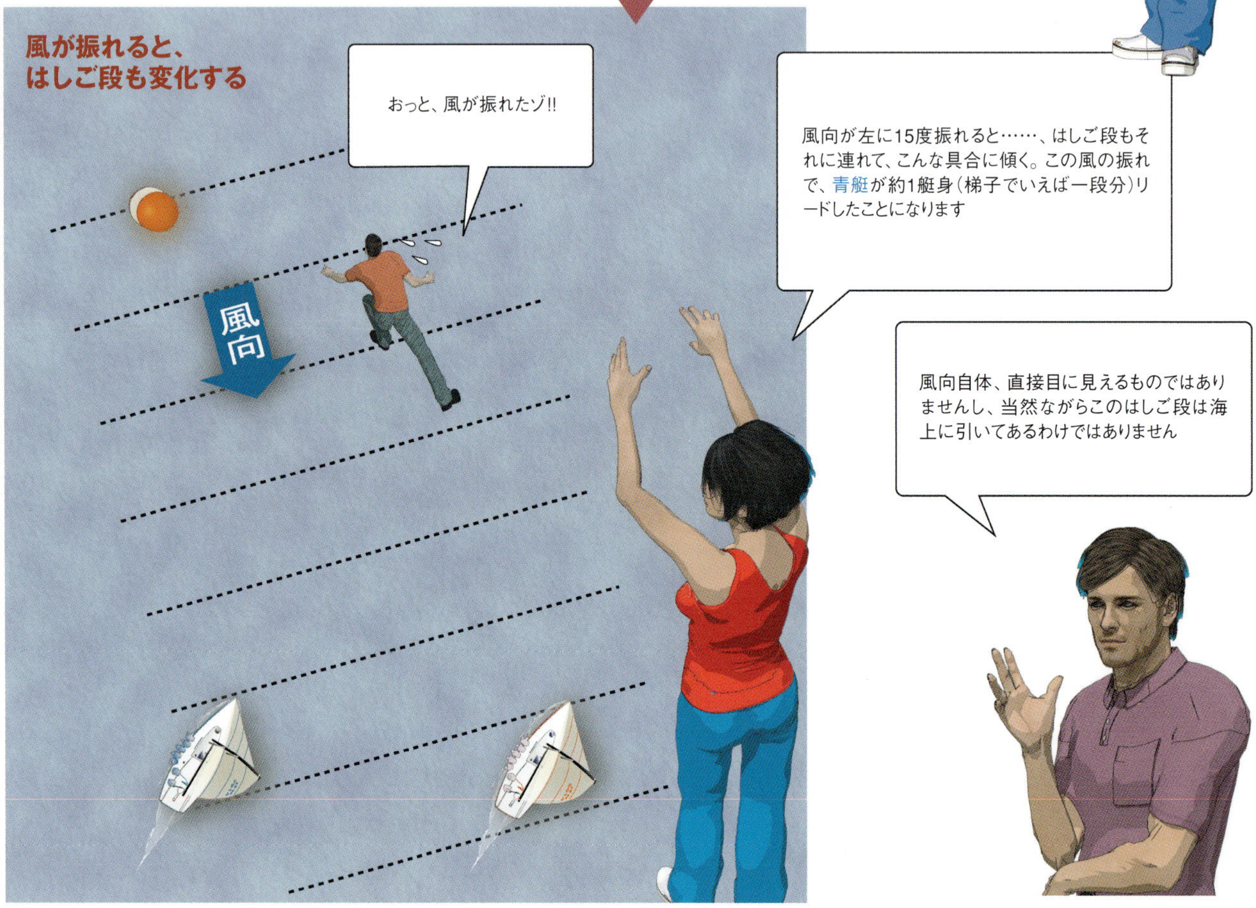
風が振れると、はしご段も変化する
おっと、風が振れたゾ!!
風向
風向が左に15度振れると……、はしご段もそれに連れて、こんな具合に傾く。この風の振れで、青艇が約1艇身(梯子でいえば一段分)リードしたことになります
風向自体、直接目に見えるものではありませんし、当然ながらこのはしご段は海上に引いてあるわけではありません

# アップウインド

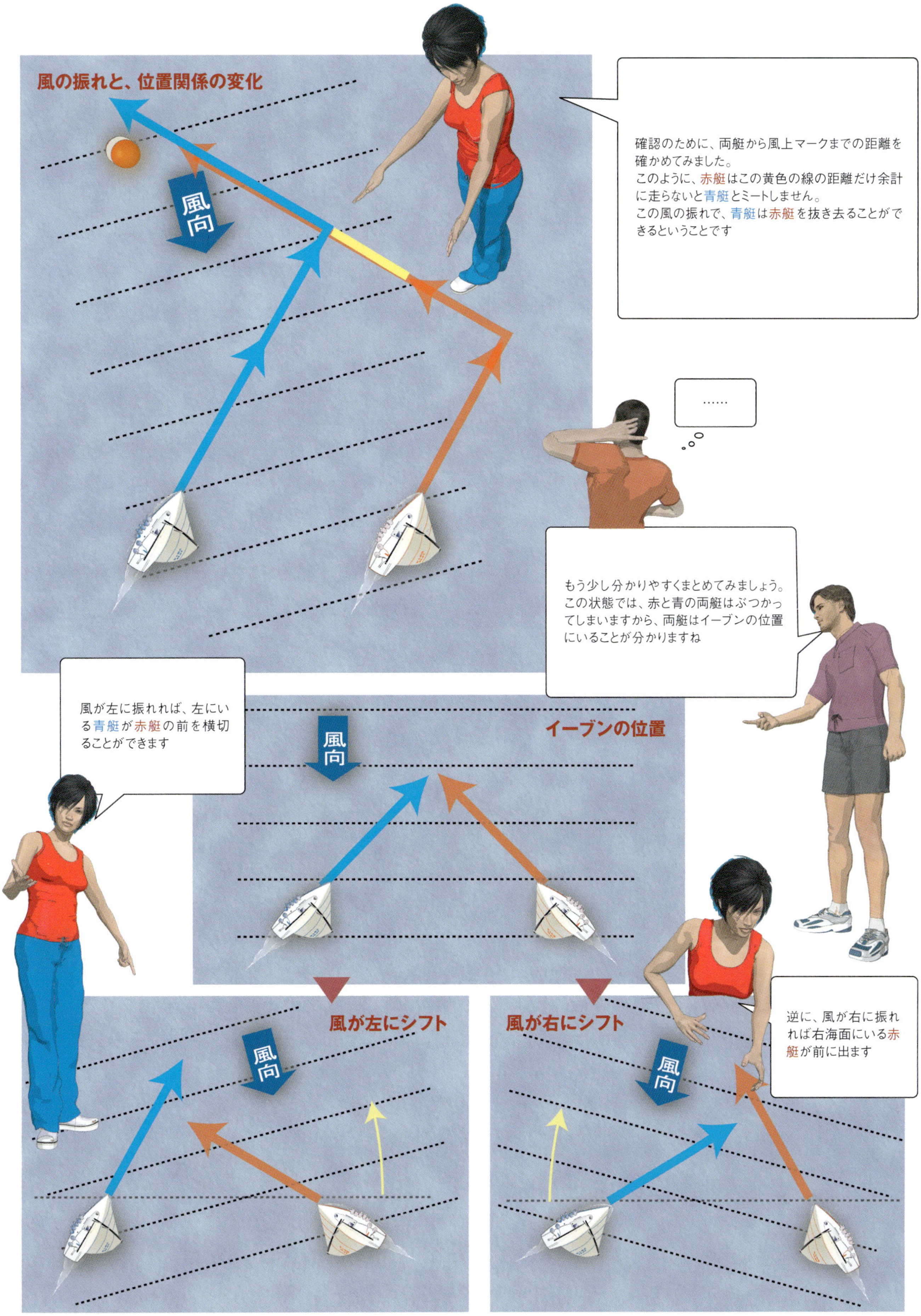

風の振れと、位置関係の変化
風向
確認のために、両艇から風上マークまでの距離を確かめてみました。
このように、赤艇はこの黄色の線の距離だけ余計に走らないと青艇とミートしません。
この風の振れで、青艇は赤艇を抜き去ることができるということです
……
もう少し分かりやすくまとめてみましょう。この状態では、赤と青の両艇はぶつかってしまいますから、両艇はイーブンの位置にいることが分かりますね
イーブンの位置
風向
風が左に振れれば、左にいる青艇が赤艇の前を横切ることができます
風が左にシフト
風向
風が右にシフト
風向
逆に、風が右に振れれば右海面にいる赤艇が前に出ます

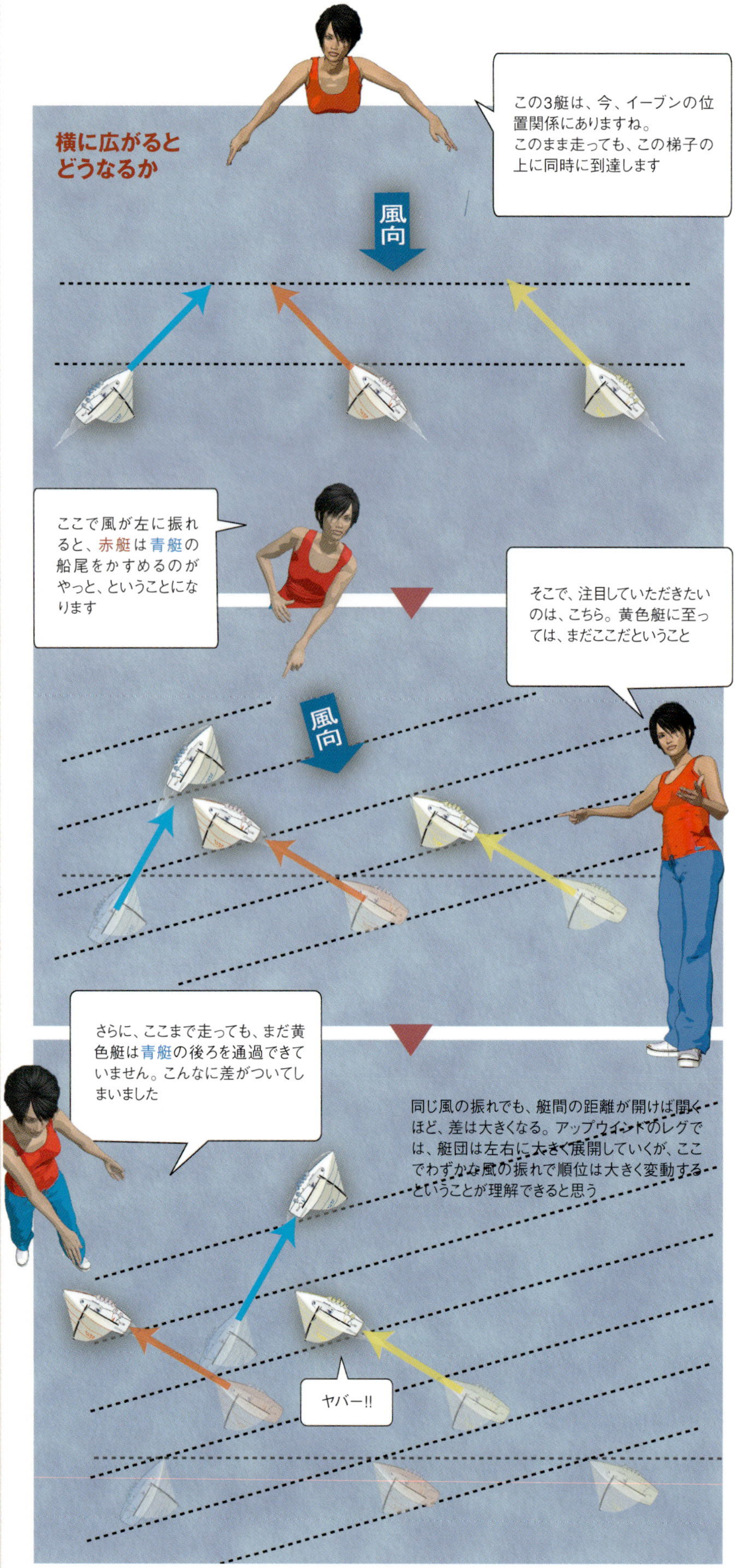
横に広がると
どうなるか
この3艇は、今、イーブンの位置関係にありますね。
このまま走っても、この梯子の上に同時に到達します
風向
ここで風が左に振れると、赤艇は青艇の船尾をかすめるのがやっと、ということになります
そこで、注目していただきたいのは、こちら。黄色艇に至っては、まだここだということ
風向
さらに、ここまで走っても、まだ黄色艇は青艇の後ろを通過できていません。こんなに差がついてしまいました
同じ風の振れでも、艇間の距離が開けば開くほど、差は大きくなる。アップウインドのレグでは、艇団は左右に大きく展開していくが、ここでわずかな風の振れで順位は大きく変動するということが理解できると思う
ヤバー!!

## 艇の間隔と、風の振れ

前ページで見たように、風向が変化するとはしご段も変化し、それにともなって位置関係も変化する。

この変化は、艇と艇が横方向に離れているほど大きくなる。

左図は、風向が左に振れた例。風が振れたサイド（この場合は左）にいる青艇が、もっとも前に出ることができる。右エンドにいる黄艇は、中央にいる赤艇の後ろになってしまう。

レース海面は、この図よりずっと広い。右エンドにいるか、左エンドにいるか。左右に大きく離れるほど、風向変化によるリスク（あるいはチャンス）は大きくなる。

## 振れ戻る風

このように、艇の位置関係は風向によって左右される。同じはしご段の上にいた艇でも、風向が変化しただけで位置関係は変わってしまう。

ここで得た位置的な利益を、ゲインと呼んでいる。風が振れた側の艇が前に出ることになり、ゲインする。

注意しなければならないのは、風向の変化によって得たゲインは、風向が戻る（振れ戻る）と、当初の位置関係に戻ってしまうということだ（右上図）。

風の振れによって得られるポジション的な利益は、そのときだけのもの。株式の取引で、買った株が値上がりしたようなもので、株を売って現金化しないかぎり、その利益は現実のものにはならない。売らずに持ち続け、やがて値が下がれば、利益はなくなる。

風の振れで得た利益も、これと同じ。右への風振れで利を得たようにみえても、風が振れ戻れば、その利益はあっという間に消し飛んでしまう。

それでは、風の振れによって得た見かけの利益を真の利益として確定させるには、どうすればいいのだろうか。

# アップウインド

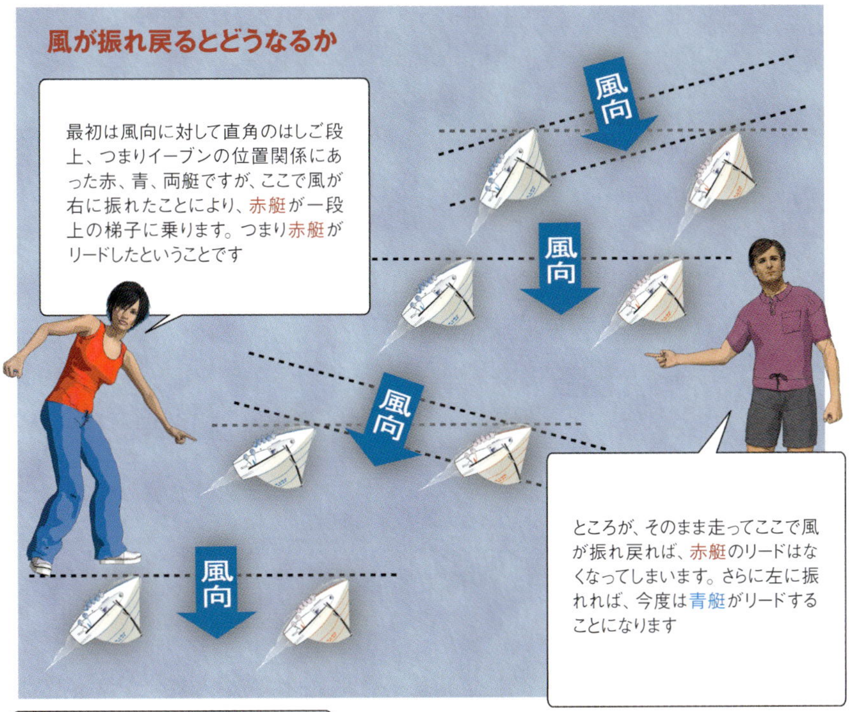


## 利益の確定

利益を確定するためには、どこかで相手の前を横切る必要がある。前を横切るということは、そこで確実に順位が入れ替わることであり、風の振れで得た利益を確定することになる。

左下図では、右への風振れで前に出た赤艇は、その後風が振れ戻ると予測してタッキング、青艇の前を横切って風上に出た。

前を横切るということは、リードしたということ。そして、風上側で再びタッキング。

これで、左右の位置関係から上下の位置関係になった。風向に対して、風上と風下、いわゆる「上下（カミ・シモ）」の関係だ。

これで、この後、風が右に振れても左に振れても、赤艇のリードは変わらない。赤艇は、最初の右への振れで得た利益を確定したことになる。

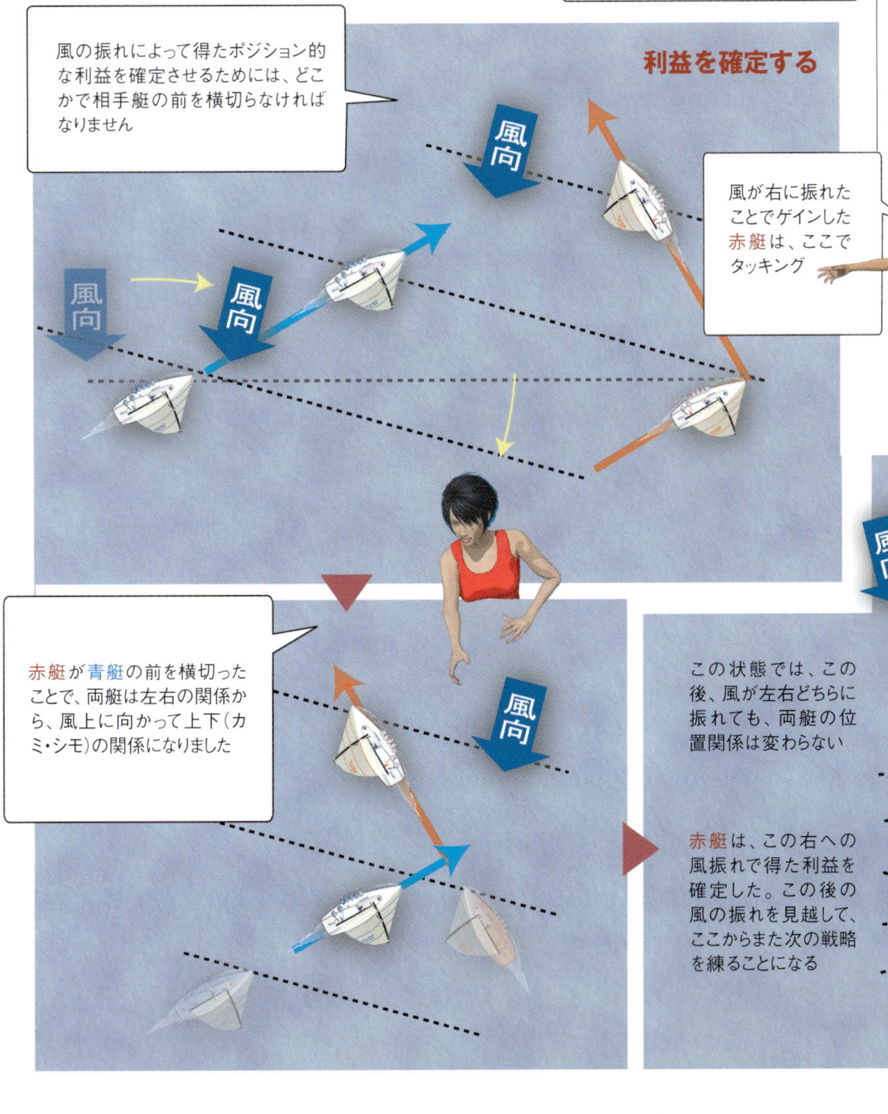


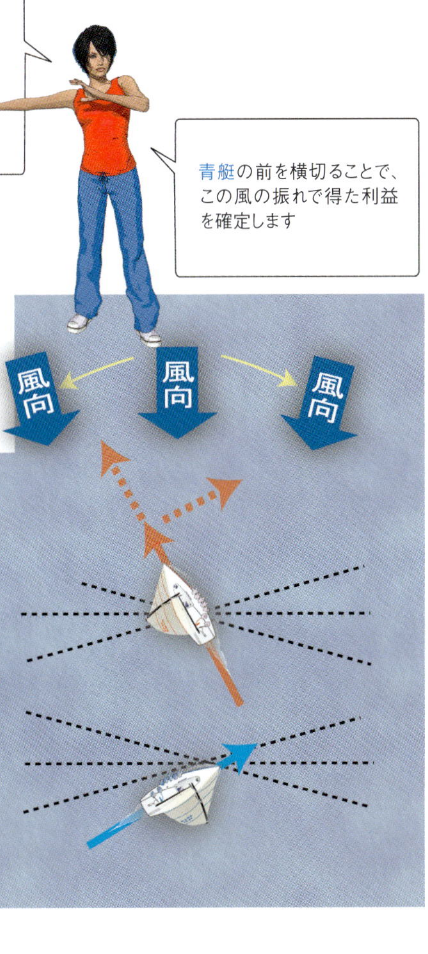

## リフトとヘッダー

この場合の風向のシフト（変化）は相対的なものだ。“これまでよりも”右に振れたのか、左に振れたのか、ということになる。

こうした風向の変化は「リフト」と「ヘッダー」として認識すると分かりやすい。

自艇から見て、より風上に上れるようになる風の振れをリフト、逆に上りにくくなるような振れをヘッダーと呼んでいる。

リフトのシフトを受けた艇は、より風上マークに近く走ることができる。逆にヘッダーのシフトを受けるとマークから遠ざかってしまうということを意味する。

さらにいえば、ヘッダーを受けたときにタッキングすれば、そのシフトは自艇から見てリフトになるということでもある。

## リフトを拾って、ビッグゲイン

風上航では、目指すマークは風上にある。つまり、リフトのシフトを拾って走れば、より早く風上マークに到達できるということだ。

右図を見ていただきたい。

赤、青の両艇は、走っている距離は同じ（同じ艇速なら、同じ時間で走る距離）だが、風向の変化に合わせてタッキングを繰り返し、常にリフトの風で走り続けた青艇のほうがずっと風上マークに近づいているのが分かる。

このイラストは、分かりやすいようにタッキングアングル90度で、すべての海面に同時に同じシフトが入るようにかなり単純で大げさに描いたもので、当然ながら実際の風向の変化はもっと複雑で微妙だ。

が、ここで、周期的に振れては戻る風の中で、有利なシフトをつかむことがどれだけ風上マークへ近づくために重要かが理解いただけると思う。

イラストで見れば、赤艇はなんてバカなコース取りをしているのだろう、と思うかもしれないが、目印のない海上では、意外やこれがよくワカラナイのだ。

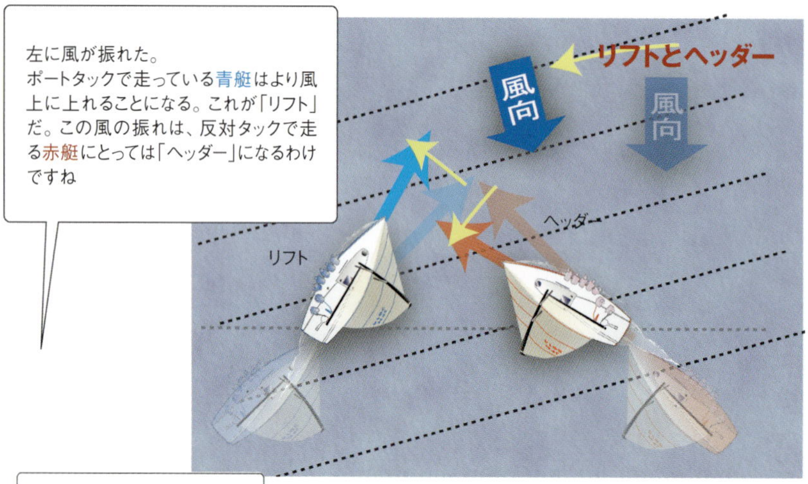
左に風が振れた。ポートタックで走っている青艇はより風上に上れることになる。これが「リフト」だ。この風の振れは、反対タックで走る赤艇にとっては「ヘッダー」になるわけですね
リフトとヘッダー
風向
風向
ヘッダー
リフト

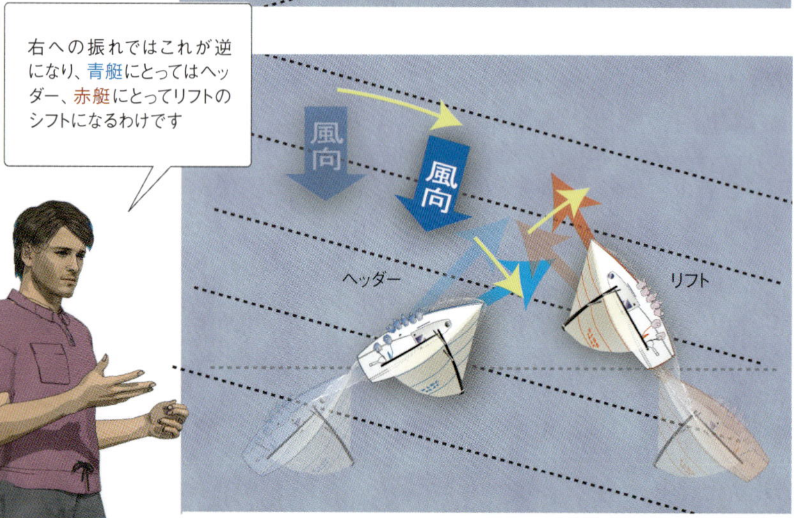
右への振れではこれが逆になり、青艇にとってはヘッダー、赤艇にとってリフトのシフトになるわけです
風向
風向
ヘッダー
リフト

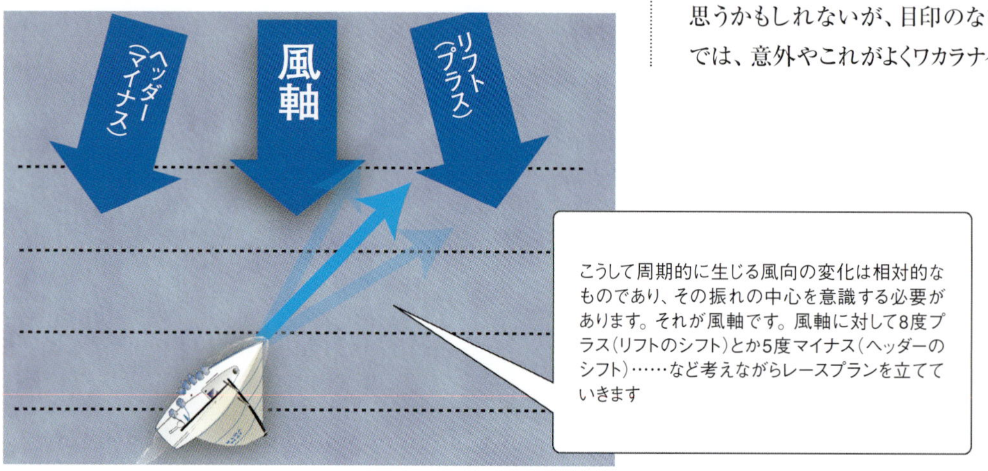
ヘッダー（マイナス）
風軸
リフト（プラス）
こうして周期的に生じる風向の変化は相対的なものであり、その振れの中心を意識する必要があります。それが風軸です。風軸に対して8度プラス（リフトのシフト）とか5度マイナス（ヘッダーのシフト）……など考えながらレースプランを立てていきます

# アップウインド

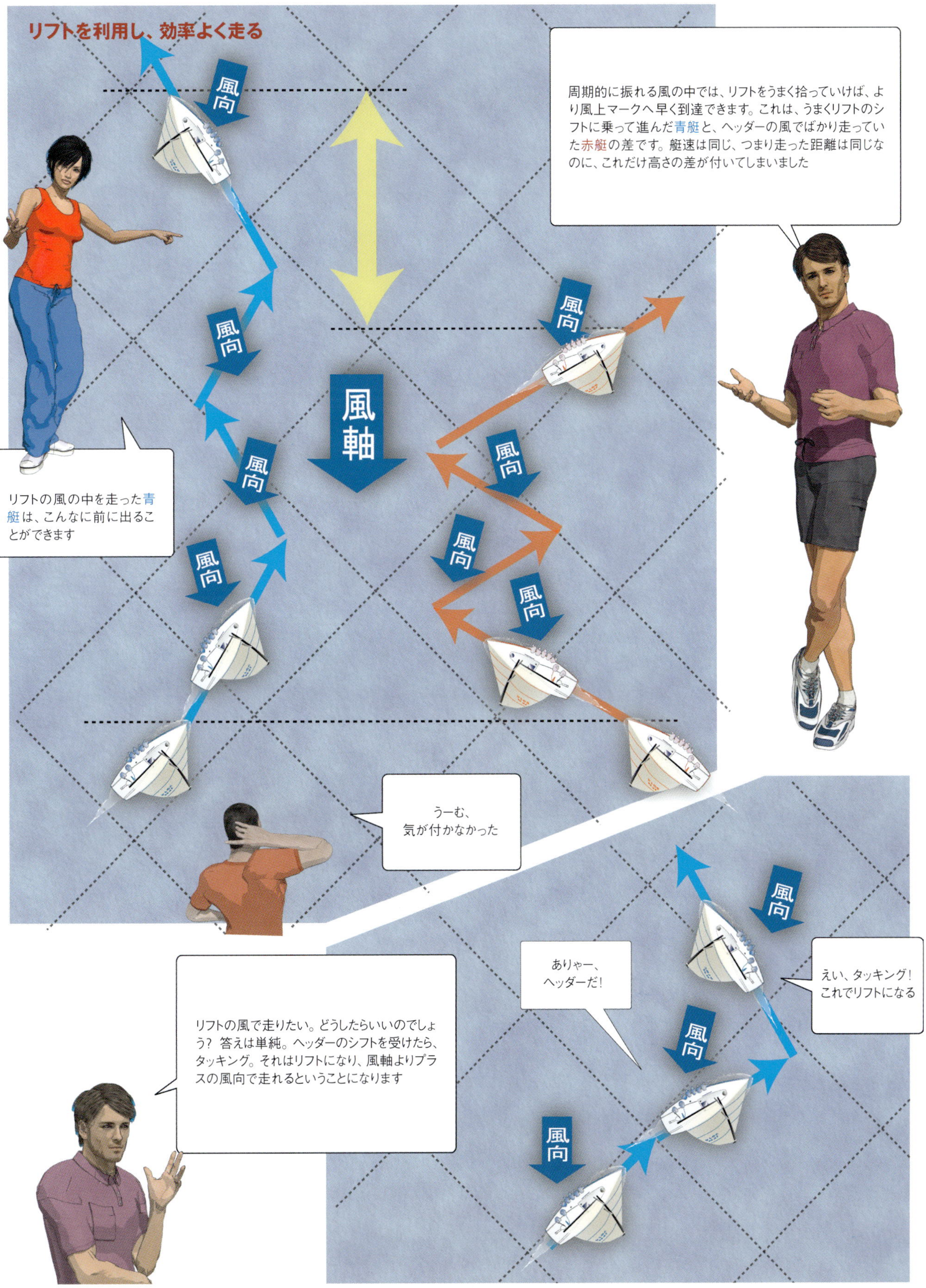

リフトを利用し、効率よく走る
周期的に振れる風の中では、リフトをうまく拾っていけば、より風上マークへ早く到達できます。これは、うまくリフトのシフトに乗って進んだ青艇と、ヘッダーの風でばかり走っていた赤艇の差です。艇速は同じ、つまり走った距離は同じなのに、これだけ高さの差が付いてしまいました
風向
風向
風軸
風向
風向
風向
風向
風向
風向
リフトの風の中を走った青艇は、こんなに前に出ることができます
うーむ、
気が付かなかった
リフトの風で走りたい。どうしたらいいのでしょう？ 答えは単純。ヘッダーのシフトを受けたら、タッキング。それはリフトになり、風軸よりプラスの風向で走れるということになります
ありゃー、
ヘッダーだ！
えい、タッキング！
これでリフトになる
風向
風向
風向

## 振り切れる風

前ページの例のように、風軸を中心として左右に振れ戻る風なら「リフトの中を走る」のが鉄則になるが、風向の変化はそうそう単純なものではない。風軸そのものが変化し、どちらかに振り切ってしまうということも多い。

この場合も、風上航での原則は同じ「風が振れた方にいた艇が有利」となるのだが……。

### リフトに乗ると、谷底へ

下図は、最初のヘッダーのシフトでタッキングした青艇と、完全に振り切れるまで待って右海面に出た赤艇との差を描いたもの。ヘッダーを我慢し

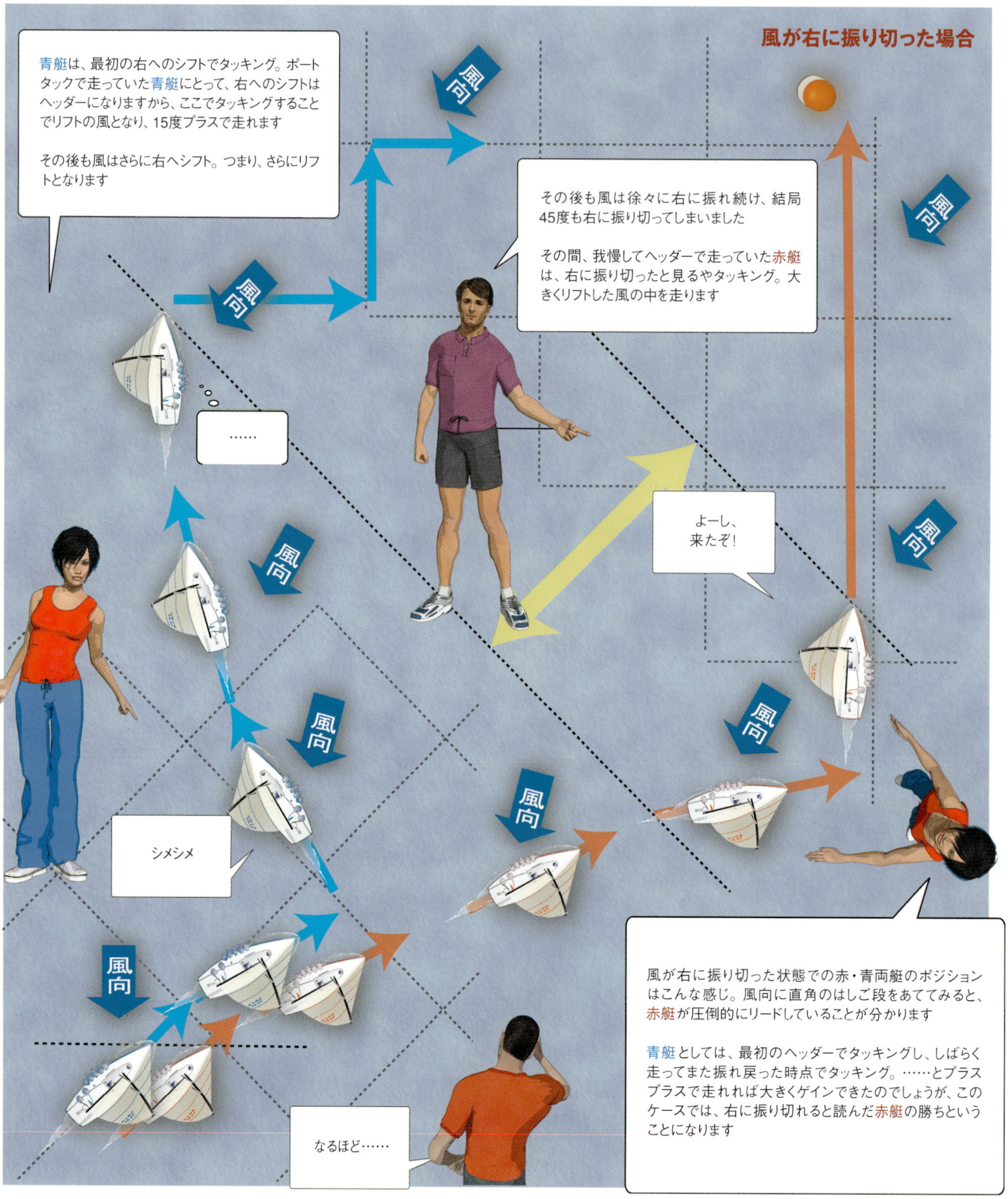

風が右に振り切った場合
青艇は、最初の右へのシフトでタッキング。ポートタックで走っていた青艇にとって、右へのシフトはヘッダーになりますから、ここでタッキングすることでリフトの風となり、15度プラスで走れます
その後も風はさらに右へシフト。つまり、さらにリフトとなります
その後も風は徐々に右に振れ続け、結局45度も右に振り切ってしまいました
その間、我慢してヘッダーで走っていた赤艇は、右に振り切ったと見るやタッキング。大きくリフトした風の中を走ります
……
よーし、来たぞ!
シメシメ
なるほど……
風向
風が右に振り切った状態での赤・青両艇のポジションはこんな感じ。風向に直角のはしご段をあててみると、赤艇が圧倒的にリードしていることが分かります
青艇としては、最初のヘッダーでタッキングし、しばらく走ってまた振れ戻った時点でタッキング。……とプラスプラスで走れれば大きくゲインできたのでしょうが、このケースでは、右に振り切れると読んだ赤艇の勝ちということになります

て右海面に出て、風軸が大きく右へ振れきった時点でタックを返した赤艇が大きくリードを得ているのがおわかりいただけると思う。

これは「振れ戻る風」(11ページ)の場合の「ヘッダーしたらタッキング」の原則とは異なるケースとなる。

なぜ違ってくるのか?

風軸そのものが振り切った時点で風上マークに到達してしまうので、ここでの位置的な利益がそのまま確定することになるからだ。この時点での右に振り切った風向に対して直角のはしご段で両艇の位置関係が決まる。

したがって、この後、マーク回航までの間に風が振れ戻らない限り、赤艇が大きなリードを得たということになる。

ヘッダーが来たらタッキングしてリフトで走る——これが原則だが、それはその風が振れ戻る場合の話。そのまま振り切れるならば、振り切るのを待ってタッキング、ということになる。

どんどんリフトし続ける風の中を走っていると、最終的に風が振り切れる方向とは逆の海面に向かってしまうので注意が必要だ。

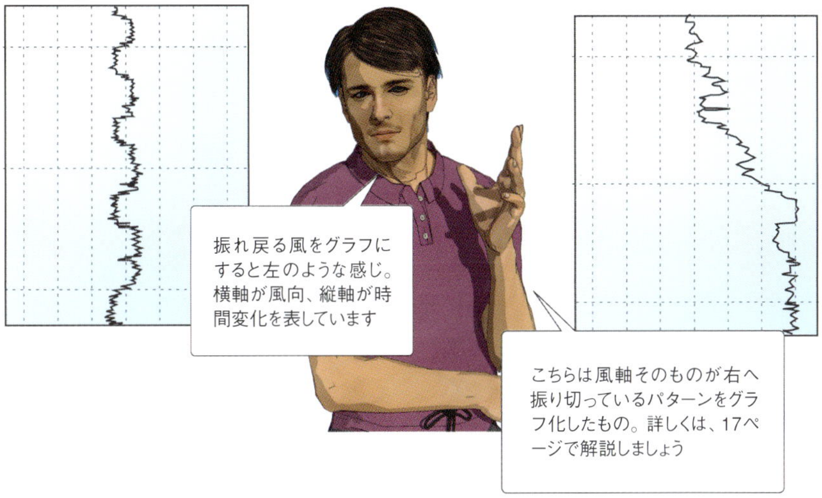
振れ戻る風をグラフにすると左のような感じ。横軸が風向、縦軸が時間変化を表しています
こちらは風軸そのものが右へ振り切っているパターンをグラフ化したもの。詳しくは、17ページで解説しましょう

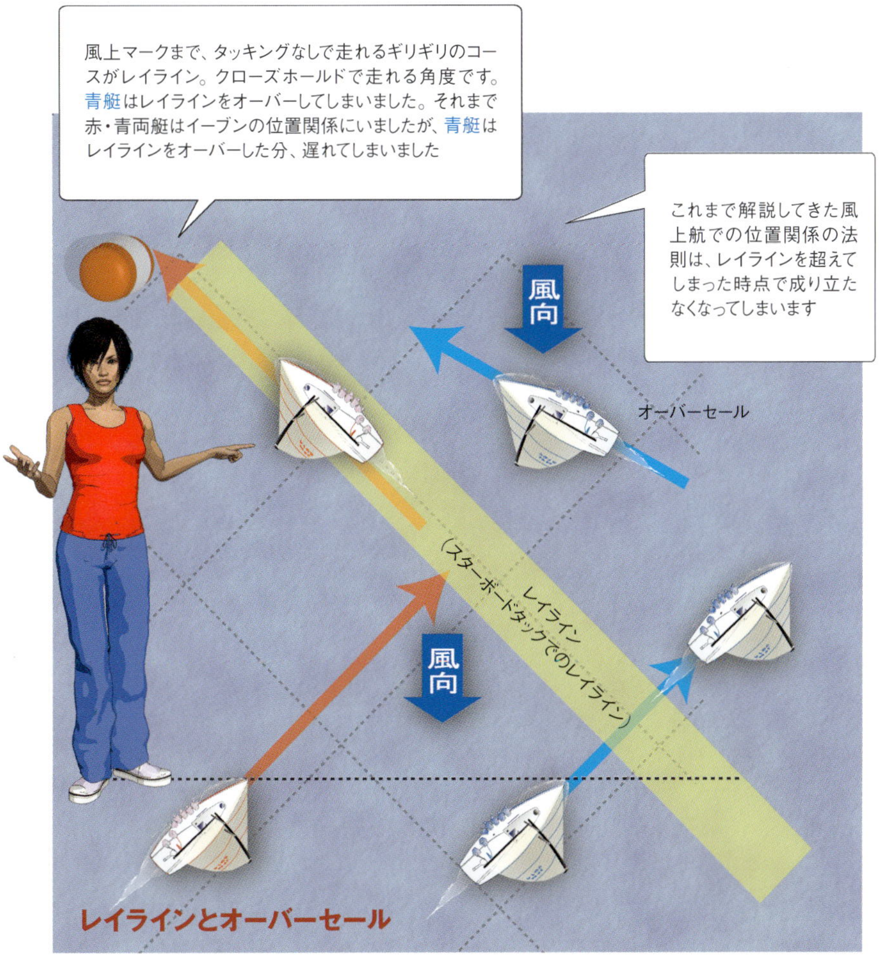
風上マークまで、タッキングなしで走れるギリギリのコースがレイライン。クローズホールドで走れる角度です。青艇はレイラインをオーバーしてしまいました。それまで赤・青両艇はイーブンの位置関係にいましたが、青艇はレイラインをオーバーした分、遅れてしまいました
これまで解説してきた風上航での位置関係の法則は、レイラインを超えてしまった時点で成り立たなくなってしまいます
風向
オーバーセール
レイライン
(スターボードタックでのレイライン)
風向
レイラインとオーバーセール

## オーバーセールに気を付ける

これらの説明は、すべて風上マークまで上りきれない風上航での話。風上航での最終局面ともいえるマークへさしかかる航程(マークアプローチという)では、状況が異なる。

風上マークまでクローズホールドでちょうど走りきれるコースを、レイラインという。これがマークへの最終アプローチであり、これ以上は風上に進む必要はないわけだ。

ところが、当然ながら海面にレイラインの線が引かれているわけではないので、正しいレイラインに乗るのはそうそう簡単なことではない。

レイラインを超えて走りすぎてしまうことを、オーバーセール(またはオーバーレイ)という。走りすぎた分、まるまる距離をロスしていることになるので、オーバーセールしないように注意したい。

たとえ正しいレイラインに乗ったとしても、その後で風が振れてしまえばレイラインも変化する。だから、遠くからマークへアプローチするのはなかなか難しいのだ。

レイラインについては、この後、風上マーク回航の項目で詳しく解説していきたい。

# 風を見る、風を読む、風を知る

## 風向を知る

ここまでで、風向の変化が順位に大きく関係してくることがお分かりいただけたと思う。となると、次にはその風向の変化をどのようにして把握するか、という話になってくる。

そもそも風は目で見ることができない。にもかかわらず、わずか5度、10度の違いを意識しなけらばならない。細かな風向の変化をいかにして知り、どのようにして先の予測を立てていったらいいのだろう。

### ヘディングを見る

クローズホールドでは、風に合わせて走っている。ということは、風向が変わればヘディング（船首が向いている方向、船首方位）が変わる。ヘディングの変化で、風向の変化が分かるということになる。

ヘディングの変化を知るには、まず前方の景色に注目してみよう。景色が変化すれば、ヘディングが変化しているということ。すなわち、風向も変化したということができる。

ただし、前方に水平線しか見えなかったらどうするか。あるいは潮に流されていたら、ヘディングが変わらなくても前方の景色は変わっていってしまう（下図）。

そこで、コンパスの登場だ。

ここでいうコンパスは、船首方位を測るステアリングコンパスのこと。これがあれば、水平線しか見えなくても、あるいは夜の闇の中でも、ヘディングが正確に分かる。

ヨットには風見が付いているが、これはセーリングするために必要なもの。風見に合わせてセーリングし、そのときのヘディングをコンパスで読み、風向（角度）を知る、ということになる。

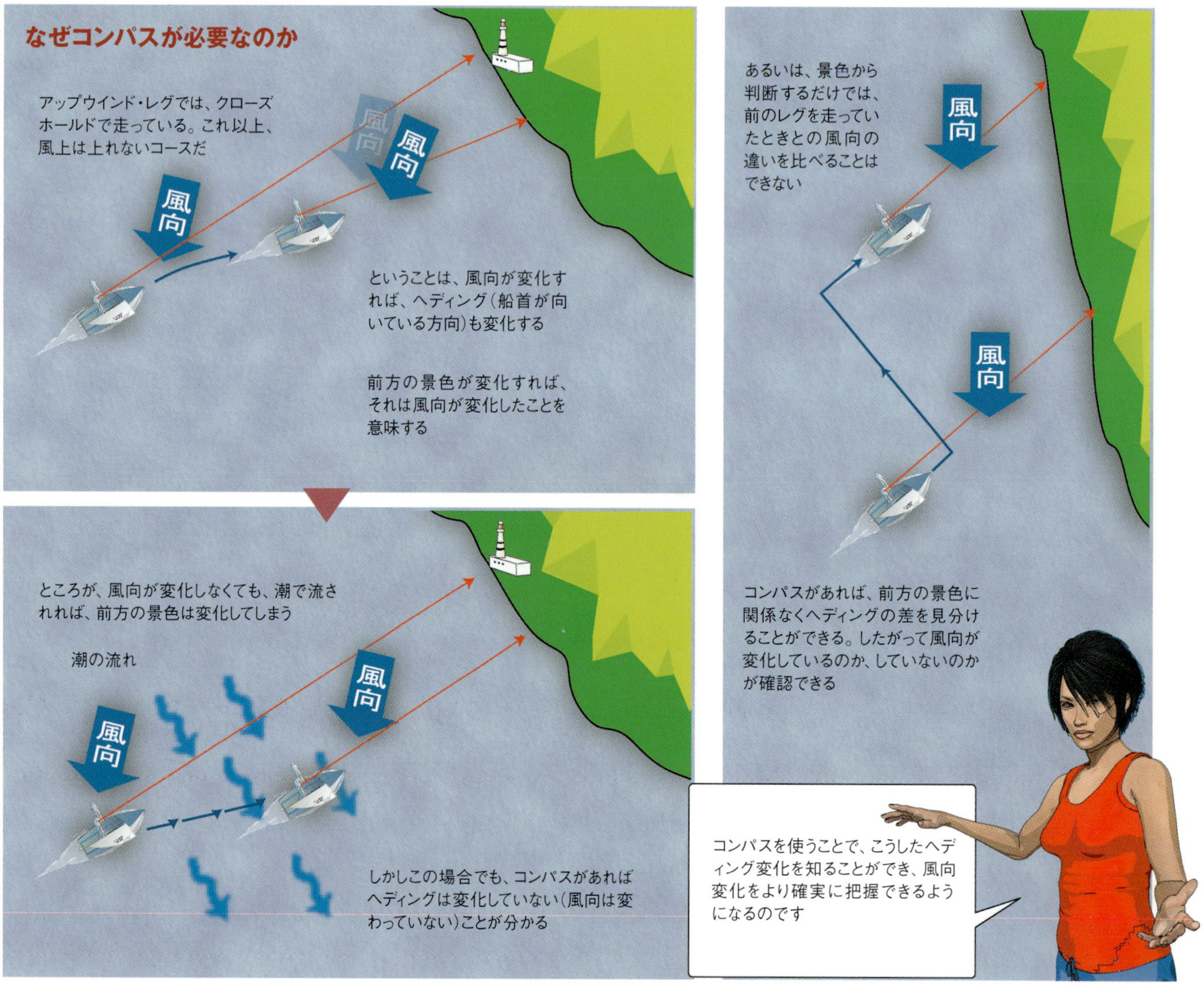

なぜコンパスが必要なのか
アップウインド・レグでは、クローズホールドで走っている。これ以上、風上は上れないコースだ
風向
風向
風向
ということは、風向が変化すれば、ヘディング（船首が向いている方向）も変化する
前方の景色が変化すれば、それは風向が変化したことを意味する
ところが、風向が変化しなくても、潮で流されれば、前方の景色は変化してしまう
潮の流れ
風向
風向
しかしこの場合でも、コンパスがあればヘディングは変化していない（風向は変わっていない）ことが分かる
あるいは、景色から判断するだけでは、前のレグを走っていたときとの風向の違いを比べることはできない
風向
風向
コンパスがあれば、前方の景色に関係なくヘディングの差を見分けることができる。したがって風向が変化しているのか、していないのかが確認できる
コンパスを使うことで、こうしたヘディング変化を知ることができ、風向変化をより確実に把握できるようになるのです

## タッキングアングル

ヘディングの変化と風向の変化をまとめておこう。

**スターボードタックで走っている場合**

ヘディングの数字が増えれば
▼
リフト

ヘディングの数字が減れば
▼
ヘッダー

**ポートタックで走っている場合**

ヘディングの数字が増えれば
▼
ヘッダー

ヘディングの数字が減れば
▼
リフト

と、このあたり、いちいち頭の中で「数字が増えたから……」などと考えているようではダメ。感覚的に反応できるよう、常に頭のなかで風向の変化をグラフ化（13ページ）して描いていられるようになりたい。

さて、この場合、風向が変わらなくても、風速や海面状況によってセーリングモードを変えると上り角度が変化するということもお忘れなく。

スターボードタックでのヘディングとポートタックでのヘディングとの差をタッキングアングルという。セーリングのモード（21ページ）によって、タッキングアングルも変わってくる。

逆にいえば、それぞれのセーリングモードでのタッキングアングルが分かれば、風向が分かるということになる（右図）。

風向を知るためには、自艇のタッキングアングルが今、何度なのか、常に頭に入れておく必要がある。そのためには、左右のタックでのヘディングを覚えておくことが、非常に重要なのだ。

**スターボードタックで**

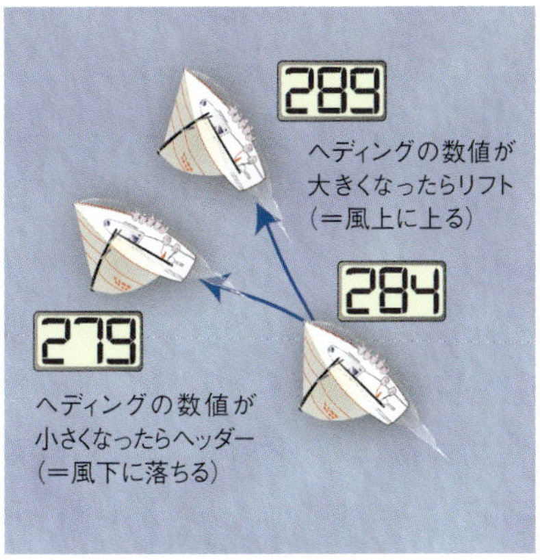
289
ヘディングの数値が大きくなったらリフト（＝風上に上る）
284
279
ヘディングの数値が小さくなったらヘッダー（＝風下に落ちる）

**ポートタックで**

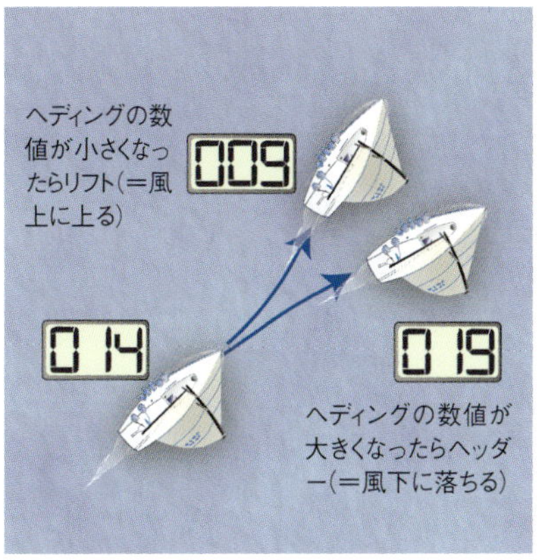
ヘディングの数値が小さくなったらリフト（＝風上に上る）
009
014
019
ヘディングの数値が大きくなったらヘッダー（＝風下に落ちる）

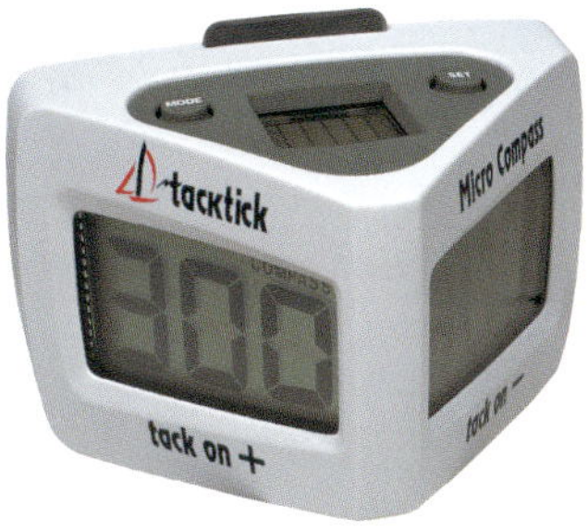
tacktick
Micro Compass
300
tack on +

CONTEST

さまざまなタイプのステアリングコンパス。コンパスを活用して、風向の変化をしっかりと感じよう。太陽電池のデジタルコンパスは電源のないセーリングディンギーでも使えるが、艇種によってはデジタルコンパスの使用を禁止、または機能を制限するクラスもあるので注意してほしい

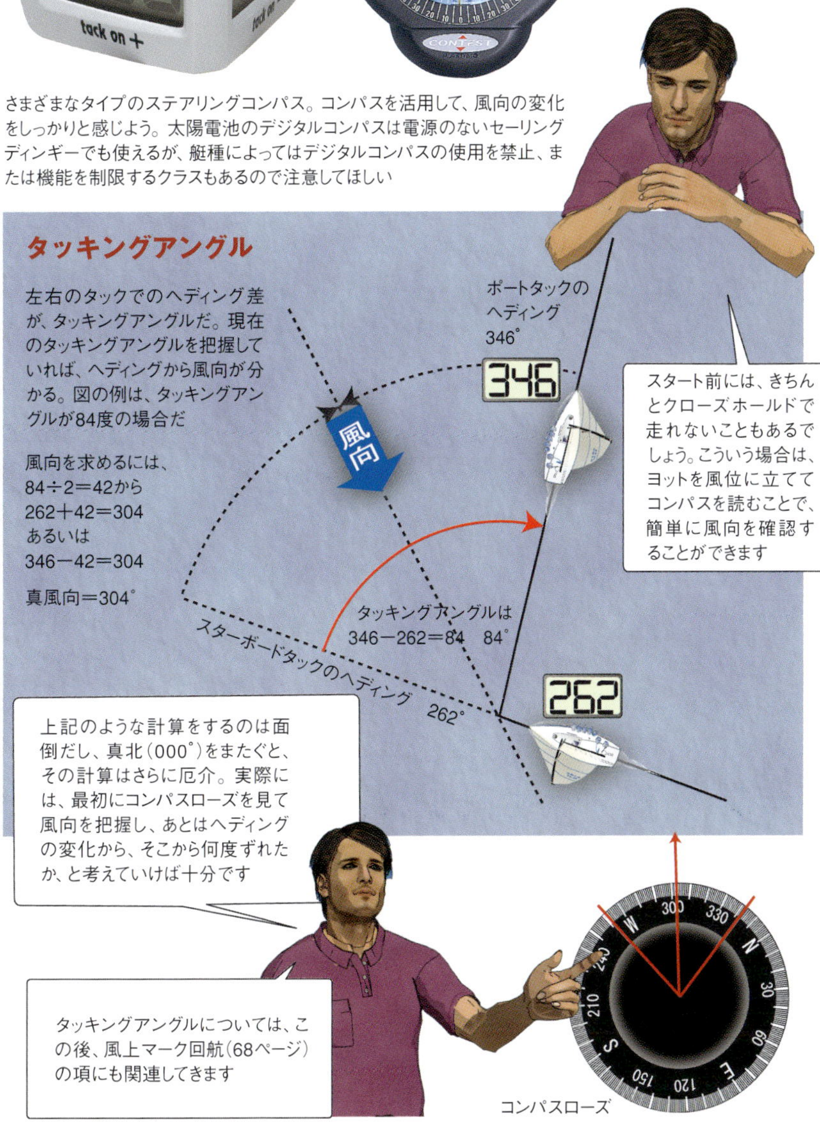
タッキングアングル
左右のタックでのヘディング差が、タッキングアングルだ。現在のタッキングアングルを把握していれば、ヘディングから風向が分かる。図の例は、タッキングアングルが84度の場合だ
風向を求めるには、
84÷2＝42から
262＋42＝304
あるいは
346−42＝304
真風向＝304°
ポートタックのヘディング
346°
346
風向
スタート前には、きちんとクローズホールドで走れないこともあるでしょう。こういう場合は、ヨットを風位に立ててコンパスを読むことで、簡単に風向を確認することができます
タッキングアングルは
346−262＝84　84°
スターボードタックのヘディング
262°
262
上記のような計算をするのは面倒だし、真北（000°）をまたぐと、その計算はさらに厄介。実際には、最初にコンパスローズを見て風向を把握し、あとはヘディングの変化から、そこから何度ずれたか、と考えていけば十分です
タッキングアングルについては、この後、風上マーク回航（68ページ）の項にも関連してきます
コンパスローズ

## 航海計器を活用する

外洋レース艇には、風向風速計が付いている。

これによって、風向と風速が数字で把握できる。

風向風速計のセンサーが感じているのは、見かけの風向(AWA: Apparent Wind Angle)と見かけの風速(AWS: Apparent Wind Speed)だ。

風向風速計とボートスピードを測るスピードメーターを接続すると、真風向(TWA: True Wind Angle)、真風速(TWS: True Wind Speed)を計算し、表示させることができる。

ここでいう真風向とは、船首に対して何度の方向から風が吹いているか、という数字だ。右斜め前なら45度、左斜め前から風が吹いてくれば−45度、となる。

これらにデジタルコンパスを接続すると、真風位(TWD: True Wind Direction)を計算、表示させることができる。

TWDは、そのまま風向を表す。南風なら180度。東の風なら90度。ここから風が振れて95度になれば、「右に5度振れた」ことが分かる。

つまり、TWDの数字をずっと追っていれば、風向の変化を確実に把握できる。

こうした統合化された航海計器を、セーリングインストゥルメント、あるいは単にインストゥルメントと呼んでいる。

インストゥルメントの機種によっては、TWDの値をグラフ化して表示させることもできる。過去1時間の風向の変化を、簡単に目で見て判断することが可能だ。ヨットレースの戦略を練るためには、非常に重要な装備となる。

とはいえ、各計器に誤差があると、正しい値が出なくなる。タッキングやジャイビングをするたびに、TWDの値が変化してしまうというのは、スピードメーターや風速計に誤差があるということを意味する。

また、これらが正しく調整されていても、セールによる風の乱れという要素もある。セールに当たる風は、アップウオッシュと呼ばれる現象によって、セールに当たる前に流れの向きを変えているのだ。そのため、風向計のセンサーは実際の風向よりも、よりリフトした風を感じている。

これがセールに当たる風になるわけだから、セールトリムには影響を及ぼさないのだが、TWDを知る際にはここで誤差が出てしまう。

正確なTWDの値を得るためには、

### 見かけの風と真の風

ここで、おさらいをしておこう。

走るヨットの上で感じる風を見かけの風という。実際に吹いている風(真の風)に、自艇が走ることによって生じる風が合わさったものだ。

風上に進んでいるときは、真の風に自艇が生み出す風が加わり、見かけの風速は増し、見かけの風向は前に回る。

風下に進んでいるときは、自艇が走ることによって生じる風と真の風の向きが逆になるので、見かけの風速は弱まるが、見かけの風向はやはり前に回る。

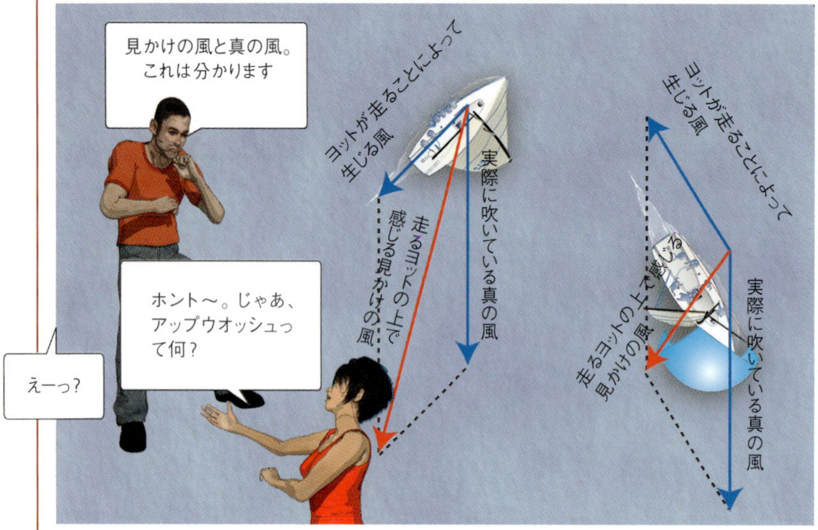

見かけの風と真の風。これは分かります
ホント〜。じゃあ、アップウオッシュって何?
えーっ?
ヨットが走ることによって生じる風
走るヨットの上で感じる見かけの風
実際に吹いている真の風
ヨットが走ることによって生じる風
走るヨットの上で感じる見かけの風
実際に吹いている真の風


### アップウオッシュ

流れの中にある翼に揚力が発生しているとき、流れの向きは翼に当たってから角度を変えるわけではない。揚力が発生している翼では、流れが翼に当たる前に上向きに変化している。

これをアップウオッシュと呼んでいる。

ヨットのセールでも同様に、風はセールに当たる前に向きを変えている。

セールにはこの「向きが変わった風」が流入しているわけだから問題ないのだが、真風位(TWD)を知るためには、この誤差が問題になる。これを修正し、正しいTWDをデッキ上で表示するようにするわけだが、風速によってアップウオッシュの量は違ってくるので、なかなか難しいのだ。

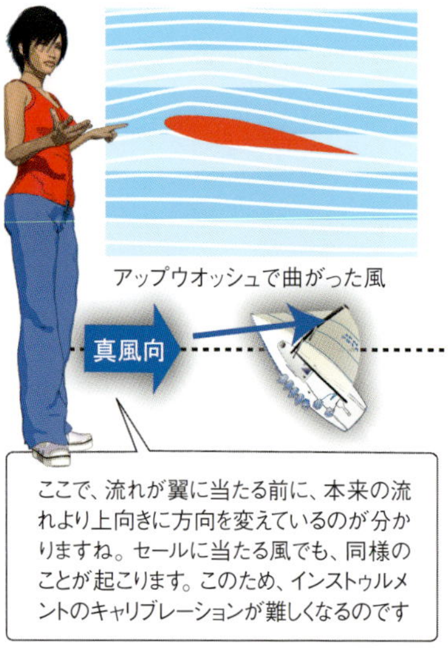

アップウオッシュで曲がった風
真風向
ここで、流れが翼に当たる前に、本来の流れより上向きに方向を変えているのが分かりますね。セールに当たる風でも、同様のことが起こります。このため、インストゥルメントのキャリブレーションが難しくなるのですこれらの誤差を修正していく作業が必要だ。これをセーリングインストゥルメントのキャリブレーションという。

正しい真風位を知ることは、戦略的にレースを進めていくうえで非常に重要だ。となると、インストゥルメントのキャリブレーションは、非常に重要な作業であることも理解していただけると思う。

キャリブレーションの方法につ（↗）いては、機種ごとにマニュアルに詳しく書いてあるはずだ。キャリブレーションは1回やればいいというものではない。定期的に行うようにしよう。

### ベロシティーヘッダー

風速が急に弱まると、特に重量のある大型艇の場合、艇速はすぐに（↗）は落ちないので、見かけの風は前に回ったように感じる。

そのまま真っすぐ走っていれば、すぐに艇速も落ちるので、風向は元に戻る。

この見かけの風の変化をベロシティーヘッダーと呼んでいる。

小型のセーリングディンギーではあまり感じないはずだが、大型艇ではこの「偽ヘッダー」にごまかされないようにしよう。

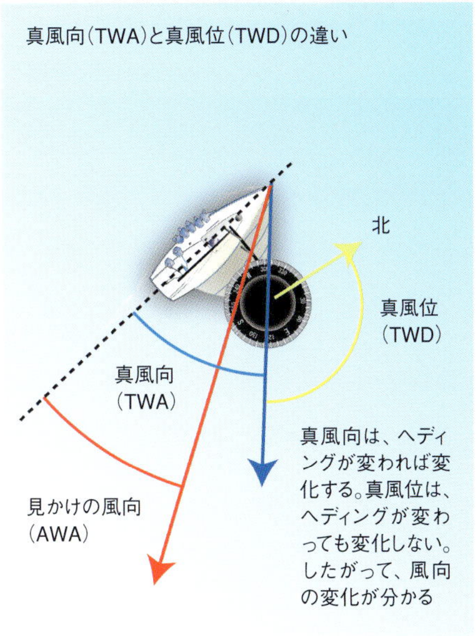
真風向（TWA）と真風位（TWD）の違い
北
真風位
（TWD）
真風向
（TWA）
見かけの風向
（AWA）
真風向は、ヘディングが変われば変化する。真風位は、ヘディングが変わっても変化しない。したがって、風向の変化が分かる

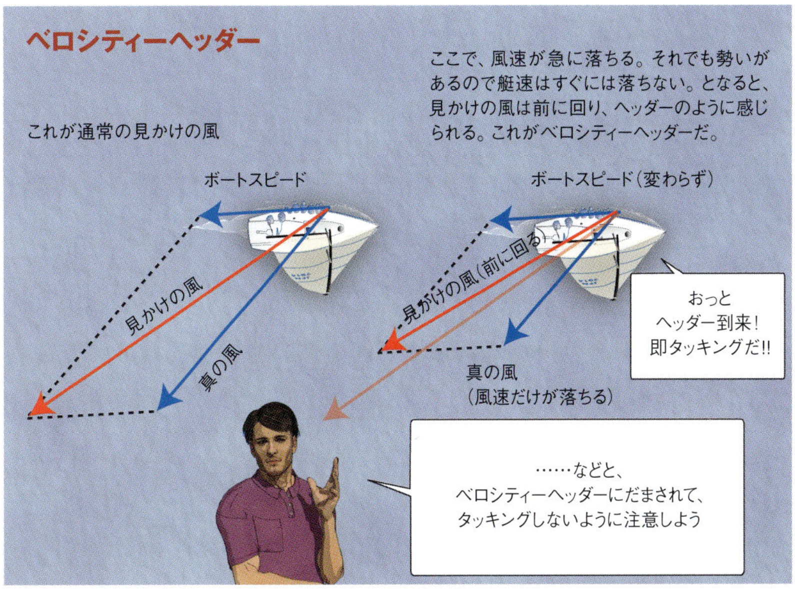
ベロシティーヘッダー
これが通常の見かけの風
ここで、風速が急に落ちる。それでも勢いがあるので艇速はすぐには落ちない。となると、見かけの風は前に回り、ヘッダーのように感じられる。これがベロシティーヘッダーだ。
ボートスピード
ボートスピード（変わらず）
見かけの風
真の風
見かけの風（前に回る）
真の風
（風速だけが落ちる）
おっと
ヘッダー到来！
即タッキングだ!!
……などと、
ベロシティーヘッダーにだまされて、
タッキングしないように注意しよう

## 風振れパターンを見極める

風向の変化のパターンは、

○振れ戻るパターン

○振れ切るパターン

の大きく二つに分類できる。

これを頭において、実際に海上で、風向の変化を見ていこう。

### じっくり観察しよう

レース海面に出たら、まず風向をチェックする。

風向の変化は、時間的なものと、場所の違いによるものとがある。

スタート海面では、時間をずらして風向を確認し、書き留めておこう。振れ戻るパターンならば、その周期が把握できるはずだ。

振れ戻る周期を把握できれば、スタート時、あるいはスタート後の最初のシフトがどうなるか、ある程度の予測ができるわけだ。

また、ここで風向がどんどん変化していって振れ切るパターンになったら……おそらくスタートは延期される。

スタート前に一度、風上マークまで走っておけば、場所による風向の違いを知ることができる。

地形の影響を受けて、風上マークに近づくにつれてどんどん右にシフトしていくなどといったケースもある。こういうパターンを知ることができれば、しめたものだ。12ページで説明した振れ切る風のパターンを思い出していただきたい。「風が振れる側に位置する」のが鉄則だ。

同じ艇種の僚艇がいるなら、左右に分かれて走り、時間を決めてタッキングし、コースの中央で落ち合うことで、左右どちらの海面が有利かを知ることができる。当然ながら、中央で落ち合ったときに、前に出た方の艇が取ったサイドが有利というわけだ。

これは、自分でやらなくても、他の艇が試しているのをしっかり観察していても、ある程度判断できる場合がある。

いずれにしても、スタート前に十分余裕を持ってレース海面に出ていることが重要になる。

あらためて見てみると、強いチームほど、早くレース海面に来ていることに気づくと思う。スタート前には、やることがいっぱいあるのだ。

また、自艇の前のクラスがスタートしているなら、その後の走りをしっかり観察しておくことも重要だ。自艇のスタートで忙しいかもしれないが、大型艇なら何人も乗り組んでいるはずだ。全員で分担して、あらゆる事象に目を光らせよう。

## 強い風、弱い風

風速が増せばボートスピードは上がる。レース海域の風速が一定であるとは限らないのだから、風向の変化同様、風速の変化という要素も、戦略構築の重要ポイントになる。

ほかより風の強い部分を「パフ」とか「ガスト」、「ブロー」などと呼んでいる。

一般的に、海面が黒っぽく見える部分がパフだと思えばいい。風によって海面が波立つため、周辺の海面より色が濃く見えるのだ。

場合によっては、雲の影であるとか、強い潮が流れているために海面の色が濃くなっている場合もある。あるいは、イワシの群れが海面付近に集まっているために波立っていることもあるので、パフと見誤らないように注意して海面を観察しよう。

逆に、風が弱くなっているエリアが「ラル」だ。パフやラルの中では、風速だけではなく風向も変化する場合が多い。一般的にパフでは、その中心から外へ広がるように、ちょうど猫の手のひらのように風が吹き出している。こうした風向の変化をうまく利用しよう。

こうしたパフのエリアが点在するような状況では、風向は「振れ戻るパターン」になると思っていい。

## 傾度風と海風

風は、気圧の高いところから低いところへ向かって吹く。これを「傾度風《けいどふう》」という。

天気図にある等圧線は、気圧の違いを表しており、日本近海では風は等圧線に対して約20度の角度で吹く。なぜ20度なのか？ 詳しいことは、拙著『セーリングクルーザー虎の巻』で勉強していただくとして、ヨットレースの戦略を練るためには、まずこの気圧の差によって生じる風――傾度風がどう吹くのか、その日の天気図を基に理解しておく必要がある。

低気圧が足早に通過するようなコンディションでは、傾度風自体が変化して、大きく風が振れ切っていく場合がある。

あるいは日中、気温が上がると、陸地が先に暖められ、暖かくなった空気は上昇する。そこへ海から風が吹き込む現象が「海風（シーブリーズ）」だ。これも、局地的に生じる気圧の差による空気の移動なのだが、傾度風よりも局地的で、より短時間に変化する。

たとえば、相模湾でよく見られる風向の変化として……

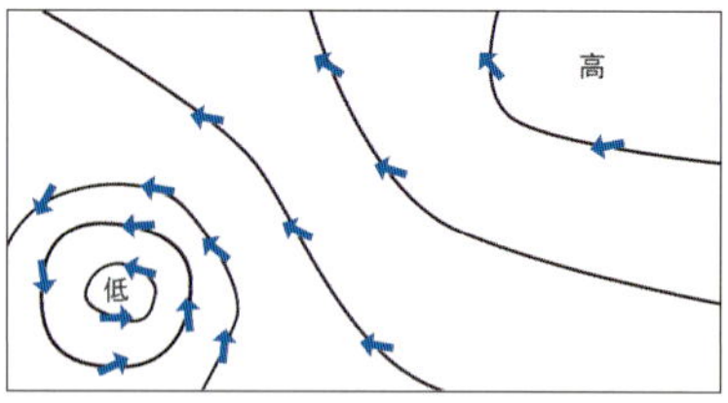
高
低

風は、気圧の高いところから低いところへ向かって吹く。これが傾度風だ。傾度風を基本に、地形の影響で風向が曲げられるときもあれば、気温の上昇によって一時的に気圧差が生じて風向が大きく変化することもある

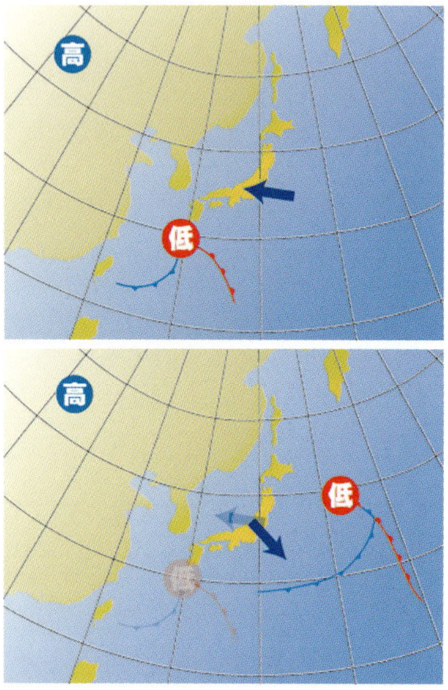
高
低
高
低

低気圧が太平洋岸を通過すれば、風向は東→北→北西へ。低気圧が日本海側を通過すれば、風向は南東→南西→西、と振れていく。まずは傾度風がどのように変化していくはずなのか、天気予報をよく見て情報を把握しておこう

朝のうちは、傾度風による北風

▼

しだいに気温が上がり始め、風向、風速は不安定に

▼

風向は東に振れつつ、やがて無風になる

▼

南南東の風が入り始める

▼

一気に風速が上がり、南南西で安定

……というパターンになったりする。

あるいは、朝の傾度風による北風から、西に振れ、そのまま南の風になったりすることもある。振れ戻るパターンの風から振れ切るパターンの風へ、戦略的に対応していこう。

パフ（ブロー）を見分ける
他の海面よりも強い風が入っているところでは、海面が黒っぽく見えます。しっかり見分けて、その風を利用しましょう

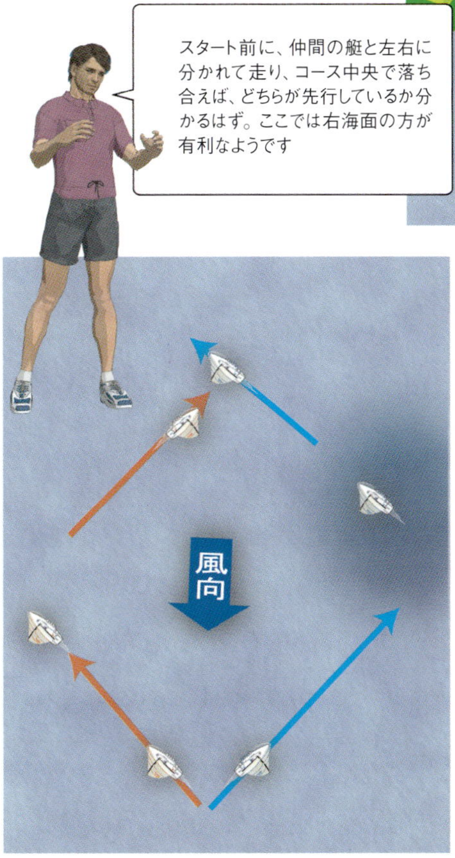
スタート前に、仲間の艇と左右に分かれて走り、コース中央で落ち合えば、どちらが先行しているか分かるはず。ここでは右海面の方が有利なようです
風向

他艇の走りを観察するのも重要だ。反対海面に出た艇のハイクアウト量の違いなどを観察する。風そのものは目で見えないが、目安になるものはいろいろある

風向
地形の影響などを受けて、風上マーク付近では右からの風が入っている——なんていう場合もある。この場合、風は「振れ切るパターン」だ。右に振れ切るなら、右海面が有利になる
風向

こうしたレース海面全体の状況を見るためには、早めにレース海面に向かう必要がある

## 潮

「潮」とは海水の移動、海水の流れのことだ。

風の場合、「北風」といえば「北から南へ吹く風」だが、潮の場合、「北流」は「南から北への流れ」をいう。

潮汐（潮の満ち引き）によって生じる流れを「潮流」という。1日のうちに流向も流速も変化する。

これに対して、潮の満ち引きに関係なく、年中ほぼ同じ流道を流れているものを「海流」という。

潮流と海流がお互いに影響し合って流れを作っており、ヨットではこの海水の動きを「潮《しお》」と呼んでいる。また、河口付近の海面では、川の流れも大きな影響を及ぼす。

潮流、海流について、なぜそうした現象が起きるのか、さらに詳しく知りたい方は、『ナビゲーション虎の巻』を参照していただくとして、ここではその見極め方から利用法について簡単に説明しておこう。

当然ながら、潮の流れと同じ方向に走れるようなコース取りをした方が有利だ。

沿岸部を流れる潮は、水深の深いところで流速が増すという傾向がある。また、強い潮の流れがある場合は、その反流が必ずあるはずだ。少なくとも、その潮の流れから出ることはできるはずだ。

つまり、潮の流れを把握することで、風上航では沖寄りの右海面を、風下航では左海面、あるいはその逆……などといったコース戦略を考えていくことができる。

ただし、遠くから見て、潮の流れを観察することは難しい。

設置されたマークや刺し網の浮きなどに近づいて観察すれば、潮の向きや強さが分かるし、先に挙げた、先行する艇団の動きや、スタート前の僚艇との走り合わせで確認することもできる。最初のレグを走って感じた潮の流れを、2周目のコース取りに生かすということもできるだろう。

16ページで解説したインストゥルメントにGPSを接続すれば、その時点での潮の流れ（流向、流速）をかなり正確に知ることもできる。特に外洋レースでは、勝敗を分ける要素にもなる。

## 日記を付ける

レース後、その日のコンディションやレース展開について、日記を付けておくといい。

書き留めておいたものを、しばらくして読み直す、ということを繰り返していくと、何らかのパターンが見えてくるはずだ。

陸側から吹いてくる風（陸風）のときは、地形の影響を受けてどのように変化するか。陸の切れ目、山と山の切れ目から海面に向けて風が吹き出してくるポイントがあるはずだ。どこに吹き出しがあって、だいたい何度くらいの風向なのか。

沖から吹く風（海風）のとき、風軸はだいたい何度なのか。何時くらいから吹き出してくるのか。

……というようなパターンがつかめてくるはずだ。これもレースの一部。大事な戦略のベースとなる貴重なデータになるはずだ。

戦略を練るためには、基となるデータ作りが必要だ。日々の練習や、クラブレースでの結果を書き留めていこう。

風は「目で見える」ものと考えよう。

## VMG：風上へ向かう速度

これまでは、風向や風速の変化を味方につけて前に出る「戦略」について考えてきたが、もちろん同じコンディションの中で、より速くヨットを走らせることで、ライバルに追いつき、追い越すこともできる。

ここでは、ヨットは風上にある目的地に向かって走っている。単に「速く走る」といっても、「高さ」と「ボートスピード」という二つの要素があるところがポイントだ。

### ポーラーダイヤグラム

通常、ヨットは上り角度を稼げば艇速は落ちる。上り角度が良ければ風上に向かう「角度」を稼げることになり、落として走れば艇速は上がっても高さをロスする。

高さか、スピードか。そこが問題となる。

風向に対して何度で走ると、艇速はどのくらい出るのか？　真風向（TWA）

#### 高木 裕のワンポイント・アドバイス

**振れ切る風に注意**

某年、神奈川県・江の島沖で行われた470級全日本選手権でのこと。低気圧の通過によって、スタート後、北よりの風は風速を増しながら左へと触れていった。我々は本部船側からスタートし、即タッキングしてポートタックで右海面へ向かっていた。どんどんリフトになるばかりで、タッキングできない。少しでもヘッダーが来たらタッキングしようと思っていたが、リフトする一方。風上側の艇を見ると、さらにリフトの風を受けている。

このままヘッダーは来ないと判断した我々は、タッキングしてほとんどの艇のスターンを通って左海面へ向かった。左海面に出た我々は、最も右にコースを取った艇よりもはるかに前で風上マークを回航できた。振れ切る風は、低気圧や前線の通過のときに多いので注意したい。

### VMG

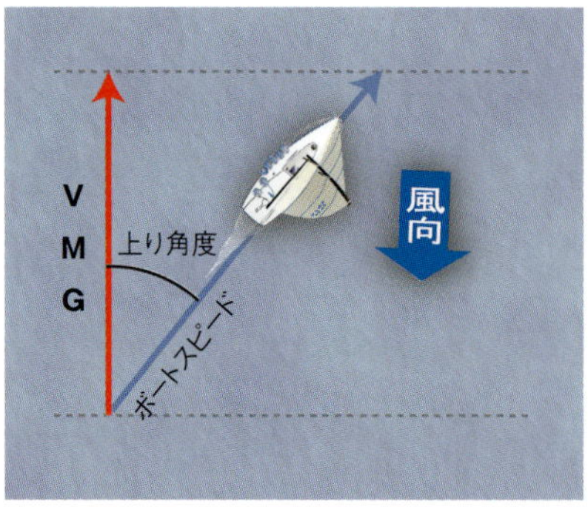


ヨットが風上に向かって走るとき、風上に向かう速度成分をVMGという

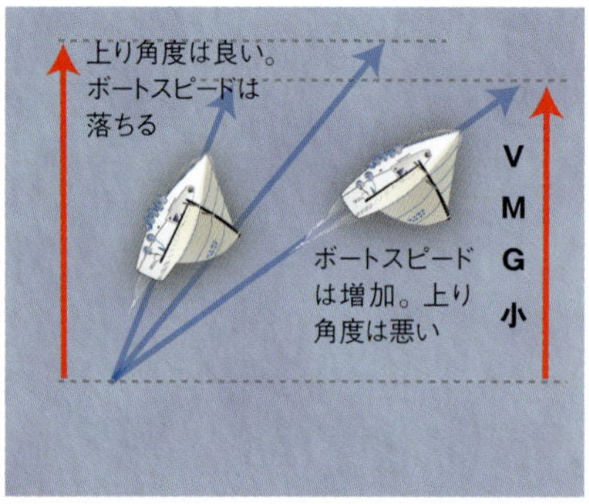


上り角度が増せば、艇速は落ちる。風に対して落とせば,艇速は増すが角度が稼げなくなる。最もVMGが高くなるポイントが、そのコンディションでの最適上り角度となる

### ある全長30ft艇のポーラーダイヤグラム

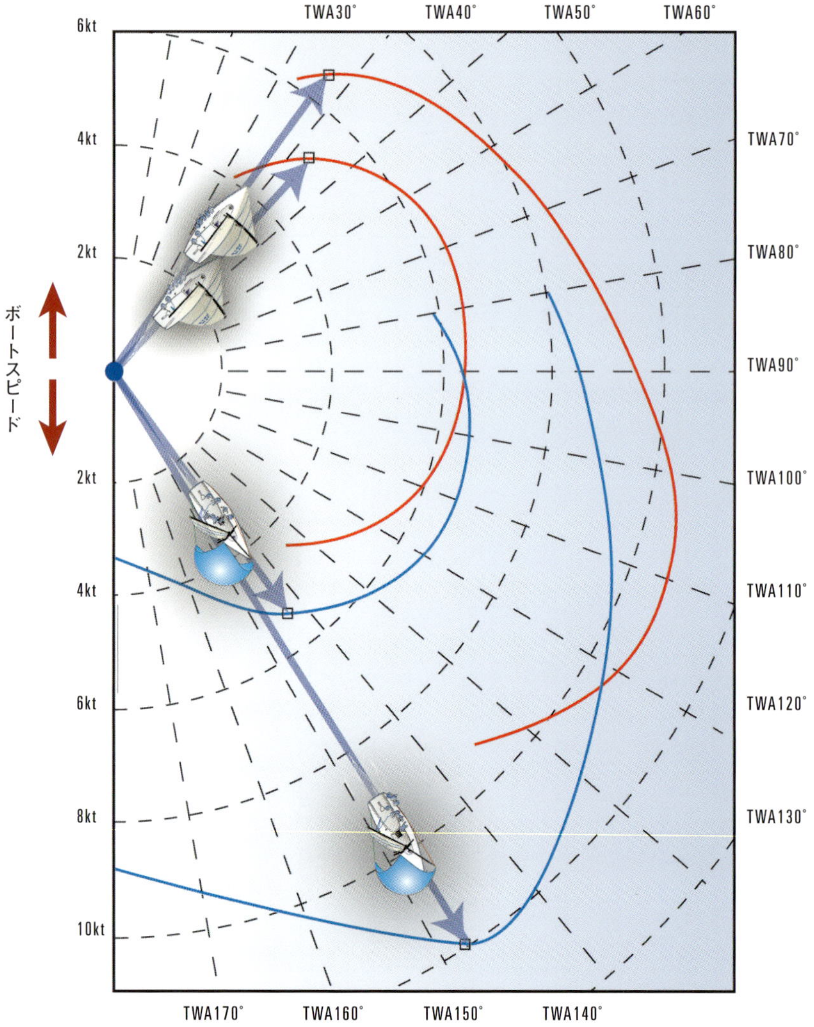


内側の赤い線が真風速6kt、外側の線が真風速20ktでのこの艇の性能を表している。
風速6ktのときよりも、風速20ktのときのほうが、より上らせたほうがVMGがいいということが分かる。
青い線は、スピネーカーを用いた場合の性能を表している。風速6ktのときは真風向90度あたりを境にしてスピネーカーを使ったほうが速く、20kt時には真風向120度くらいまではジブで走ったほうが速いということが分かる。
上記は、あくまでもこの艇種での話であって、艇種が変われば、こうした特性は変わる

と艇速の変化をグラフに表したものがポーラーダイヤグラムだ（左ページ下図）。

風上にあるマークを目指している場合、ポイントになるのは「風上に向かう速度成分」だ。言葉で説明するのは難しいが、左ページのイラストを見ていただければ意味は分かると思う。これをVMG（Velocity Made Good）と呼んでいる。風上航では、VMGが最大になる角度で走ることが、最も速く走っている状態になる。

また、このポーラーダイヤグラムから、VMGが最大になる上り角度は風速によって異なることも分かる。15ページで、クローズホールドではコンディションによって上り角度が変化するという説明をしたのは、こういうことだ。

## あえての高さ、あえてのスピード

さてここで、VMGが最も大きくなるポイントをもう少し詳しく解説してみよう。

下図は、真風速12ノットでの同艇のポーラーダイヤグラムだ。クローズホールドの部分を拡大してみた。

小さな四角で囲った部分が、この風速（12kt）でのVMGマックスの角度になる。真風向37.1度、このときの艇速は6.32ktであろう、というのが計算上の数字だ。

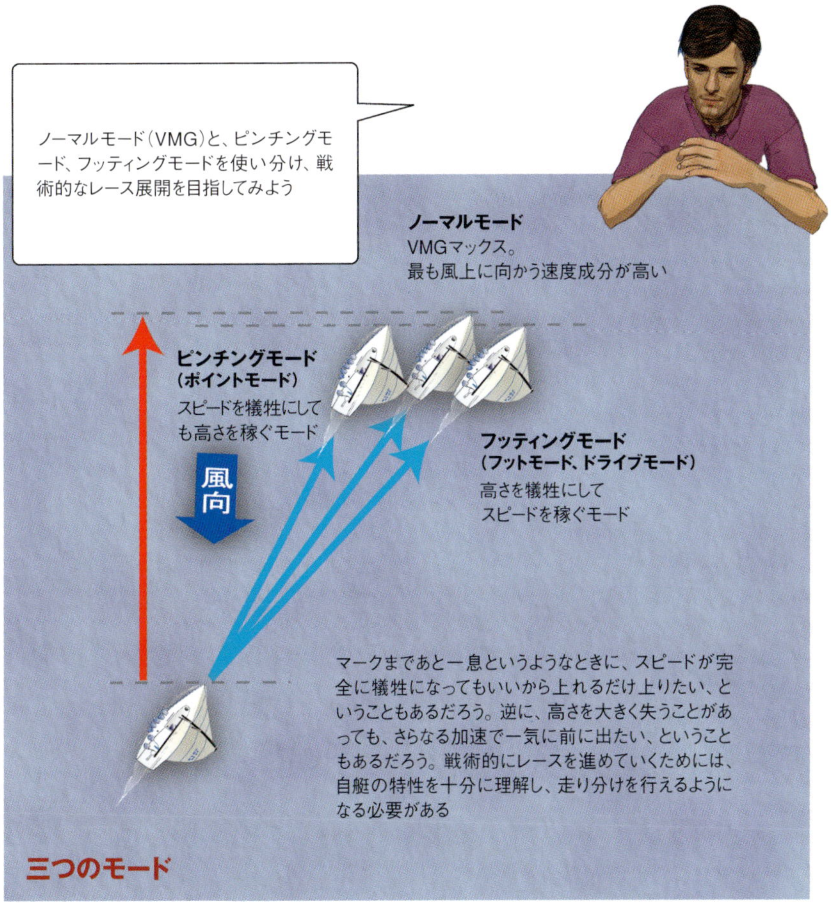
ノーマルモード（VMG）と、ピンチングモード、フッティングモードを使い分け、戦術的なレース展開を目指してみよう
ノーマルモード
VMGマックス。
最も風上に向かう速度成分が高い
ピンチングモード
（ポイントモード）
スピードを犠牲にしても高さを稼ぐモード
風向
フッティングモード
（フットモード、ドライブモード）
高さを犠牲にして
スピードを稼ぐモード
マークまであと一息というようなときに、スピードが完全に犠牲になってもいいから上れるだけ上りたい、ということもあるだろう。逆に、高さを大きく失うことがあっても、さらなる加速で一気に前に出たい、ということもあるだろう。戦術的にレースを進めていくためには、自艇の特性を十分に理解し、走り分けを行えるようになる必要がある
三つのモード

このカーブを見ると、VMGピークの部分では、比較的なだらかなカーブを描いている。左ページの真風速6ktのカーブなどを見ると、もっと顕著になだらかになっている。

これはつまり、この付近では、多少上り気味に走っても、落とし気味に走っても、VMGはさほど変わらないということを表している。

状況によって、あえて風に対する高さを稼いだり、あえてスピードで前に出たりといったモードの使い分けができるということだ。

意識的に上り気味で走ることを「ピンチングモード（ピンチモード）」や「ポイントモード」、落とし気味に走ることを「フッティングモード」や「フットモード」と呼んでいる。日本では「フッティングモード」を「ドライブモード」とか「スピードモード」と呼ぶことが多いかもしれない。

ノーマルモード、すなわちVMGマックスのセーリングから、高さを稼ぎたければピンチングモード、前に出たければフッティングモードというふうに走り分けることで、より戦術的にレースを進めることができるようになる。各モードの走り分け自体は、セールトリムやボートハンドリングの解説書を読んでいただくとして、ここでは、それらのモードをどういう状況で使うかを解説していこう。

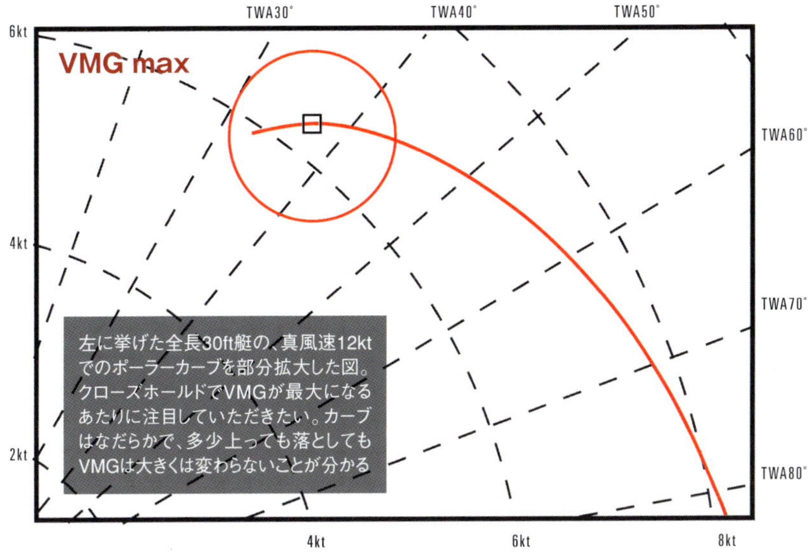
TWA30°
TWA40°
TWA50°
TWA60°
TWA70°
TWA80°
6kt
4kt
2kt
4kt
6kt
8kt
VMG max

左に挙げた全長30ft艇の、真風速12ktでのポーラーカーブを部分拡大した図。クローズホールドでVMGが最大になるあたりに注目していただきたい。カーブはなだらかで、多少上っても落としてもVMGは大きくは変わらないことが分かる

## ハイヤー？ ファスター？

高さか、スピードか。これを他艇と走り比べたときに、どのように感じるか。イラストで見てみよう。

右図は、赤艇と青艇の2艇が併走している状態で、風上にあるマークを目指して走っている。風向に対して直角なはしご段によって位置関係が決まるということは、これまでも説明してきた。ここでは、右側の青艇が、はしご2段分リードしていることになる。

ここで、2艇の高さとスピードの違いを見る場合、以下のように表現される。

**ファスター**
自艇のほうが艇速が速い
**スロワー**
自艇のほうが艇速が遅い
**イーブン**
艇速、上り角度が同じ
**ハイヤー**
自艇のほうが上り角度が良い
**ロワー**
自艇のほうが上り角度が悪い

これらを組み合わせ、他艇の走りと比較する。

**ハイヤー&ファスター**
上り角度、艇速ともに自艇のほうが勝る。申し分なし
**ロワー&ファスター**
上り角度は悪いが、艇速がある状態
**ハイヤー&スロワー**
上り角度はいいが、艇速がない状態
**イーブン&ファスター**
上り角度は同じだが、艇速がある
**イーブン&ハイヤー**
艇速は同じくらいだが、上り角度が良い

リードされていた艇との差が詰まる、あるいはリードを広げることを、ゲイン(gain)という。

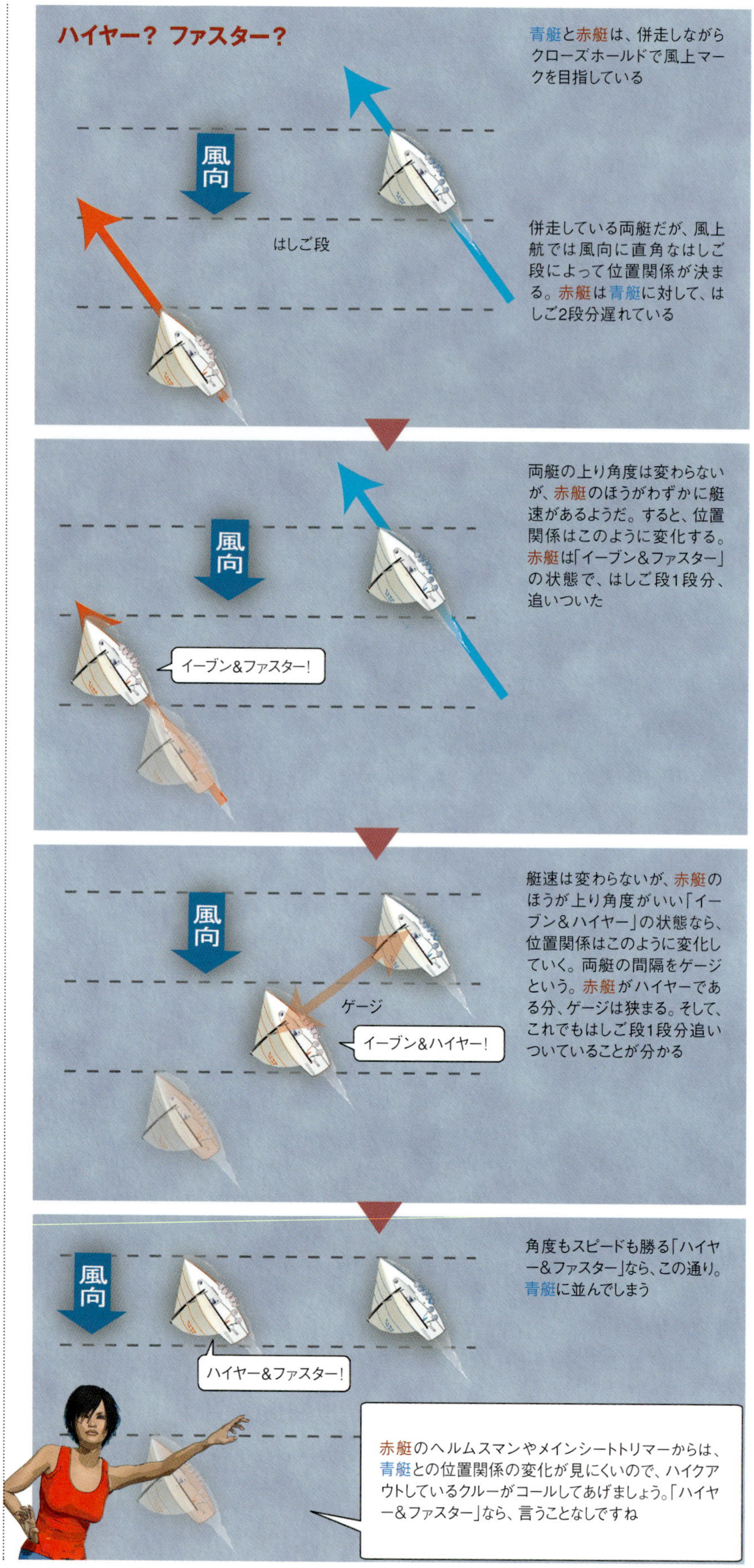
ハイヤー？ ファスター？
青艇と赤艇は、併走しながらクローズホールドで風上マークを目指している
風向
はしご段
併走している両艇だが、風上航では風向に直角なはしご段によって位置関係が決まる。赤艇は青艇に対して、はしご2段分遅れている
両艇の上り角度は変わらないが、赤艇のほうがわずかに艇速があるようだ。すると、位置関係はこのように変化する。赤艇は「イーブン&ファスター」の状態で、はしご段1段分、追いついた
風向
イーブン&ファスター!
艇速は変わらないが、赤艇のほうが上り角度がいい「イーブン&ハイヤー」の状態なら、位置関係はこのように変化していく。両艇の間隔をゲージという。赤艇がハイヤーである分、ゲージは狭まる。そして、これでもはしご段1段分追いついていることが分かる
風向
ゲージ
イーブン&ハイヤー!
角度もスピードも勝る「ハイヤー&ファスター」なら、この通り。青艇に並んでしまう
風向
ハイヤー&ファスター!
赤艇のヘルムスマンやメインシートトリマーからは、青艇との位置関係の変化が見にくいので、ハイクアウトしているクルーがコールしてあげましょう。「ハイヤー&ファスター」なら、言うことなしですね

スピードがあれば、当然ながら前に出ることができる。これがゲインしたということ。あるいは、上り角度がいいと、両艇の間隔（ゲージという）が詰まってくる。これもゲインだ。

## 乱れた風

風を使って走るヨットは、風を乱しながら走っているともいえる。となると、ヨットの風下側ではセールの陰になり風は弱くなったり風向が変化しているであろうことは想像できると思う。

### ブランケット

走るヨットによって乱された風を「ブランケット」、「シャドー」、ちょっと汚い言い方だと「シットエア」なんて呼ぶこともある。

ブランケットの範囲は、風速が弱いときほど広くなる。乱れた風を元に戻そうとする、本来の風の力が弱いからだ。

中風では3～5艇身、軽風下では7～10艇身もの範囲にわたってブランケットのエリアは広がっていると考えていい。

このブランケットエリアは、ヨット上で感じる見かけの風向に沿って生じる。

真の風と見かけの風に関しては16ページでも説明したが、あらためてイラストで確認してみよう。

特にリーチング～ダウンウインドでは、艇速が増すので、真の風向と見かけの風向との差が大きくなる。が、見かけの風は、ヨット上の風見が指す方向であるから、分かりやすいはずだ。

ブランケットはイラストのように、見かけの風に沿った、ほぼ三角形のエリアに広がる。だから、ブランケットコーン（cone：円錐）と呼ばれる。

ブランケットコーン内では、艇速が落ちる。特に軽風時には要注意だ。当然ながら、他艇のブランケットコーンに入らないようにしなければならないし、他艇をブランケットコーンに入れてしまえばリードできるということになる。

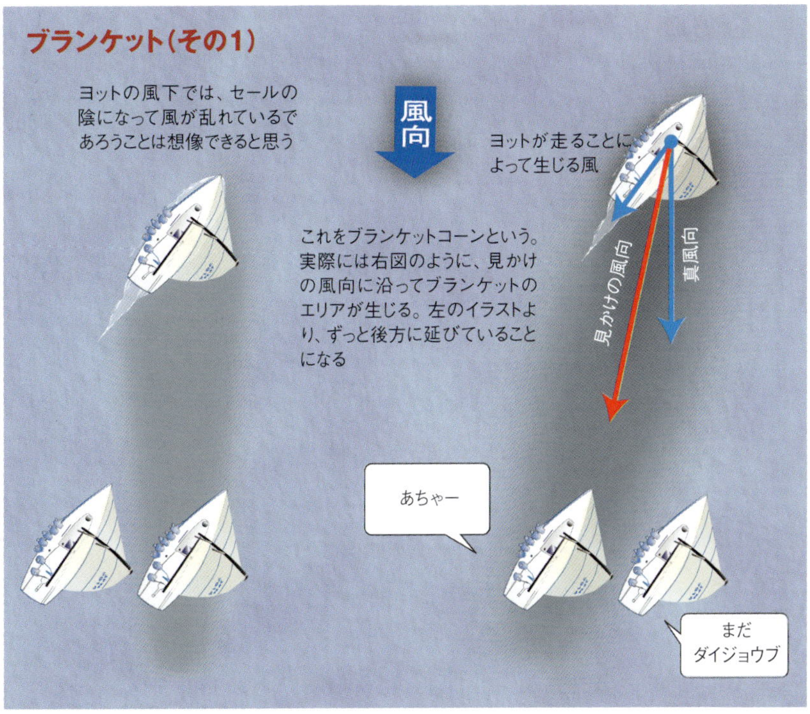
ブランケット（その1）
ヨットの風下では、セールの陰になって風が乱れているであろうことは想像できると思う
風向
ヨットが走ることによって生じる風
これをブランケットコーンという。実際には右図のように、見かけの風向に沿ってブランケットのエリアが生じる。左のイラストより、ずっと後方に延びていることになる
見かけの風向
真風向
あちゃー
まだ ダイジョウブ

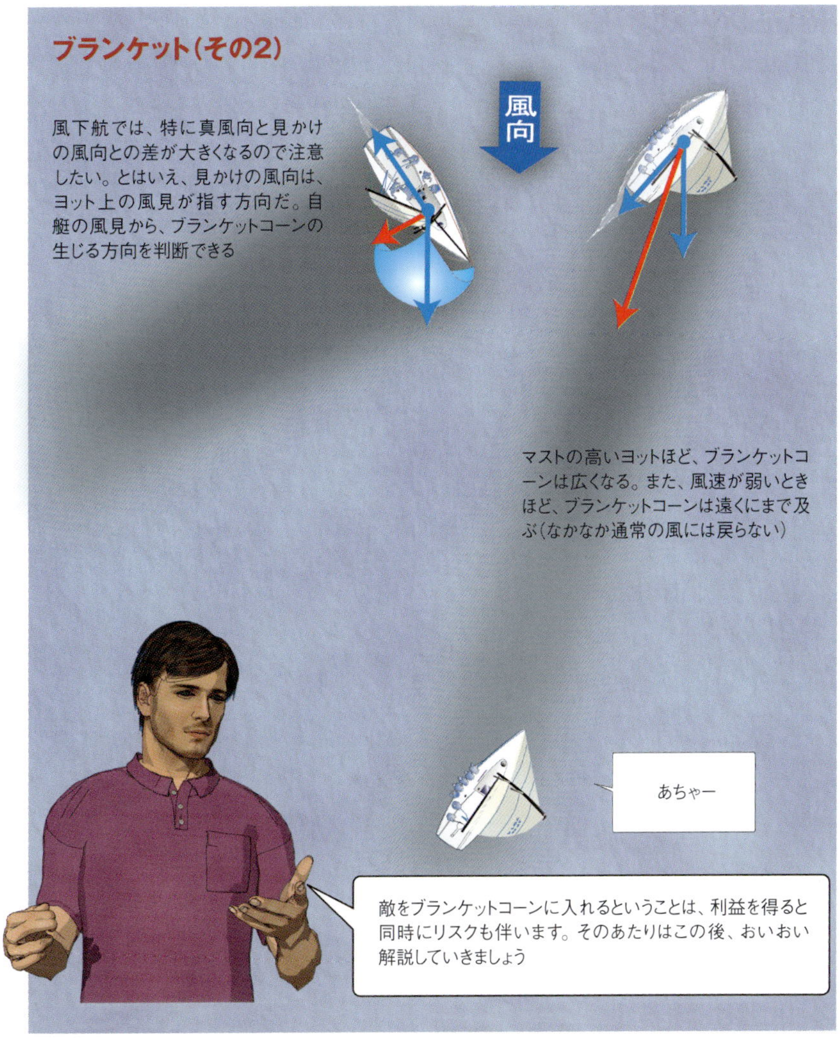
ブランケット（その2）
風下航では、特に真風向と見かけの風向との差が大きくなるので注意したい。とはいえ、見かけの風向は、ヨット上の風見が指す方向だ。自艇の風見から、ブランケットコーンの生じる方向を判断できる
風向
マストの高いヨットほど、ブランケットコーンは広くなる。また、風速が弱いときほど、ブランケットコーンは遠くにまで及ぶ（なかなか通常の風には戻らない）
あちゃー
敵をブランケットコーンに入れるということは、利益を得ると同時にリスクも伴います。そのあたりはこの後、おいおい解説していきましょう

## セーフリーワードポジション

右図の青艇は、赤艇のセーフリーワードポジションにいる。リーバウ（風下前方）とも呼ばれる、有利なポジションだ。

前項で解説したブランケットの存在は想像しやすいと思うが、こちらのセーフリーワードポジションについては理解しにくいかもしれない。なぜ、このポジションが有利なのか。

16ページで、アップウオッシュという現象を説明した。揚力が生じている翼の周りでは、流れは翼に当たる前に向きを変えている……という現象だ。走るヨットのセールに当たる風も、セールに当たる前に流れを変えている。セーフリーワードポジションにいるヨットには、風上後方にいるヨットが作るアップウオッシュによって、よりリフトした風が入ることになる。つまり、わずかではあるが、より上れるということになる。

同時に、セール後縁からはダウンウオッシュと呼ばれるヘッダーした風が出て、これが風上後方にいる赤艇に悪い影響を与える（上りにくくなる）。青艇が発生させる引き波も、赤艇にとっては艇速に悪影響を与える存在になるだろう。

スタート直後、セーフリーワードポジションにつけたヨットは徐々に前に出て、やがて、風上艇のバウマンが見えてくると一気に前に出てしまう。……と、こんな経験があるはずだ。先に挙げたブランケットとともに、セーフリーワードポジションを戦術的に活用していこう。

## ホープレスポジション

他艇のブランケットコーン内にいる、あるいは他艇がセーフリーワードポジションに位置したというような不利な位置関係を、ホープレスポジションという。

他艇をホープレスポジションに追い込む、あるいは自艇がホープレスポジションにいたらそこから抜け出す、これがヨットレースでの戦術だ。

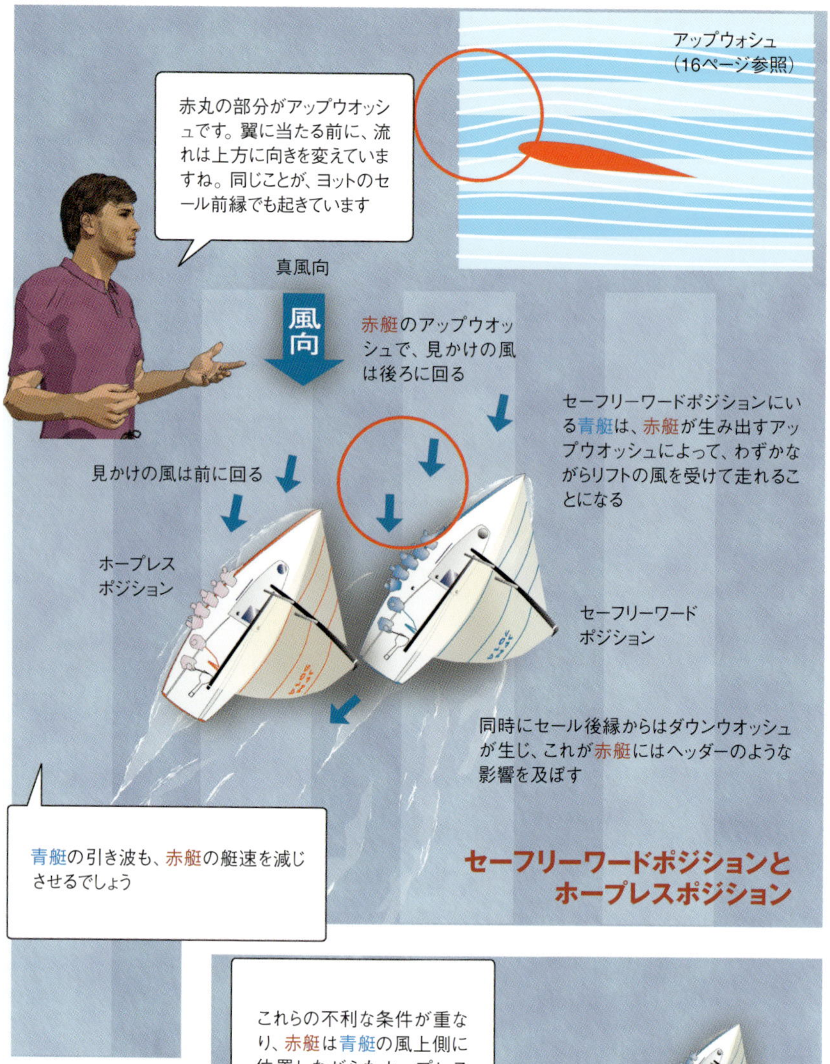
アップウォシュ
（16ページ参照）
赤丸の部分がアップウオッシュです。翼に当たる前に、流れは上方に向きを変えていますね。同じことが、ヨットのセール前縁でも起きています
真風向
風向
赤艇のアップウオッシュで、見かけの風は後ろに回る
セーフリーワードポジションにいる青艇は、赤艇が生み出すアップウオッシュによって、わずかながらリフトの風を受けて走れることになる
見かけの風は前に回る
ホープレスポジション
セーフリーワードポジション
同時にセール後縁からはダウンウオッシュが生じ、これが赤艇にはヘッダーのような影響を及ぼす
青艇の引き波も、赤艇の艇速を減じさせるでしょう

**セーフリーワードポジションとホープレスポジション**

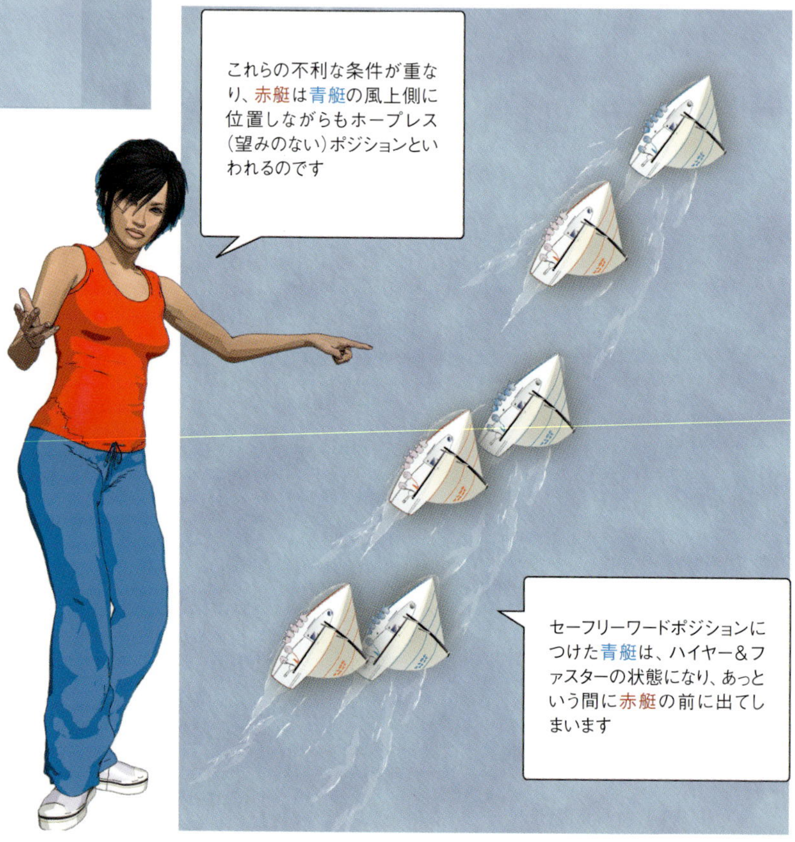
これらの不利な条件が重なり、赤艇は青艇の風上側に位置しながらもホープレス（望みのない）ポジションといわれるのです
セーフリーワードポジションにつけた青艇は、ハイヤー＆ファスターの状態になり、あっという間に赤艇の前に出てしまいます

## ホープレスポジションからの脱出

それでは、ホープレスポジションから抜け出すためにはどうしたらいいのか。

タッキングしてしまえば話は早いが、風上側に第三の艇がいてタッキングできない場合や、このまま左海面に出たい場合なら、21ページで説明したピンチングモードやフッティングモードを使って、ホープレスポジションから脱出することもできる。

ただし、これらの走りでは当然VMGは落ちる。最終的にはフリート全体のなかでのレース展開を考えるべきで、敵は目前にいる1艇だけではないことを頭に入れておこう。

逆に、ピンチングモードやフッティングモードを使って他艇をホープレスポジションに入れることもできる。

この場合も、相手とのスピード差に注意しないと、自分がホープレスポジションに入ってしまう危険もあるので、注意が必要だ。

そう考えると、風上、風下、どちらのサイドにもリスクはある。2艇が接近して走っているという状況は、どちらにとっても、その後の行動、選択肢が狭められるということも頭に入れておこう。

こうして他艇の走りをコントロールすることをカバーリングという。次ページから、さらに詳しくカバーリングについて説明していこう。

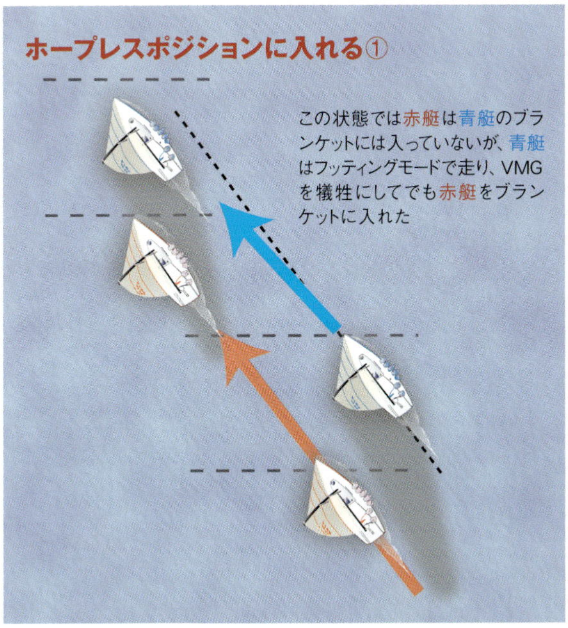
ホープレスポジションに入れる①
この状態では赤艇は青艇のブランケットには入っていないが、青艇はフッティングモードで走り、VMGを犠牲にしてでも赤艇をブランケットに入れた

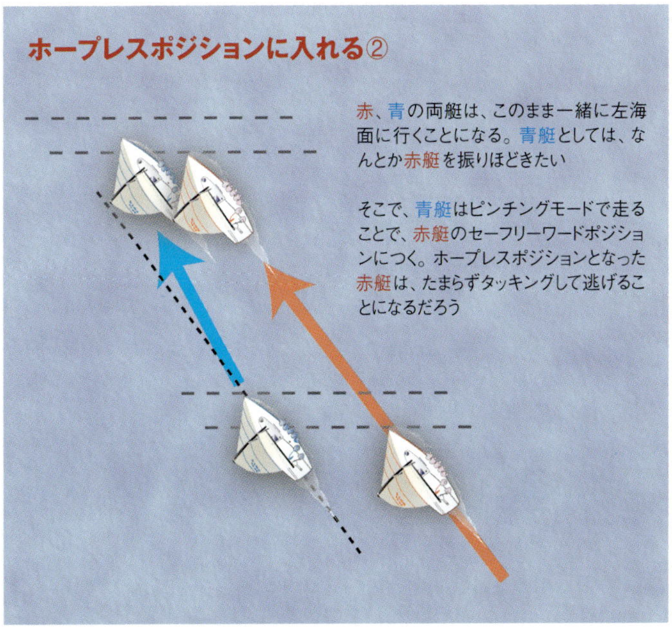
ホープレスポジションに入れる②
赤、青の両艇は、このまま一緒に左海面に行くことになる。青艇としては、なんとか赤艇を振りほどきたい
そこで、青艇はピンチングモードで走ることで、赤艇のセーフリーワードポジションにつく。ホープレスポジションとなった赤艇は、たまらずタッキングして逃げることになるだろう

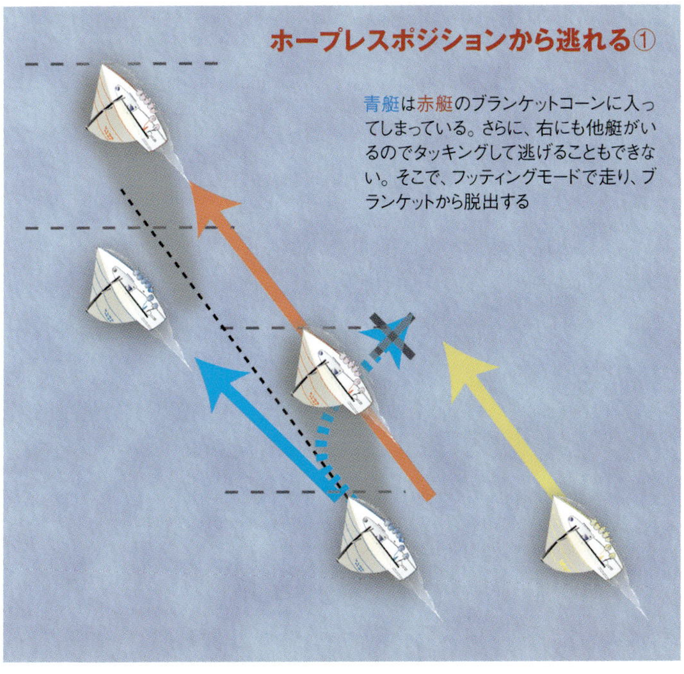
ホープレスポジションから逃れる①
青艇は赤艇のブランケットコーンに入ってしまっている。さらに、右にも他艇がいるのでタッキングして逃げることもできない。そこで、フッティングモードで走り、ブランケットから脱出する

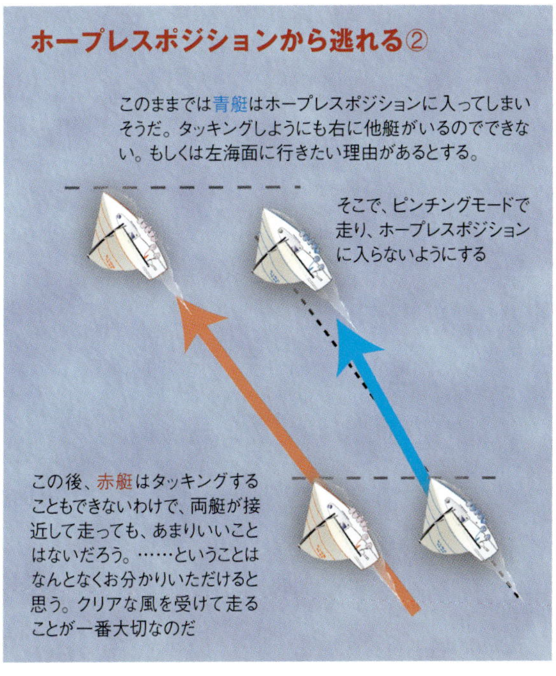
ホープレスポジションから逃れる②
このままでは青艇はホープレスポジションに入ってしまいそうだ。タッキングしようにも右に他艇がいるのでできない。もしくは左海面に行きたい理由があるとする。
そこで、ピンチングモードで走り、ホープレスポジションに入らないようにする
この後、赤艇はタッキングすることもできないわけで、両艇が接近して走っても、あまりいいことはないだろう。……ということはなんとなくお分かりいただけると思う。クリアな風を受けて走ることが一番大切なのだ

# ミート、作戦遂行

ここまで、ヨットレースにおける戦略について考えてきた。
さてそれでは、レース海面で他艇と出合った場合、どうするか？
相手は、あなたに狙い通りの戦略をとらせまいと立ちふさがるかもしれない。
あなたは、相手の戦略を乱すべく行動しなければならないかもしれない。このかけひきが、戦術だ。

## ヨットレースのルール

あらゆる競技にルールがあるように、ヨットレースにもルールがある。

競技艇の規格やハンディキャップを定めたルール、安全に関するルール、セーラー自身の資格を定めるルールなど、さまざまなルールがあり、競技者がそれらを守ることによって、競技の公平性が保たれるようになっている。

ヨットに関する各ルールは、それぞれを管轄する団体によって整備され、施行されている。それらのトップに立つ国際組織が、ISAF（International Sailing Federation：国際セーリング連盟）だ。

ISAFは、セーリング競技の基本ルールである『セーリング競技規則』を定めている。

### セーリング競技規則

ISAFにおけるセーリング競技の頂点はオリンピックとされるようで、セーリング競技規則はオリンピックの年を基準に4年ごとに改定される。

ヨットレースレールの基本となるのが『セーリング競技規則』。4年ごとに更新される

1993-1996年版から1997-2000年版への改定時に競技規則は大きく変わり、名称もそれまでの『International Yacht Racing Rules（国際ヨット競技規則）』から現在の『The Racing Rules of Sailing（RRS:セーリング競技規則）』に変更された。

以来、4年ごとに改定されているが、それほど大きなルール変更はない。

オリジナルのRRSは英語だが、（財）日本セーリング連盟（以下JSAF）が発行する日本版RRSでは日本語訳も同時に掲載している。本書ではこの日本語訳部分を転載しているが、英語での微妙な言い回しなどは、あくまでも英語版RRSが優先される。

日本語版『セーリング競技規則』は厚さ2cmもある分厚いもので、本書に転載した規則はそのごく一部だ。ぜひとも最新版の『セーリング競技規則』を購入（販売＝日本セーリング連盟 TEL：03-3481-2357、www.jsaf.or.jp）し、手元に置いて参照しながら読み進んでいただきたい。

### ヨットとヨットが出会った場合のルール

現在のRRSは、

第1章　基本規則
第2章　艇が出会った場合
第3章　レースの実施
第4章　レース中のその他の要件
第5章　抗議、救済、審問、不正行為および上告
第6章　参加と資格
第7章　レースの主催

以上、全7章からなっている。さらに付則として、ウインドサーフィン、マッチレース、ラジオコントロール艇の規則などが付記されているために分厚い本になっているが、この中で、本書に深く関係してくるのは、「第2章　艇が出会った場合」のA節からD節まで、わずか6ページだ。

とはいえ、最初に全部覚えるのも大変だろうから、必要な部分から順に紹介していこう。以降、本書で「規則」といえば、RRSを指す。

## ポート／スターボード

もっとも基本となるルールが、「スターボードタックの艇が航路権を持つ」ということ。ポートタックの艇は、スターボードタックの艇を避けていなければならない。

正確な文言は、規則10（右ページ下）を参照してほしい。

### タックとは？

それでは、スターボードタック、ポートタックというのはどういう状態か。

スターボードサイド（右舷）が風上側になっている状態が、スターボードタック。ポートサイド（左舷）が風上側ならポートタックだ。

ここでの「タック」の意味を日本語にするのが難しい。タッキング（風上に向かっての方向転換）のことを「タックする」

と縮めて表現することも多いが、ここでの「タック」はタッキングのことではなく、どちらかの舷を風上にしている状態のことだ。

「前のタック」というと、今がスターボードタックなら、その前にポートタックだったときのこと。まれには「前回のタッキング」のことを指す場合もある。このあたりはややこしいが、文脈から読みとろう。

スターボードタックを縮めて「スターボ」、スターボードタックの状態のヨットを「スターボ艇」、ポートタックを縮めて「ポート」、ポートタックの状態のヨットを「ポート艇」と呼び、両艇が出合うと「ポート／スターボ」のケースとなる。

では、艇が完全に風位に立っている場合は、どう考えればいいのか？

この場合は、風位に立つ前の状態を基準に、風上側、風下側を決める（右図）。

と、こうして、ヨットのどちらの舷が風上、風下なのか、そのヨットはスターボードタックの状態かポートタックの状態か、というのはルールによって厳格に決まる。

### セーリング競技規則から

**第2章　艇が出会った場合**
A節　航路権
ある艇を他艇が避けている必要がある場合、ある艇は他艇に対して航路権を持つという。（以下略）

**規則10　反対タックの場合**
艇が反対タックの場合、ポートタック艇は、スターボードタック艇を避けていなければならない。

**規則13　タッキング中**
艇は、風位を越えた後クローズホールドのコースになるまでは、他艇を避けていなければならない。この間、規則10、11および規則12は適用しない。2艇が同時にこの制限に従わなければならない場合には、ポート側にいる艇、または後方にいる艇が、避けていなければならない。

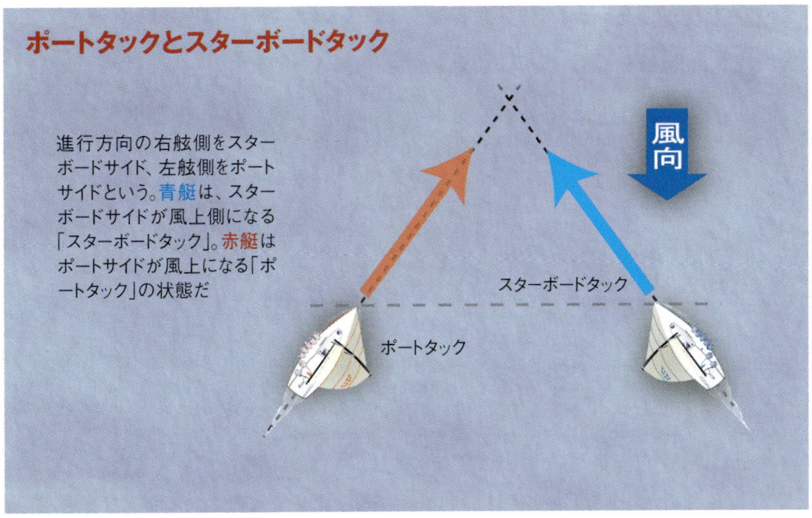
ポートタックとスターボードタック
進行方向の右舷側をスターボードサイド、左舷側をポートサイドという。青艇は、スターボードサイドが風上側になる「スターボードタック」。赤艇はポートサイドが風上になる「ポートタック」の状態だ
風向
スターボードタック
ポートタック

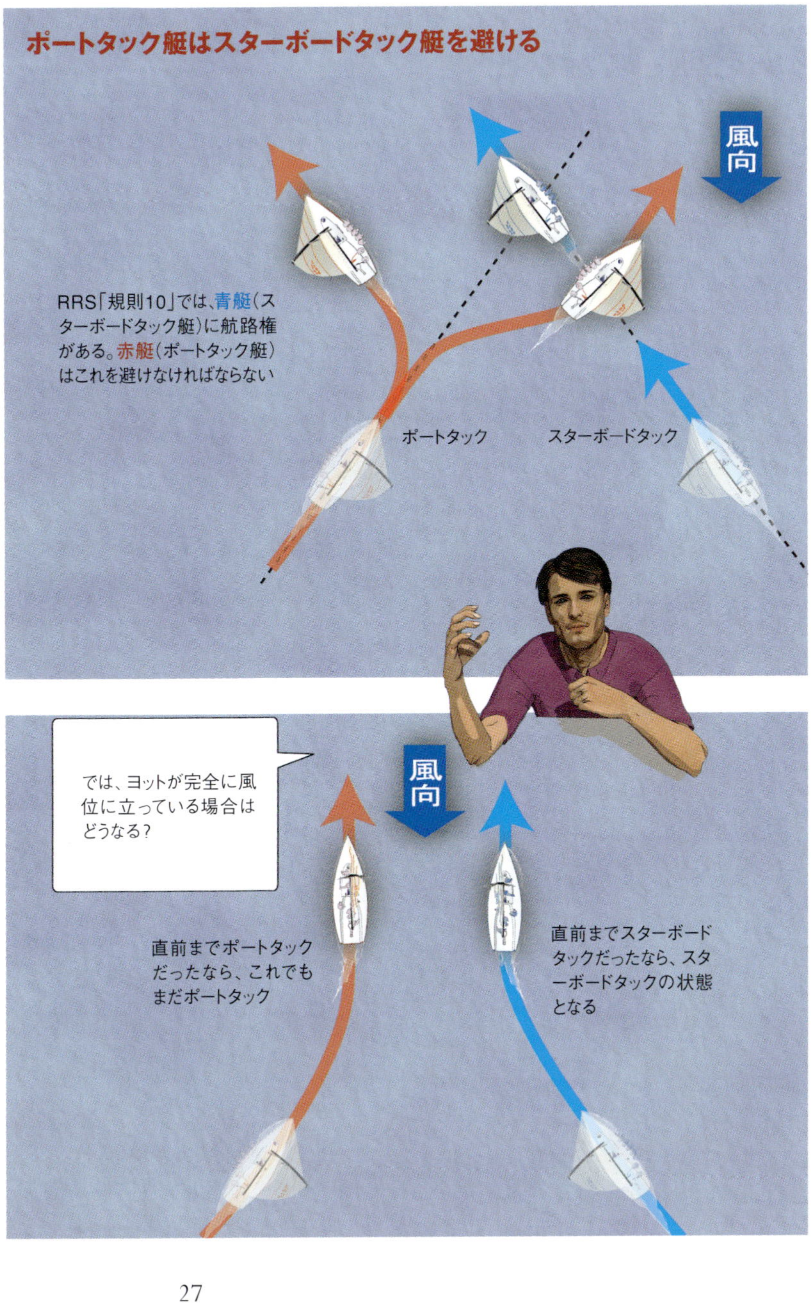
ポートタック艇はスターボードタック艇を避ける
風向
RRS「規則10」では、青艇（スターボードタック艇）に航路権がある。赤艇（ポートタック艇）はこれを避けなければならない
ポートタック
スターボードタック
では、ヨットが完全に風位に立っている場合はどうなる？
風向
直前までポートタックだったなら、これでもまだポートタック
直前までスターボードタックだったなら、スターボードタックの状態となる

## タッキング中

タッキング。言葉で書き表すのはなかなか難しいが、ここで詳しく説明する必要もないだろう。「風上に向かって風位を超える方向転換」とでも説明しておけばいいだろうか。

しかし、ルール上の「タッキング」となると話はややこしくなる。前のページでの説明で、ヨットが風位に立った状態でも、それまでのタックによってポートタック、スターボードタックにはっきり区別されることは分かったと思う。

となると、タッキングをするため舵を切り、ラフし始めてもまだ同じタックの状態が続いており、右舷が風上になっていればスターボードタック、左舷が風上ならポートタックとなり、この間も先に挙げた規則10が適用される。

ここから風位を超えて、ヨットが次のクローズホールドのコースに向くまでが、規則13にあるタッキング中の状態となる。

タッキング中のヨットは、他のヨットを避けなければならない。

ヨットが風上方向に針路を変えることをラフ(ラフィング)という。風下方向に進路を変えるのがベア(ベア・アウェイ)だ。バウアップ、バウダウンともいう(バウ=船首)。

タッキングを始めるために舵を切っても、途中で気が変わってコースを戻せば、単に「ラフして、ベアした」にすぎないわけで、他艇からは、それがタッキングなのか単なるラフィングなのかは分からない。

そこでルール上も、風位に立つまではタッキングではなく、単にラフィングしているにすぎないと定義されているわけだ。

ポートタックの状態(イラスト赤)、タッキング中の状態(イラスト黄)、スターボードタックの状態(イラスト青、黄)、それぞれの航路権の違いをしっかりと頭にたたき込んでおこう。

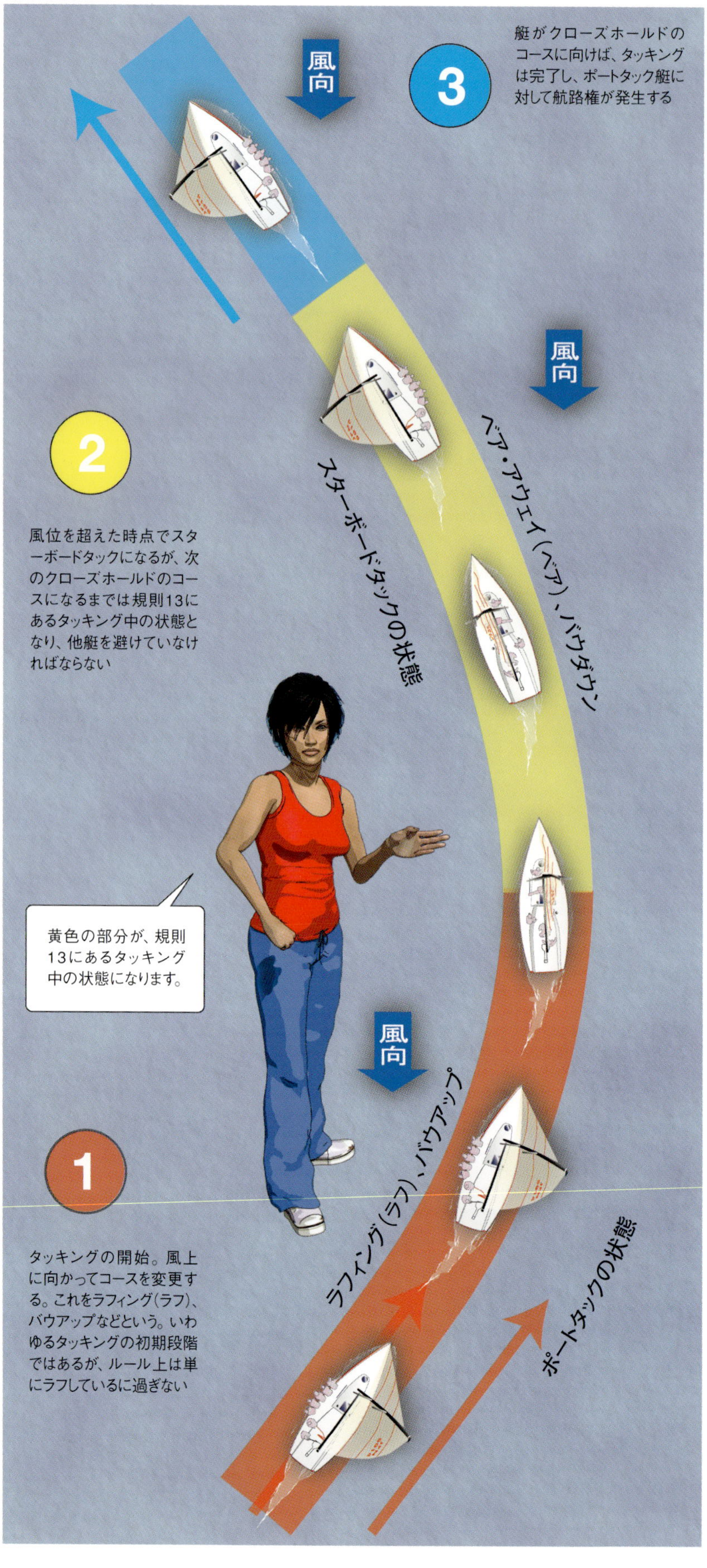

3
艇がクローズホールドのコースに向けば、タッキングは完了し、ポートタック艇に対して航路権が発生する
風向
風向
ベア・アウェイ(ベア)、バウダウン
スターボードタックの状態
2
風位を超えた時点でスターボードタックになるが、次のクローズホールドのコースになるまでは規則13にあるタッキング中の状態となり、他艇を避けていなければならない
黄色の部分が、規則13にあるタッキング中の状態になります。
風向
ラフィング(ラフ)、バウアップ
1
タッキングの開始。風上に向かってコースを変更する。これをラフィング(ラフ)、バウアップなどという。いわゆるタッキングの初期段階ではあるが、ルール上は単にラフしているに過ぎない
ポートタックの状態

## ミート、作戦遂行

このルールをふまえ、それでは実際に他艇とミートしたらどうすればいいのか？ 自艇がポートタック艇なのか、スターボードタック艇なのか、で分けて考えていこう。

### 自艇がポートタックの場合

まず、自艇がポートタック艇の立場にいる場合から考えていこう。

ミートする相手はスターボードタックであるから、相手を避けなければならない。右のイラストでは、赤艇がポートタックの自艇、青艇がスターボードタックの相手艇だ。

ミートのパターンは、大きく分けて四つある。

**1** 自艇がリードしているなら、青艇の前を横切ることが可能だ。もちろん、航路権はスターボードタックである青艇にある。青艇がなんら避ける動作をしなくても、青艇の前を通過できなくてはならない。

前を通れるか、通れないか。この見切りが難しい。十分通れると思っても、直前で風が振れたら状況は変わってしまう。通過できなければ、青艇から抗議されることになる。

**2** 風下側にコースを落とし（ベア・アウェイ、バウダウン）、青艇の後ろを通る。これを「ディップ」とか「ダック」という。当然ながら、高さをロスすることになる。

**3** 手前でタッキングする。いちばんロスのない避け方になる。

**4** 同じタッキングでも、青艇の風下前方のリーバウ位置に付くようにタッキングする。これをリーバウタッキングという。24ページで説明した有利な位置、「セーフリーワードポジション」に入ることができる。青艇は「ホープレスポジション」になるので、タッキングを余儀なくされるだろう。

### ポート艇（赤艇）から見たミート、四つのパターン

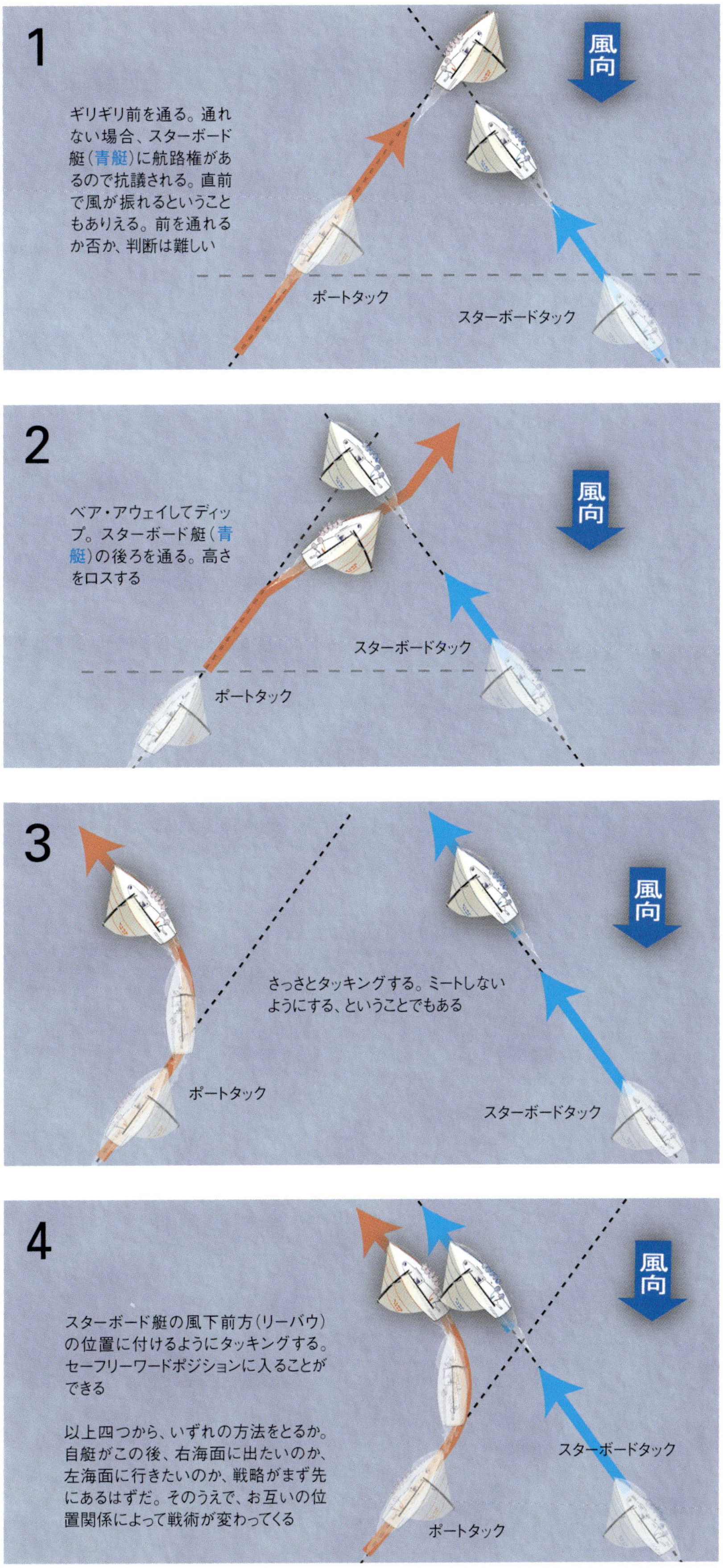
1
風向
ギリギリ前を通る。通れない場合、スターボード艇（青艇）に航路権があるので抗議される。直前で風が振れるということもありえる。前を通れるか否か、判断は難しい
ポートタック
スターボードタック
2
風向
ベア・アウェイしてディップ。スターボード艇（青艇）の後ろを通る。高さをロスする
スターボードタック
ポートタック
3
風向
さっさとタッキングする。ミートしないようにする、ということでもある
ポートタック
スターボードタック
4
風向
スターボード艇の風下前方（リーバウ）の位置に付けるようにタッキングする。セーフリーワードポジションに入ることができる
以上四つから、いずれの方法をとるか。自艇がこの後、右海面に出たいのか、左海面に行きたいのか、戦略がまず先にあるはずだ。そのうえで、お互いの位置関係によって戦術が変わってくる
スターボードタック
ポートタック

## 戦略を基に戦術を

ここでのもう一つのポイントは、自分は右海面に行きたいのか、左海面に行きたいのか、どっちなのか……ということだ。

ここまで解説してきたように、ヨットレースは風や潮との戦いでもある。風の振れや強弱、潮流のあるなしによって戦略的なゲーム運びが必要だ。

このまま右に伸ばして右への風振れを取りに行く。左海面の方が潮がいい。あるいはより強い風が吹いていそうだ。……などといった要素から、自分の中で戦略をきちんと練っておく必要がある。そうした戦略通りにレースを進めていくために、他艇との駆け引き（戦術）が必要になるというわけだ。

ここで、自艇（下図の赤艇）は左海面に行きたいとする。ポートタックで走っていたのでは右海面に向かってしまうわけで、早いところタッキングし、左海面に向かえばよいのだが、ここは戦術的に考えてみる。やって来る青艇（スターボードタック）のリーバウでタッキングすれば、青艇はホープレスポジションに追い込まれ、タッキングを余儀なくされるだろう。

これで、自艇が戦略通り左海面に行くだけではなく、ライバル艇の戦略（左海面に行きたい）を阻止することができたわけだ。

ミートといっても、両艇の位置関係は微妙に違う。そのまま走れば両艇の船首と船首がぶつかるような位置関係（バウ・ツー・バウ）では、赤艇はタッキングの際のスピードロスで、セーフリーワードポジションに位置するのは難しくなるだろう。

この場合は、リーバウタッキングは狙わずに、離れた位置でタッキングし、戦略通り左海面を目指すべきだ。

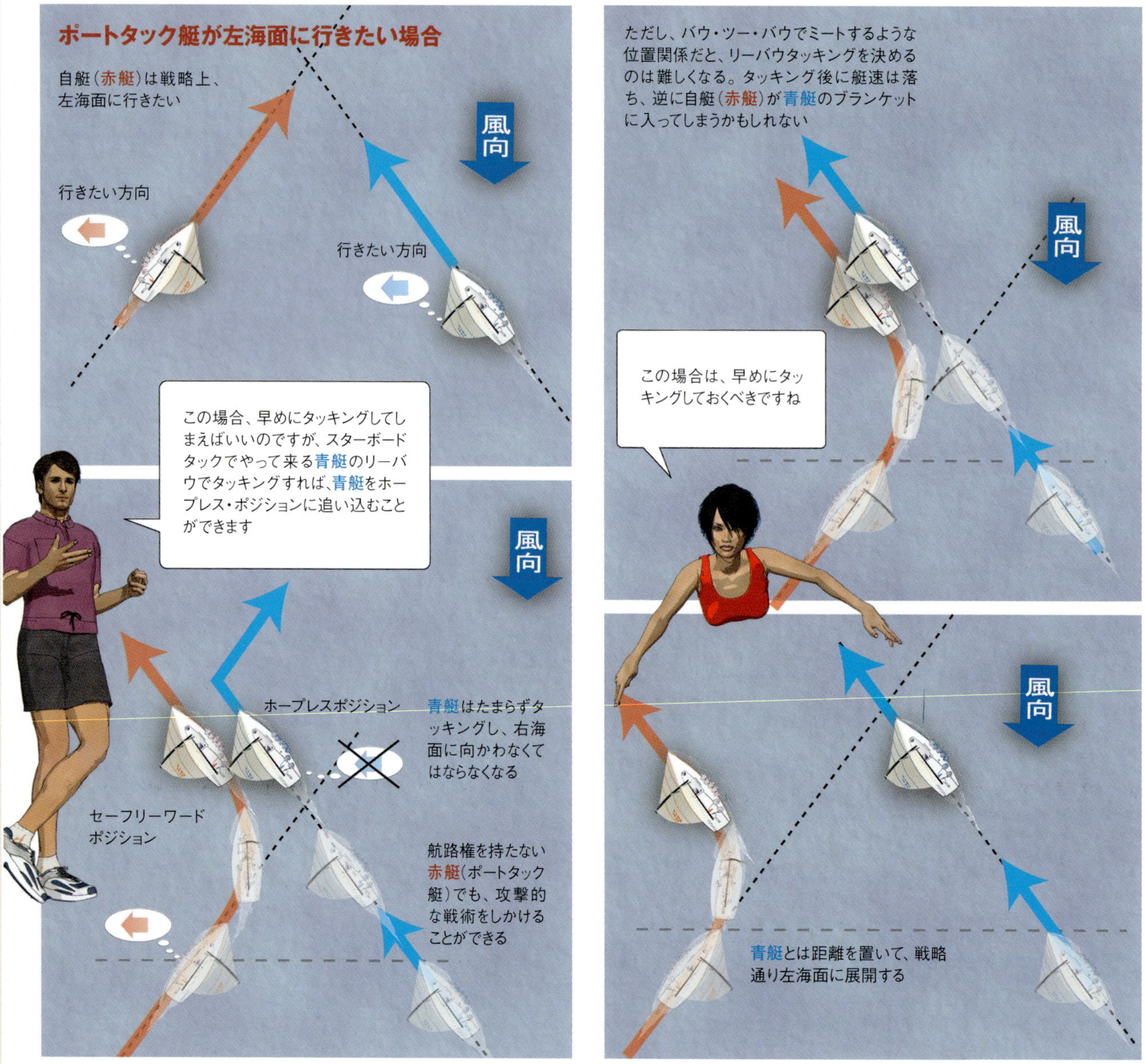
ポートタック艇が左海面に行きたい場合
自艇（赤艇）は戦略上、
左海面に行きたい
風向
行きたい方向
行きたい方向
この場合、早めにタッキングしてしまえばいいのですが、スターボードタックでやって来る青艇のリーバウでタッキングすれば、青艇をホープレス・ポジションに追い込むことができます
風向
ホープレスポジション
青艇はたまらずタッキングし、右海面に向かわなくてはならなくなる
セーフリーワード
ポジション
航路権を持たない赤艇（ポートタック艇）でも、攻撃的な戦術をしかけることができる
ただし、バウ・ツー・バウでミートするような位置関係だと、リーバウタッキングを決めるのは難しくなる。タッキング後に艇速は落ち、逆に自艇（赤艇）が青艇のブランケットに入ってしまうかもしれない
風向
この場合は、早めにタッキングしておくべきですね
風向
青艇とは距離を置いて、戦略通り左海面に展開する

では、右海面に行きたい場合はどうするか。

赤艇がわずかに遅れているようなら、ディップして青艇の船尾を通っていっても高さのロスはわずかだ。そのまま右に展開していこう。

問題なのはバウ・ツー・バウの場合。ディップして船尾を交わせば、まるまる1艇身分の高さをロスする。「それでも右海面に展開する意味はあるのか」を慎重に考えなければならない。

赤艇がややリードしている状態で、でも青艇の前を通過するのはちょっと厳しい、という場合はどうするか。リードしている状態でディップするのは、あまりにももったいない。

と、ここでは、青艇の心理状態を考えてみよう。

今、青艇は赤艇とは異なり左海面に行こうとしているとする。となると、左ページのように赤艇にリーバウタッキングされると困るわけだ。

そこで、赤艇は青艇に対し、「前を通っていいか？」と聞いてみるのも一つの手だ。青艇がそのまま左海面に行きたいと思っているなら、赤艇にリーバウタッキングを打たれるより、そのまま前を通過してもらいたいと思っているかもしれない。

敵は他にもいる。ここが、両艇の戦略と戦術の妙になる。

それでは、自艇がスターボードタックならどうなるか。

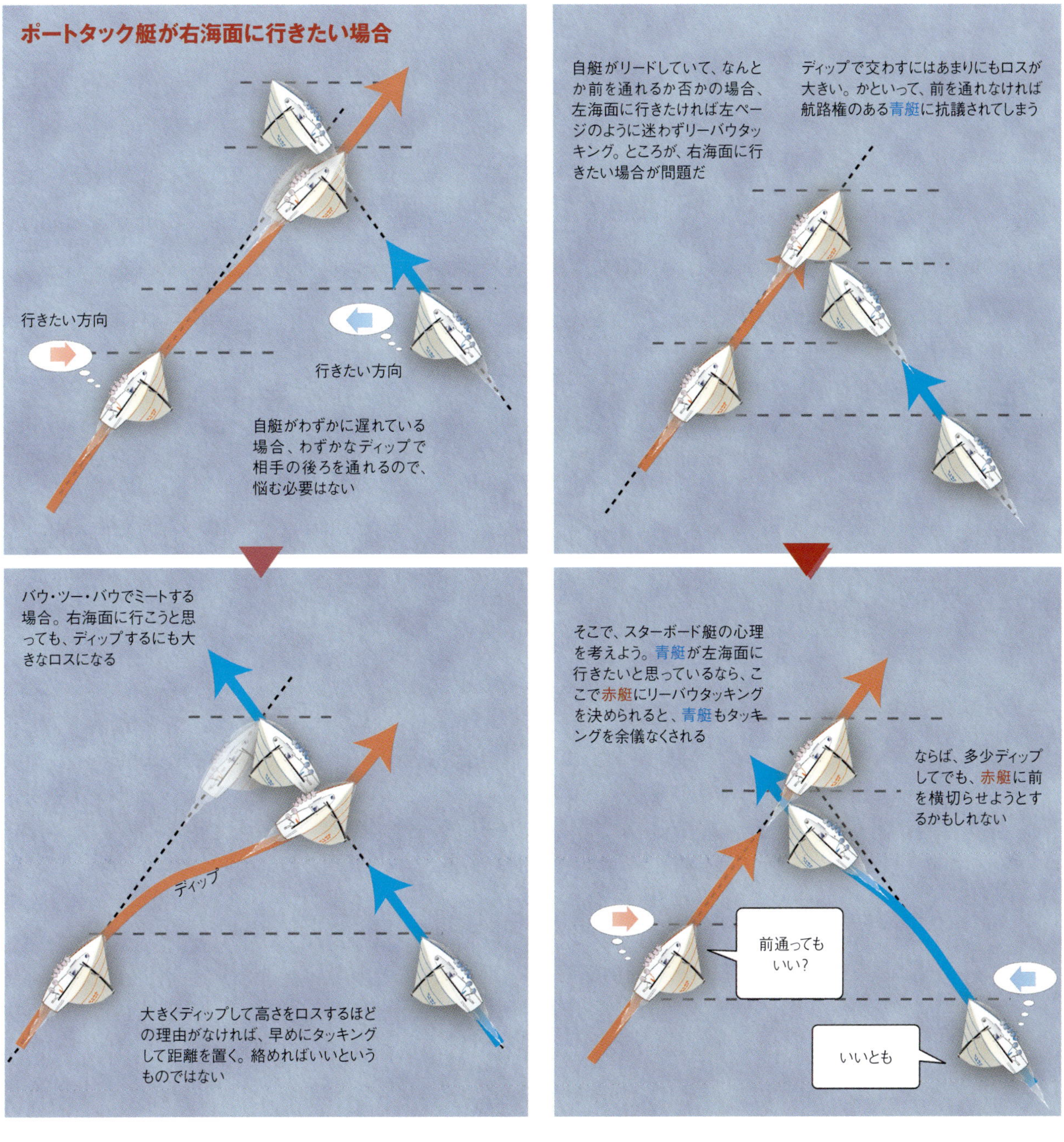
ポートタック艇が右海面に行きたい場合
行きたい方向
行きたい方向
自艇がわずかに遅れている場合、わずかなディップで相手の後ろを通れるので、悩む必要はない
バウ・ツー・バウでミートする場合。右海面に行こうと思っても、ディップするにも大きなロスになる
ディップ
大きくディップして高さをロスするほどの理由がなければ、早めにタッキングして距離を置く。絡めればいいというものではない
自艇がリードしていて、なんとか前を通れるか否かの場合、左海面に行きたければ左ページのように迷わずリーバウタッキング。ところが、右海面に行きたい場合が問題だ
ディップで交わすにはあまりにもロスが大きい。かといって、前を通れなければ航路権のある青艇に抗議されてしまう
そこで、スターボード艇の心理を考えよう。青艇が左海面に行きたいと思っているなら、ここで赤艇にリーバウタッキングを決められると、青艇もタッキングを余儀なくされる
ならば、多少ディップしてでも、赤艇に前を横切らせようとするかもしれない
前通ってもいい？
いいとも

## 自艇がスターボードタックの場合

自艇は、スターボードタックで風上へクローズホールドで走っている（右図、青艇）。

まず、戦略的に行きたい海面があるはずだ。今、スターボードタックで走っていることから、本来はそのまま左海面に行きたいということになる。

そこにポートタックの相手艇（右図、赤艇）がやってくると想定しよう。

競技規則10によって、スターボードタック艇は航路権を持つ。ということは、ポートタックの赤艇が避けてくれるはずだ。気にせず真っすぐ進めばいい。

ところが、相手も簡単には道を譲ってくれないはずだ。29ページで説明したように、リーバウ（風下前方）でタッキングし、こちらをホープレスポジションに追い込む作戦をしかけてくるかもしれない。それがうまく決まれば、こちら（青艇）はタッキングせざるをえなくなり、本来行きたかった左海面に行けなくなってしまう。

そこで、どうするか。

ミートする前からフッティングモードで走り、ポートタックの相手艇を惑わせてみよう。

フッティングモードは、通常のクローズホールドよりわずかに風下に落とし、ボートスピードを優先させる走りだ。

リーバウタッキングを決めようとしている赤艇は、青艇の走るコースを見て青艇のリーバウに自艇が収まるように、タ

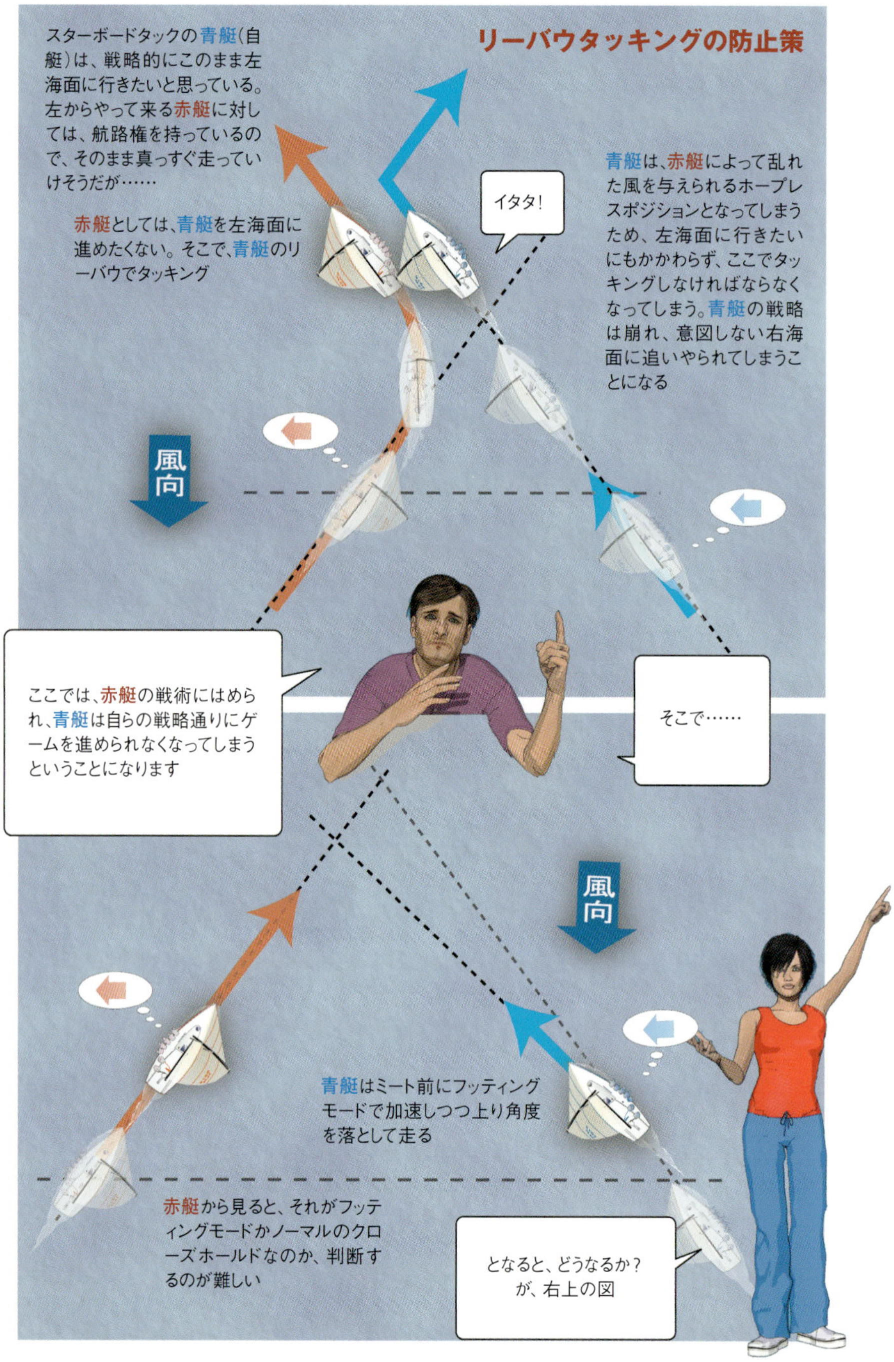

リーバウタッキングの防止策
スターボードタックの青艇（自艇）は、戦略的にこのまま左海面に行きたいと思っている。左からやって来る赤艇に対しては、航路権を持っているので、そのまま真っすぐ走っていけそうだが……
赤艇としては、青艇を左海面に進めたくない。そこで、青艇のリーバウでタッキング
イタタ！
青艇は、赤艇によって乱れた風を与えられるホープレスポジションとなってしまうため、左海面に行きたいにもかかわらず、ここでタッキングしなければならなくなってしまう。青艇の戦略は崩れ、意図しない右海面に追いやられてしまうことになる
風向
ここでは、赤艇の戦術にはめられ、青艇は自らの戦略通りにゲームを進められなくなってしまうということになります
そこで……
風向
青艇はミート前にフッティングモードで加速しつつ上り角度を落として走る
赤艇から見ると、それがフッティングモードかノーマルのクローズホールドなのか、判断するのが難しい
となると、どうなるか？
が、右上の図


### 高木 裕のワンポイント・アドバイス

**ポートタックのときは慎重に**

オン・ザ・ウオーター・ジャッジでもない限り、ポートタック艇がスターボードタック艇の前を横切るリスクは高い。お互いの言い分と、証言艇の証言のみで審問となるため、スターボード艇側が「避けた」としてプロテストされれば失格になる確率が高い。ペナルティーターンを行えば大きなロスになるし、そのままレースを続けても、審問での対応を考えなければならず、その後は精神的に辛いレースになるはずだ。

大型艇なら、ポート艇がたとえ3m前を横切ったとしても、スターボード艇は避ける場合が多い。となると、こちらは2〜3m前を横切れると思っても、相手艇に対して「前を通って良いか」と一声かけておくことが重要になる。衝突ケースの多くは、お互いが接近に気づいていない場合に起こる。相手に接近する前に声をかけておくことで、インシデントは少なくなる。あくまでも紳士的にレースを楽しもう。

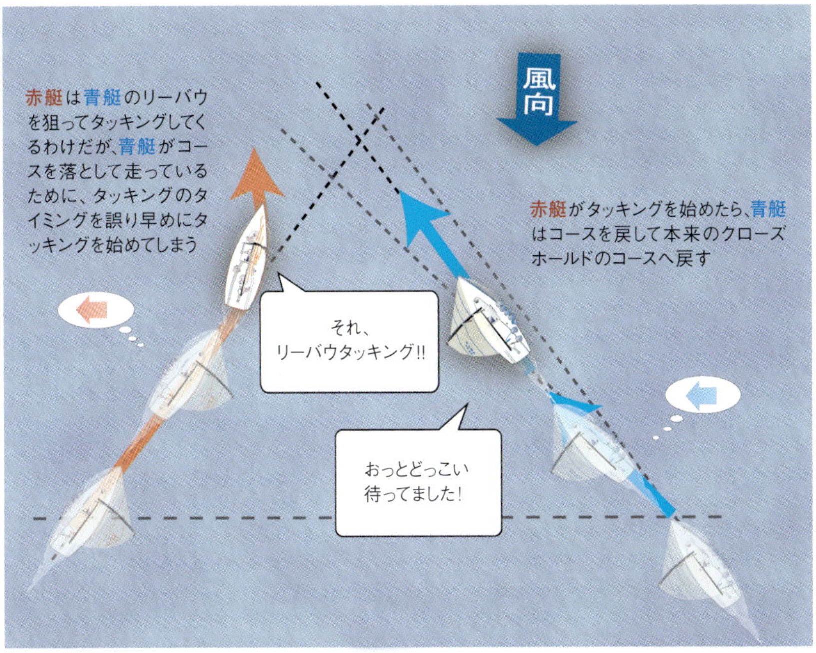

赤艇は青艇のリーバウを狙ってタッキングしてくるわけだが、青艇がコースを落として走っているために、タッキングのタイミングを誤り早めにタッキングを始めてしまう
風向
赤艇がタッキングを始めたら、青艇はコースを戻して本来のクローズホールドのコースへ戻す
それ、リーバウタッキング!!
おっとどっこい待ってました!

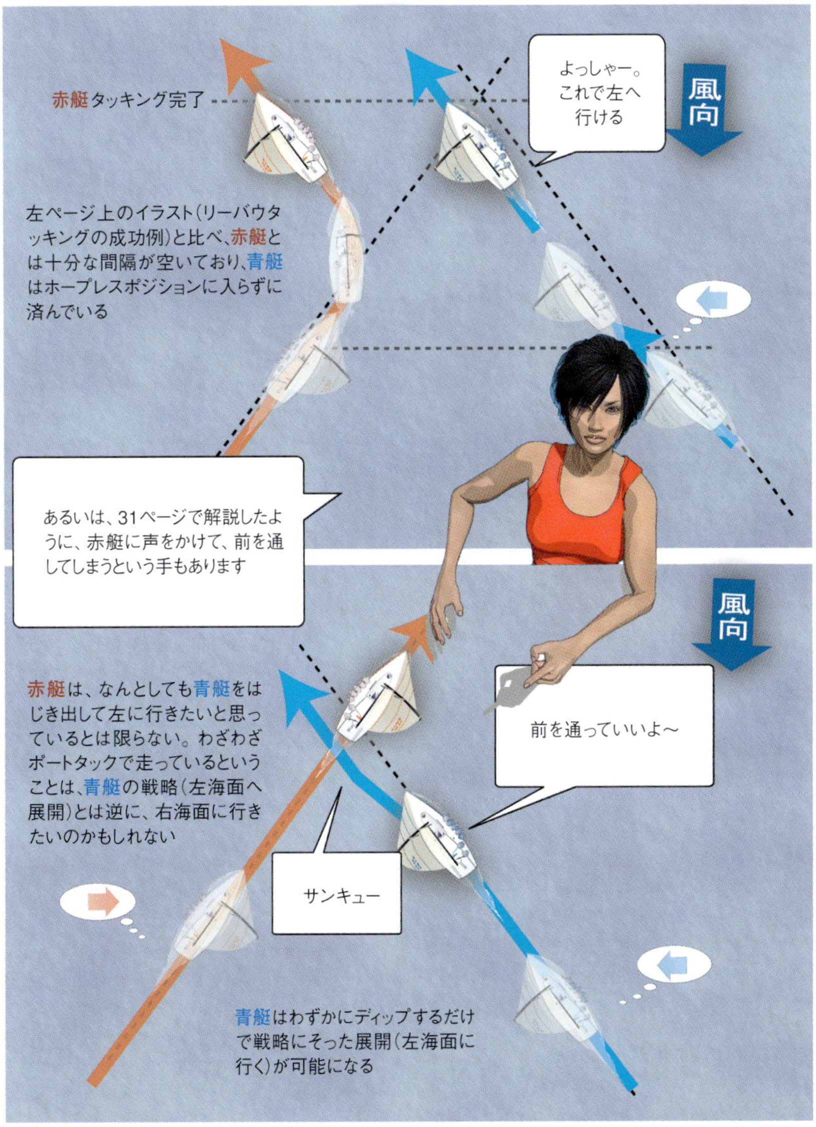

赤艇タッキング完了
よっしゃー。これで左へ行ける
風向
左ページ上のイラスト(リーバウタッキングの成功例)と比べ、赤艇とは十分な間隔が空いており、青艇はホープレスポジションに入らずに済んでいる
あるいは、31ページで解説したように、赤艇に声をかけて、前を通してしまうという手もあります
風向
赤艇は、なんとしても青艇をはじき出して左に行きたいと思っているとは限らない。わざわざポートタックで走っているということは、青艇の戦略(左海面へ展開)とは逆に、右海面に行きたいのかもしれない
前を通っていいよ～
サンキュー
青艇はわずかにディップするだけで戦略にそった展開(左海面に行く)が可能になる

イミングをはかってタッキング動作に入る。

ところが、ミート前に青艇が走っているのは通常のクローズホールドより低いコースだ。赤艇がタッキングを始めたら、青艇(自艇)はコースを元のクローズホールドに戻す。

すると、赤艇は、本来タッキングを開始しなければならない位置より手前でタッキングを始めてしまうことになる。

おまけに赤艇はタッキング後で艇速は落ちている。一方、バウダウンしてフッティングモードでスピードをつけていた青艇は、赤艇と距離をおいた風上側に位置し、ホープレスポジションに陥らないで済むはずだ。

これで、青艇は当初の戦略通り、左海面に向かって走ることができる。戦術に戦術で対抗し、当初立てた戦略通りの展開が可能になる。

## 航路権を主張するだけが能じゃない

次に、相手艇(ポートタックの赤艇)の気持ちになって考えてみよう。

赤艇が、わずかにリードしている。しかし、青艇(スターボードタックの自艇)の前を通れるかは微妙だ。でも、なんとかして右海面に出たい。それが赤艇の戦略だとする。

ここで自艇(青艇)は、このままスターボードタックで左海面に出たいなら、自らのスターボードタックの航路権を捨ててでも、赤艇に前を通させるというのが一つの戦術だ。

やみくもに「スターボ!」と怒鳴り散らせばいいというものではない。

赤艇に対し、

「前を通ってください」

と、声をかける。

赤艇が右海面に行くという戦略をもっているなら、

「サンキュー」

と答えてくるだろう。

自艇（青艇）は、ディップ（針路を風下に落としてかわす）して多少の高さを失うことになるが、当初の戦略通り左海面に展開することができる。

赤艇があくまでもリーバウタッキングをしかけてくる気なら、無視されるか、「ホールドコース（そのまま真っすぐ走れ。ディップするな。こちらで避けるの意）」とでも言ってくるかもしれない。

## どちらが有利海面なのか判断できなければ

それでは、ポートタックの赤艇が、大きくディップして自艇（青艇）の後ろを通っていった場合はどうなるか。

左に行くという自艇（青艇）の戦略に対し、赤艇は右を選んだ。わずかにリードしていたものの、前を横切れるほどではないためここで大きくディップしたわけで、2艇身近く高さをロスした計算になる。それでも右へ行くというのが、赤艇の戦略ということになる。それほど右海面の方が有利だと判断したのだ。

両艇どちらの戦略が正しかったかでこの後勝負がつくが、それではこの後、左右の海面の状況がまったく変わらなかった場合どうなるか。両艇がタッキングして再び出合ったときの位置関係はどうなるのか。

次のミートでは、赤艇がスターボードタックになっている。

航路権の攻守は逆転し、自艇（青艇）は完全に前を通れるだけのリードを得ていなければ、赤艇の前を通ることはできなくなる。今度は右に行きたいと思っても、さきほどの赤艇同様、大きくディップしなければ赤艇の右海面には出られなくなる。

なぜ右に行きたいのか。左に伸ばしたいのか。ここでも改めてきちんとした戦略が必要であることがわかる。

左右どちらの海面が有利か分から

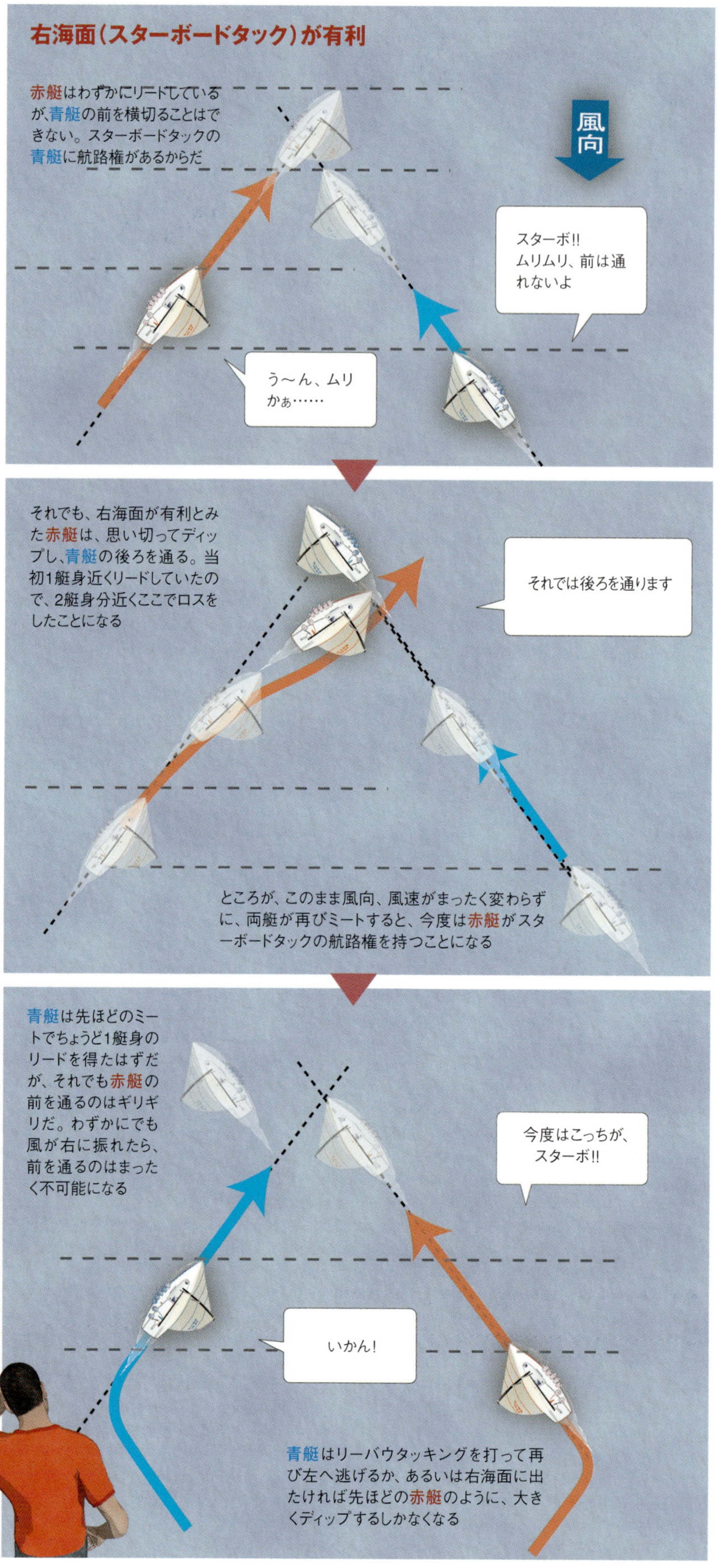

右海面（スターボードタック）が有利
赤艇はわずかにリードしているが、青艇の前を横切ることはできない。スターボードタックの青艇に航路権があるからだ
風向
スターボ!!
ムリムリ、前は通れないよ
う～ん、ムリかぁ……
それでも、右海面が有利とみた赤艇は、思い切ってディップし、青艇の後ろを通る。当初1艇身近くリードしていたので、2艇身分近くここでロスをしたことになる
それでは後ろを通ります
ところが、このまま風向、風速がまったく変わらずに、両艇が再びミートすると、今度は赤艇がスターボードタックの航路権を持つことになる
青艇は先ほどのミートでちょうど1艇身のリードを得たはずだが、それでも赤艇の前を通るのはギリギリだ。わずかにでも風が右に振れたら、前を通るのはまったく不可能になる
今度はこっちが、スターボ!!
いかん!
青艇はリーバウタッキングを打って再び左へ逃げるか、あるいは右海面に出たければ先ほどの赤艇のように、大きくディップするしかなくなる

ない時、あるいははっきりしない時は、次のミートでスターボードタックの航路権を持つことになる右海面にいる方が有利になるということでもある。

## スラムダンクタッキング

それでは、ポートタックの赤艇がディップして後ろを通る選択をしたら、自艇（青艇）はどうするか。

赤艇が後ろを通過した直後にタッキングすれば、赤艇の風上側に出ることができる。

赤艇はこの後タッキングできなくなり、うまくいけば自艇（青艇）のブランケットに入れることもできるかもしれない。

これを、スラムダンクタッキングといい、特にレイラインに向かう最後のアプローチで有効な戦術だ。

赤艇との距離が空くと、この後、赤艇はタッキングしてレイラインに乗った時にスターボードタックとなる。ポートタックの青艇はその直前でギリギリ前をかわせるかどうかという微妙な位置関係になってしまう。

スラムダンクタッキングによって、赤艇にタッキングするルームを与えない状態でレイラインにアプローチすれば、青艇はリードを保ったまま自分のタイミングでタッキングしレイラインに乗ることができる。

実際には、赤艇は青艇の後ろを通る時にディップして加速しているため、青艇はタッキングに失敗すると赤艇に前に出られ、自艇がホープレスポジションに入ってしまう危険もあり、また相手が同時にタッキングをしかけてくると、規則13で（27ページ）負けることもある。難しい技の一つだ。

風上マークが近づくと、コースの選択肢が減ってくる。となると、ポート、スターボの違いも、大きく影響してくる。

このあたり、マークアプローチに関しては、今後じっくり解説していきたい。

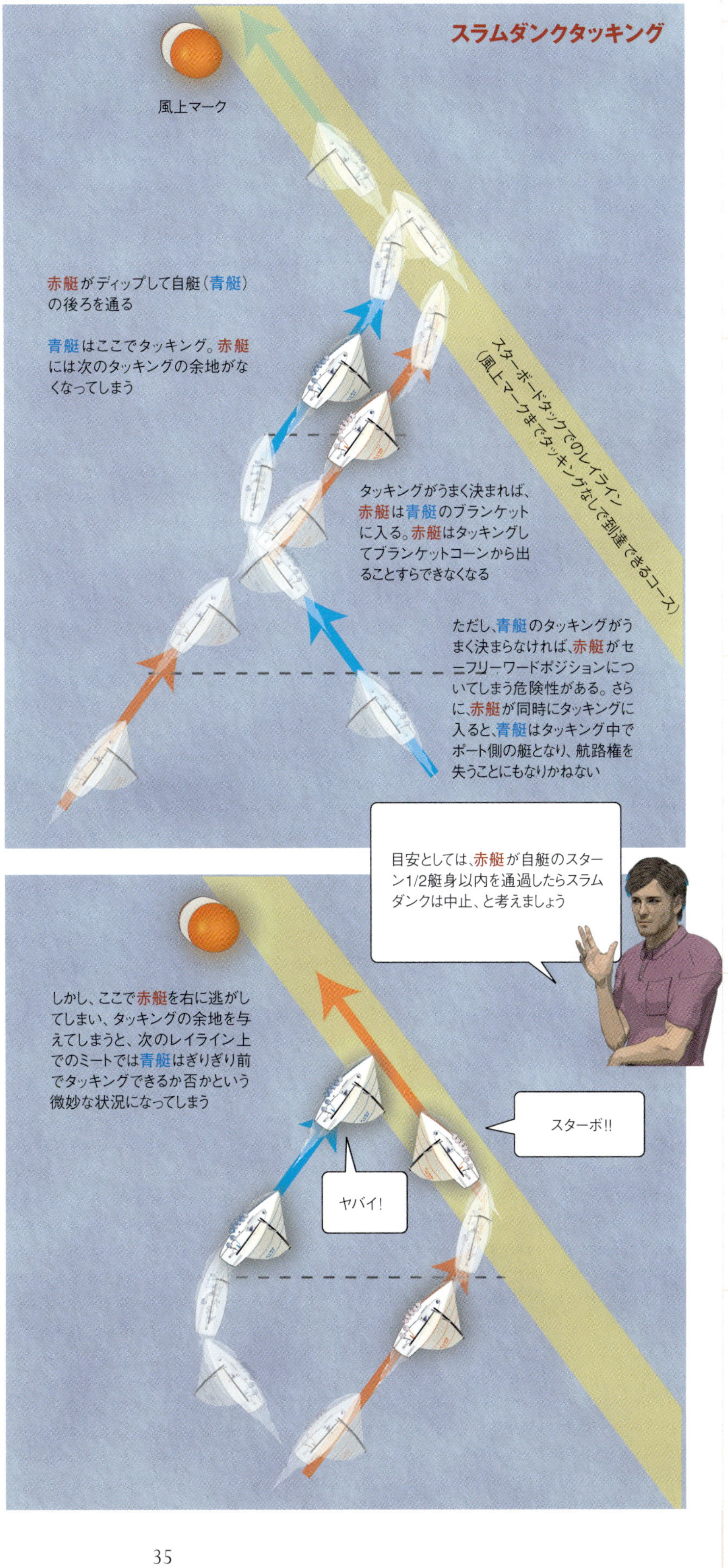
スラムダンクタッキング
風上マーク
赤艇がディップして自艇（青艇）の後ろを通る
青艇はここでタッキング。赤艇には次のタッキングの余地がなくなってしまう
スターボードタックでのレイライン（風上マークまでタッキングなしで到達できるコース）
タッキングがうまく決まれば、赤艇は青艇のブランケットに入る。赤艇はタッキングしてブランケットコーンから出ることすらできなくなる
ただし、青艇のタッキングがうまく決まらなければ、赤艇がセーフリーワードポジションについてしまう危険性がある。さらに、赤艇が同時にタッキングに入ると、青艇はタッキング中でポート側の艇となり、航路権を失うことにもなりかねない
目安としては、赤艇が自艇のスターン1/2艇身以内を通過したらスラムダンクは中止、と考えましょう
しかし、ここで赤艇を右に逃がしてしまい、タッキングの余地を与えてしまうと、次のレイライン上でのミートでは青艇はぎりぎり前でタッキングできるか否かという微妙な状況になってしまう
スターボ!!
ヤバイ!

## 衝突を避ける

こうして見ていくと、戦術を駆使するためには正確でロスのないタッキング、ピンチングモードとフッティングモードの走り分け、そして、前を通れるか否かを見切る能力が必要であることが分かる。その大元になるのが見張りだ。

スターボードタック艇を避ける義務は、ポートタック艇側にある。とはいえ、ポートタック艇が衝突回避の動作をしないことが明らかになった場合は、スターボードタック艇側でも回避動作に入らなければならない。

これは競技規則14でも定められていることだが、ルールよりも何よりも、衝突して自艇にも損傷がおよんでしまっては、レースが続行できなくなってしまうかもしれない。航路権を持つスターボードタック艇といえども、風下からやってくるポートタックの艇への見張りはしっかり行いたい。

相手が自艇の存在に気づいていないようなら、

「スターボード！」

と声をかける必要もあるかもしれない。ただし、スターボードタック艇からポートタック艇に対し、こうした警告を発する義務はない。航路権を持つヨットを発見し、それを避ける義務は航路権のないヨット（この場合、ポートタック艇）側にある。

ポートタック艇側でなんらかの回避動作を取る用意がある、という意味で、

「ホールドコース」

などと声をかければ、スターボードタック艇側も安心して直進できるだろう。

いずれにしても、クローズホールドのレグでは、風下艇の見張りが重要だ。戦術的にも、風下側に何艇いるのか、それらは同行しているのか、こちらに向かって来ているのかといった状況を常に頭に入れておく必要がある。

その上で、相手艇が前を切るのか自艇が前なのか、あるいはバウ・ツー・バ

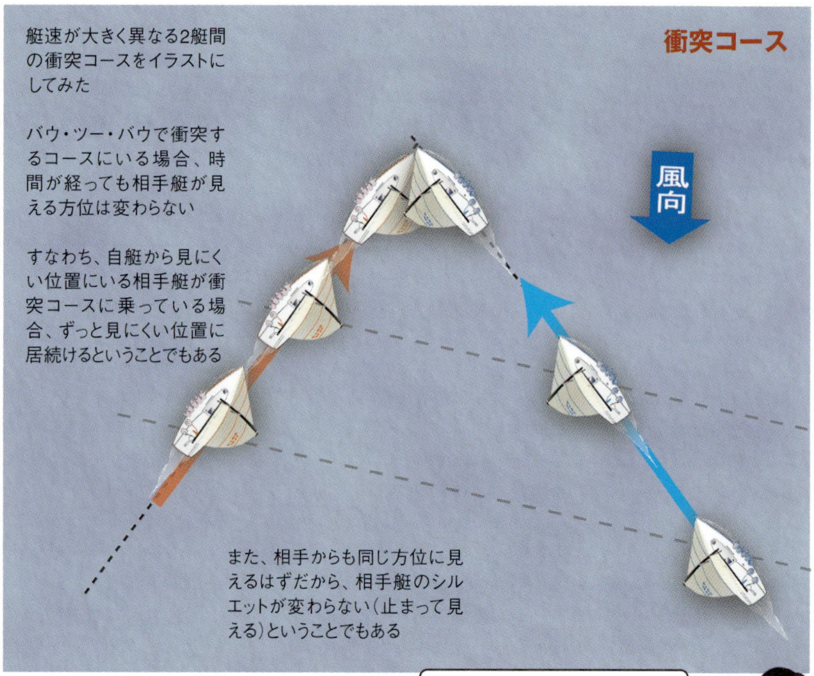
衝突コース
艇速が大きく異なる2艇間の衝突コースをイラストにしてみた
バウ・ツー・バウで衝突するコースにいる場合、時間が経っても相手艇が見える方位は変わらない
すなわち、自艇から見にくい位置にいる相手艇が衝突コースに乗っている場合、ずっと見にくい位置に居続けるということでもある
風向
また、相手からも同じ方位に見えるはずだから、相手艇のシルエットが変わらない（止まって見える）ということでもある

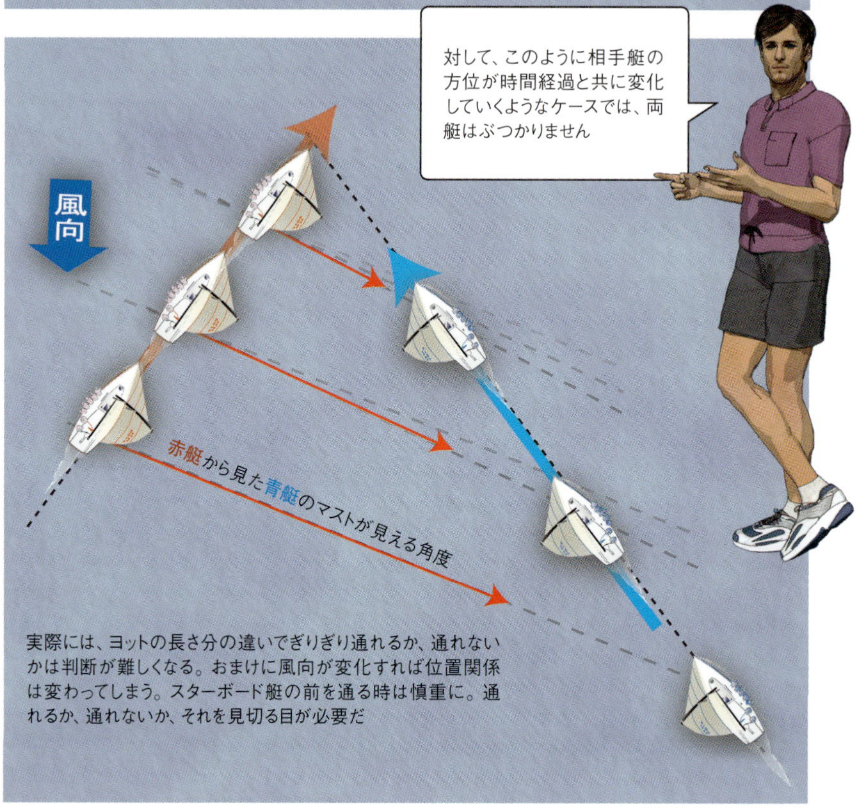
対して、このように相手艇の方位が時間経過と共に変化していくようなケースでは、両艇はぶつかりません
風向
赤艇から見た青艇のマストが見える角度
実際には、ヨットの長さ分の違いでぎりぎり通れるか、通れないかは判断が難しくなる。おまけに風向が変化すれば位置関係は変わってしまう。スターボード艇の前を通る時は慎重に。通れるか、通れないか、それを見切る目が必要だ

### セーリング競技規則から

**規則14　接触の回避**
艇は、常識的に可能な場合には、他の艇との接触を回避しなければならない。ただし、航路権艇、またはルームあるいはマークルームを得る資格がある艇は、
（a）相手艇が避けていないか、またはルームあるいはマークルームを与えないことが明らかになるまで、接触を回避する行動をとる必要はない。
（b）この規則に違反したとしても、接触によって損傷または傷害が起きなかった場合には、免罪されなければならない。

ウでミートするのか……など早い段階で判断していかなくてはならない。

通常は風上側でハイクアウトしているはずだから、風下舷に行ってチェックするなら短時間で状況を確認できるように、目を鍛えておこう。

## 横切れるなら横切るベシ

今、赤艇と青艇は、イーブンの位置関係にある(右図)。赤艇はタッキングしても青艇の前を横切ることはできない。

ここで風が左に振れた。

この振れで赤艇は利益(ゲイン)を得、タッキングすれば青艇の前を横切ることができる状態になった。この利益を確定させるためには、実際にタッキングして青艇の前を横切る必要がある、ということまではこれまでに解説した。

この時、ポートタック艇(赤艇)がスターボードタック艇(青艇)の前を横切るミート、つまり前ページの状態となる。さあ、青艇はどうする?

青艇の戦術としては、赤艇のタッキングと同時にタッキングし、「赤艇とはミートしない」ようにすべきだ。

これで、次に風が右に振れ戻った時には、赤艇が得ていた利益は消滅する。さらに右に振れれば、青艇がリードする。

逆に、さらに左に振れ、振り切れる風のパターンと考えるなら、青艇はそのまま左に伸ばすということになる。その場合、赤艇はどうするか……。

と、ここではヨットとヨットが衝突するコースでミートした場合どうするか、という話をしてきた。実際には、衝突しないミート、つまり相手の前を横切るケースが多くなる。あるいは前を横切られるケースだ。

さあ、その時どうするか。

それがカバーリングだ。次ページから詳しく説明していこう。

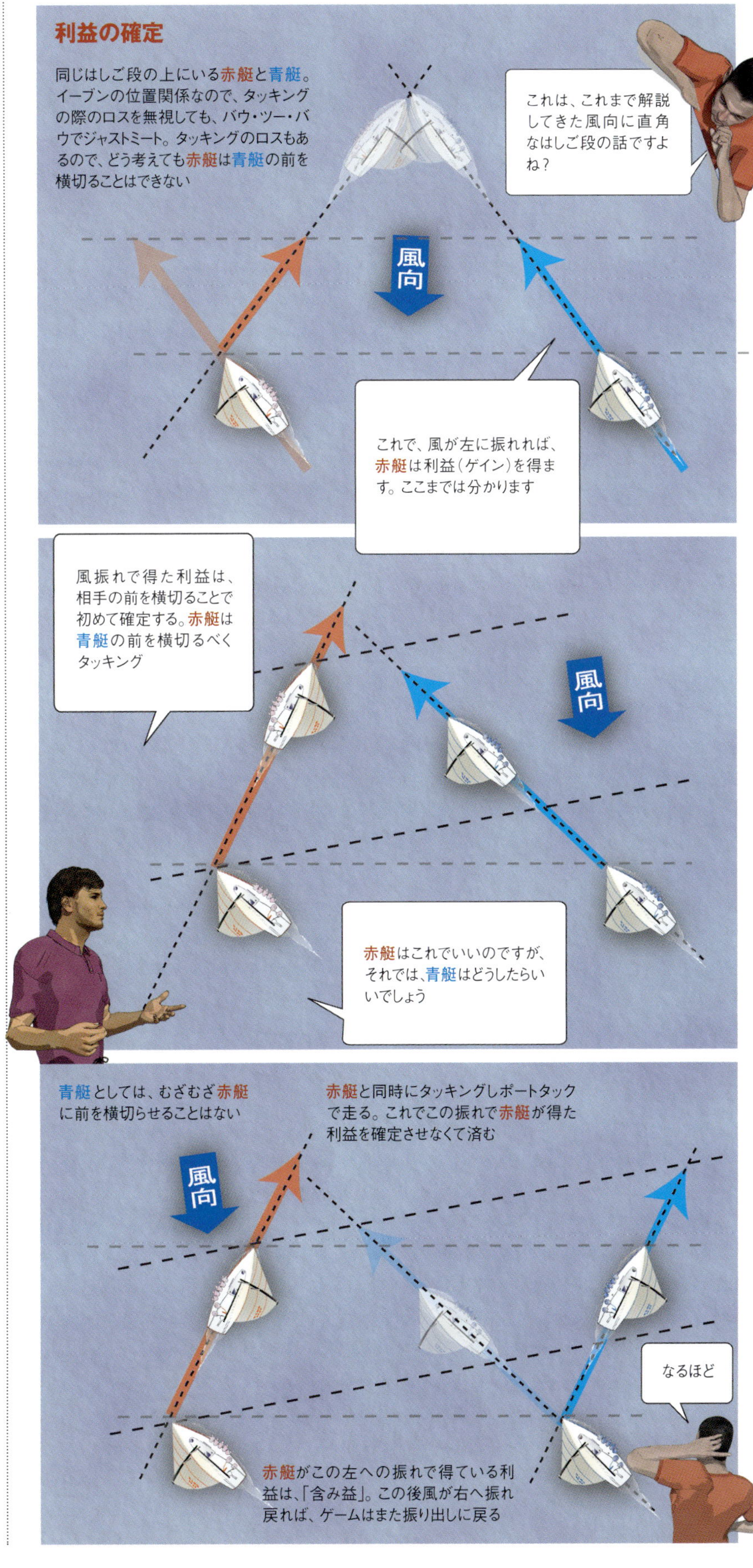
利益の確定
同じはしご段の上にいる赤艇と青艇。イーブンの位置関係なので、タッキングの際のロスを無視しても、バウ・ツー・バウでジャストミート。タッキングのロスもあるので、どう考えても赤艇は青艇の前を横切ることはできない
これは、これまで解説してきた風向に直角なはしご段の話ですよね?
風向
これで、風が左に振れれば、赤艇は利益(ゲイン)を得ます。ここまでは分かります
風振れで得た利益は、相手の前を横切ることで初めて確定する。赤艇は青艇の前を横切るべくタッキング
風向
赤艇はこれでいいのですが、それでは、青艇はどうしたらいいでしょう
青艇としては、むざむざ赤艇に前を横切らせることはない
赤艇と同時にタッキングしポートタックで走る。これでこの振れで赤艇が得た利益を確定させなくて済む
風向
なるほど
赤艇がこの左への振れで得ている利益は、「含み益」。この後風が右へ振れ戻れば、ゲームはまた振り出しに戻る

## カバーリング

ここまでは、2艇が衝突するようなコースでミートするケースを考えてきた。

実際には、衝突しない状況(相手の前を横切るか、相手に横切られるか)でミートするケースのほうが多い。そこでの戦術が重要になる。

これが、カバーリングだ。

ヨットレースにおけるカバー(cover)とは、「かぶせる、ガードする、マークする」という意味。カバーリングとは、後続艇をマークし、その動きをコントロールするテクニックだ。

カバーリングには、大きく分けるとタイトカバーとルーズカバーがある。右の図でその違いを確認してみよう。

### タイトカバー

23ページで、ブランケットを説明した。ヨットが走ることによって風が乱れ、その乱れた風のエリア(ブランケットコーン)に入った後続艇は艇速が落ちてしまう。

相手艇を自艇のブランケットコーンのなかに入れる戦術が、タイトカバーだ。

タイトカバーされ、先行艇のブランケットに入ってしまった艇は、ブランケットから抜け出すために無駄なタッキングを余儀なくされる。

タイトカバーは先行艇が行う攻撃的な戦術だが、同時に、敵を反対海面に逃がしてしまうということも意味する。

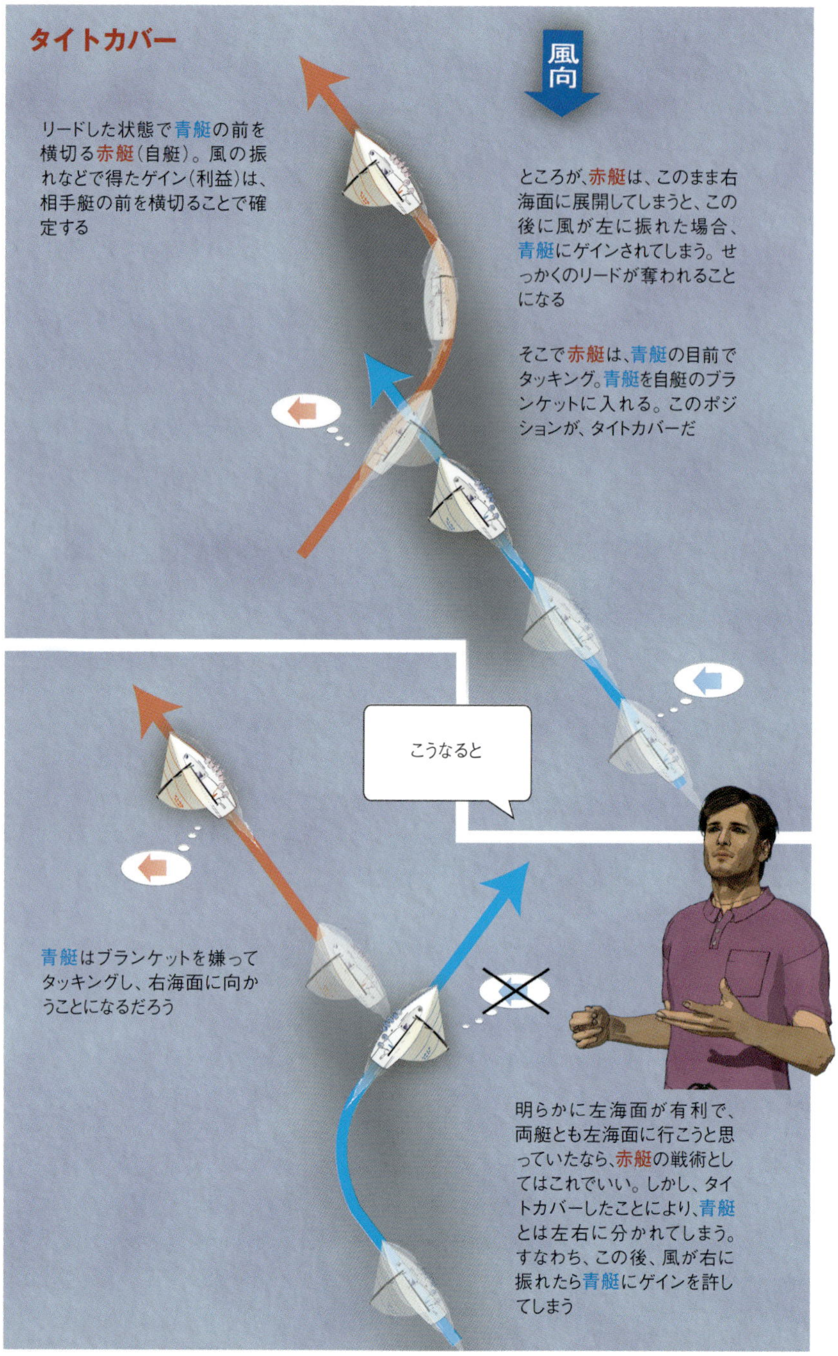

タイトカバー
風向
リードした状態で青艇の前を横切る赤艇(自艇)。風の振れなどで得たゲイン(利益)は、相手艇の前を横切ることで確定する
ところが、赤艇は、このまま右海面に展開してしまうと、この後に風が左に振れた場合、青艇にゲインされてしまう。せっかくのリードが奪われることになる
そこで赤艇は、青艇の目前でタッキング。青艇を自艇のブランケットに入れる。このポジションが、タイトカバーだ
こうなると
青艇はブランケットを嫌ってタッキングし、右海面に向かうことになるだろう
明らかに左海面が有利で、両艇とも左海面に行こうと思っていたなら、赤艇の戦術としてはこれでいい。しかし、タイトカバーしたことにより、青艇とは左右に分かれてしまう。すなわち、この後、風が右に振れたら青艇にゲインを許してしまう


**高木 裕のワンポイント・アドバイス**

#### カバーリング

タイトカバーとルーズカバーの使い分けが徹底しているのは、マッチレースだろう。

1994年のニッポンカップでピーター・ギルモアと戦ったとき、彼らが徹底して基本に忠実であったのが印象的だった。タイトカバーとルーズカバーの使い分けが非常にうまい。

レース海面は神奈川県・佐島沖。北よりの風だった。右海面が有利であることは明らかだったが、ギルモアは右に出ようとする我々を徹底的にタイトカバー。ブランケットを避けるためにやむなくタッキングすると、今度はルーズカバー。何度もタッキングをしかけて右海面へ出ようとしたが、かなわず。ゲインされる一方だった。先行するギルモア艇からは、「右海面はオレのものだ」といわんばかりの意思がはっきりと伝わってきた。

このように、戦術にポリシーを持っているセーラーからは、あきらかな意思が伝わってくるものだ。

この年、ギルモアは優勝。ニッポンカップを手にした。

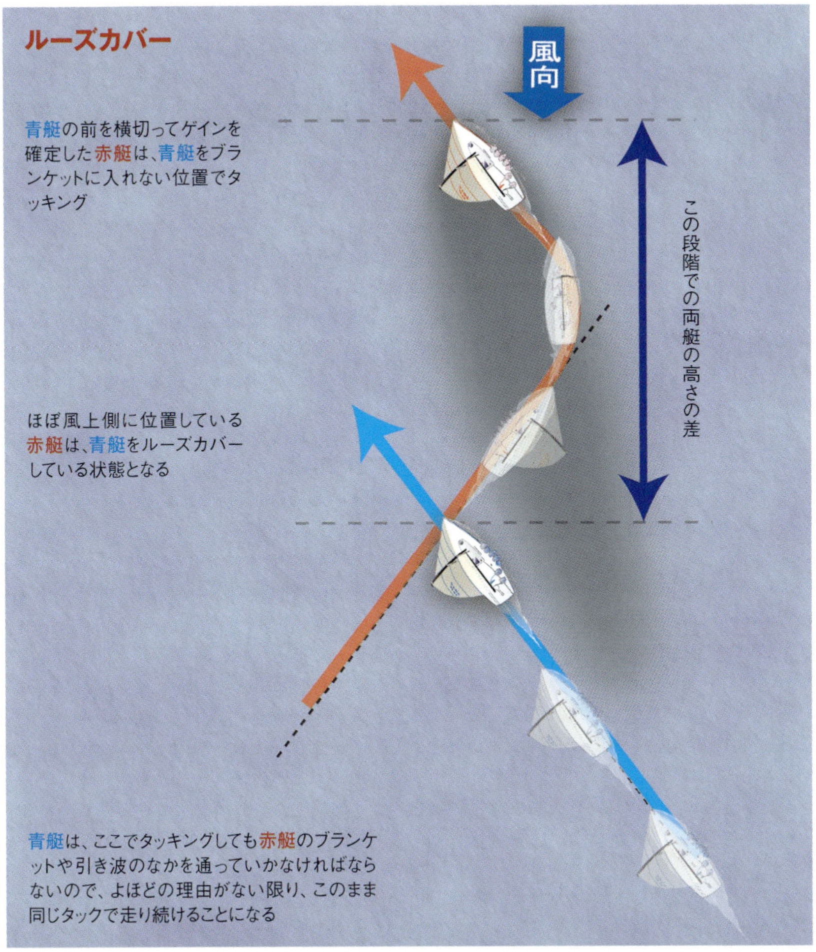
ルーズカバー
風向
青艇の前を横切ってゲインを確定した赤艇は、青艇をブランケットに入れない位置でタッキング
この段階での両艇の高さの差
ほぼ風上側に位置している赤艇は、青艇をルーズカバーしている状態となる
青艇は、ここでタッキングしても赤艇のブランケットや引き波のなかを通っていかなければならないので、よほどの理由がない限り、このまま同じタックで走り続けることになる

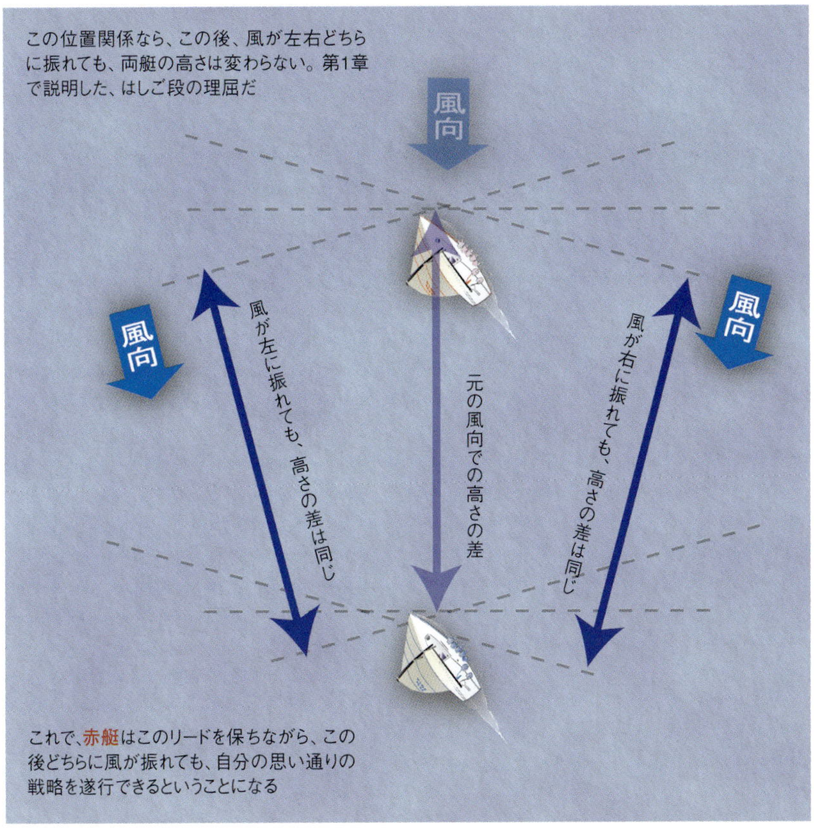
この位置関係なら、この後、風が左右どちらに振れても、両艇の高さは変わらない。第1章で説明した、はしご段の理屈だ
風向
風向
風向
風が左に振れても、高さの差は同じ
元の風向での高さの差
風が右に振れても、高さの差は同じ
これで、赤艇はこのリードを保ちながら、この後どちらに風が振れても、自分の思い通りの戦略を遂行できるということになる

左ページのように、ポートタックの赤艇(自艇)がややリードして青艇の前を横切った。このとき、赤艇がリフトの風を受けているなら、ここでタッキングする意味はあまりない。これまで解説してきたように、戦略の第一歩は「リフトの風のなかを走ること」だからだ。

逆に、ここで赤艇にヘッダーが入り、タッキングのタイミングを探していたなら、青艇をブランケットに入れるこの位置でタッキングすることで、自艇(赤艇)はリフトの風のなかを走り、タッキングを強いられた青艇は不利なヘッダーの風のなかを走らざるを得なくなる。

## ルーズカバー

一方、相手艇をブランケットに入れない位置でカバーするのがルーズカバーだ。

左図を見てほしい。赤艇はリードを保ったまま、まず青艇の前を横切る。この時点で、青艇は赤艇のブランケットと引き波の中を一度通過することになる。

青艇の前を完全に横切ってから、赤艇はタッキング。ここでは相手をブランケットに入れないように、タッキング完了時点で青艇のほぼ風上に位置するようなタイミングで船を回し、ルーズカバーのポジションにつける。

タイトカバーされた相手はタッキングして逃げることになるが、ルーズカバーされた艇は、タッキングすると先行艇のブランケットコーンや引き波のなかをもう一度通過しなくてはならなくなるので、先行艇と同じ方向に走り続けることになる。

8ページで解説したように、風の振れによる位置の変化は、横方向の間隔が広がるほど大きくなる。

左図のような位置関係の場合、この後、風が左右どちらに振れても両艇の高さは変わらない。ということは、先行する赤艇は、風の振れにかかわらず、今のリードをキープし続けることができる。

ルーズカバーのlooseとは「ゆるい」

という意味だ。後続艇をゆるくカバーするという意味で、これに対してタイト(tight)カバーは、きつく隙間のないカバーということになる。

たとえばサッカーなどで敵をタイトにマークするといえば、相手を逃がさないようにしっかりと前に立ちふさがるようなイメージだと思う。しかし、ヨットの場合は、どちらかというと逆だ。タイトカバーの場合、相手はブランケットを嫌ってタッキングし、反対海面に行ってしまう。これは敵を逃がしてしまうということでもあり、その後、風が相手艇側に振れれば、大きくゲインされてしまうこともある。

これに対してルーズカバーのほうが、後続艇を逃がさずにきっちりカバーしているともいえる。

すなわち、ここでも重要になるのが、「自分はどちらの海面に行きたいのか」という戦略だ。

## バウを並べるルーズカバー

最初に説明したルーズカバーでは、赤艇は青艇のほぼ真《ま》上《かみ》に位置していた。そのため、この後、左右に風が振れても高さは変わらず、風の振れによるリスクを最小限にして後続艇をカバーするポジションだった。

これがルーズカバーの基本だ。

右図は、同じルーズカバーでも、バウを並べる状態でのルーズカバーだ。

赤艇は右側にいるので、この後、風が左に振れれば、青艇には若干のゲインを許すことになる。しかし、ここで青艇が右海面に出ようとしてタッキングし、赤艇の後ろを通ろうとしたら、赤艇もタッキングする。今度はタイトカバーとなる位置でタッキングすれば、青艇はブランケットを嫌って再びタッキングを余儀なくされる。

すると、今度は赤艇はルーズカバーの位置で再びタッキング……というように、赤艇は青艇が右海面に出られないようにコントロールしながら、自艇のリードを保ち続けて走ることができ

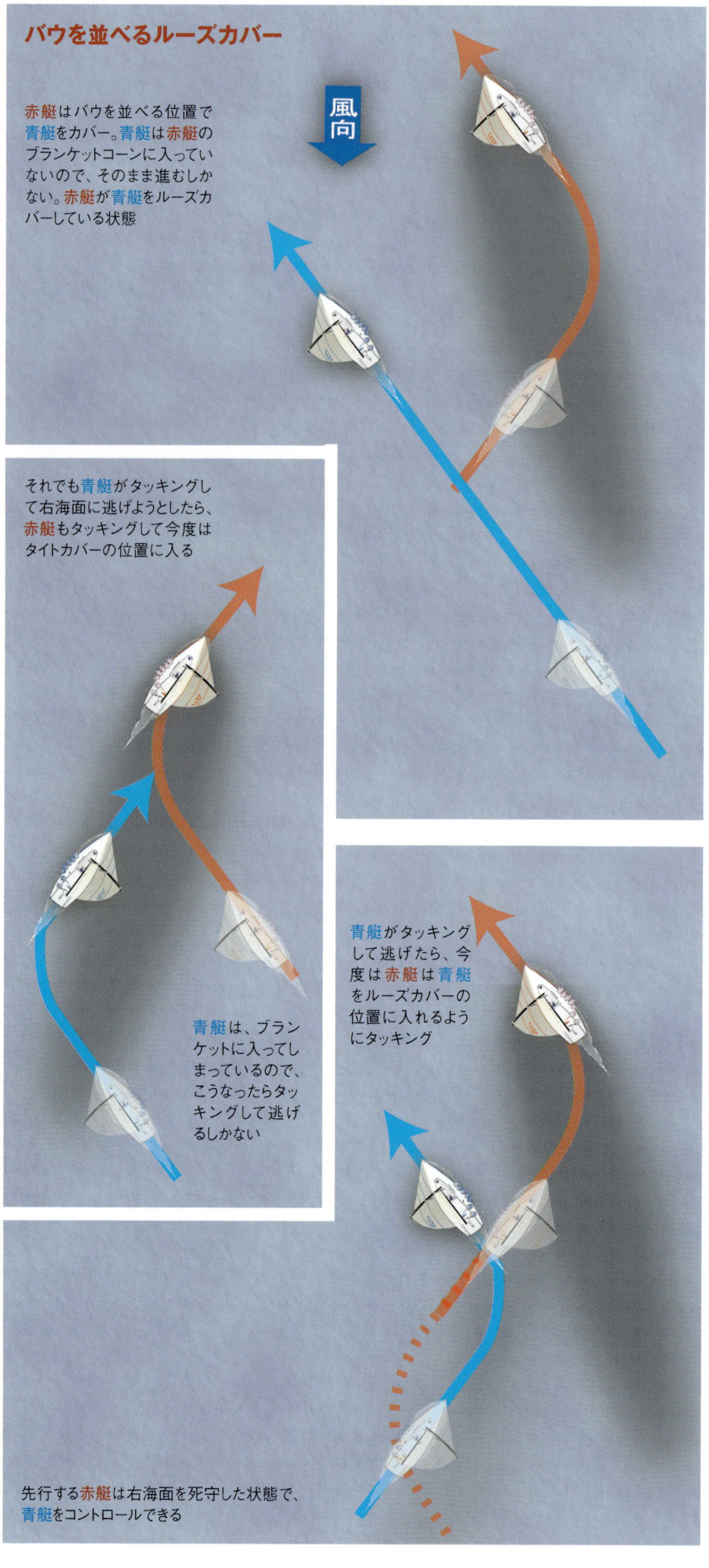

バウを並べるルーズカバー
風向
赤艇はバウを並べる位置で青艇をカバー。青艇は赤艇のブランケットコーンに入っていないので、そのまま進むしかない。赤艇が青艇をルーズカバーしている状態
それでも青艇がタッキングして右海面に逃げようとしたら、赤艇もタッキングして今度はタイトカバーの位置に入る
青艇は、ブランケットに入ってしまっているので、こうなったらタッキングして逃げるしかない
青艇がタッキングして逃げたら、今度は赤艇は青艇をルーズカバーの位置に入れるようにタッキング
先行する赤艇は右海面を死守した状態で、青艇をコントロールできる

る。このまま右海面は絶対に渡さないというポジショニングになる。

右海面が有利であることが明らかなときはもちろん、これから風が右に振れてリフトすることが確実なときも、青艇を右に逃がさなくて済む。あるいは、コースの左エンドでポートタックのレイライン近くなどでも有効だ。

ブランケットコーンは、見かけの風(艇上の風見が指す方向)に沿っていることを改めて思い出そう。

また、タッキングの際には艇速が落ちるし、タッキング後は加速(スピードビルド)のために高さも失う。どのタイミングでタッキングすればタイトカバー、ルーズカバーのポジションにつけることができるのか、練習で感覚を磨いておこう。

### 前方に位置するルーズカバー

右図は、前方に位置するルーズカバーの状態だ。

この状態で、青艇には赤艇のブランケットの影響が多少入っているかもしれない。あるいは引き波のなかを走らなくてはならないことになる。

また、多少ながら青艇は右に位置するので、この後、風が右に振れれば青艇にゲインされてしまう。

しかし、風上マークまでのレイラインでは、青艇はタッキングしてこれ以上右に展開する余地はないので、赤艇は、この位置でカバーすることになる。

### 艇団のコントロール

ここまで見てきたのは、一対一のケースだ。複数の艇で競うフリートレースでは、1艇だけをカバーすればいいというわけにもいかない。1艇だけをターゲットにして戦術を練っていると、その間に第3、第4の艇にしてやられることもある。常にフリート全体を見て戦術を考えなければならない。

基本は、艇団と次のマークとの間に

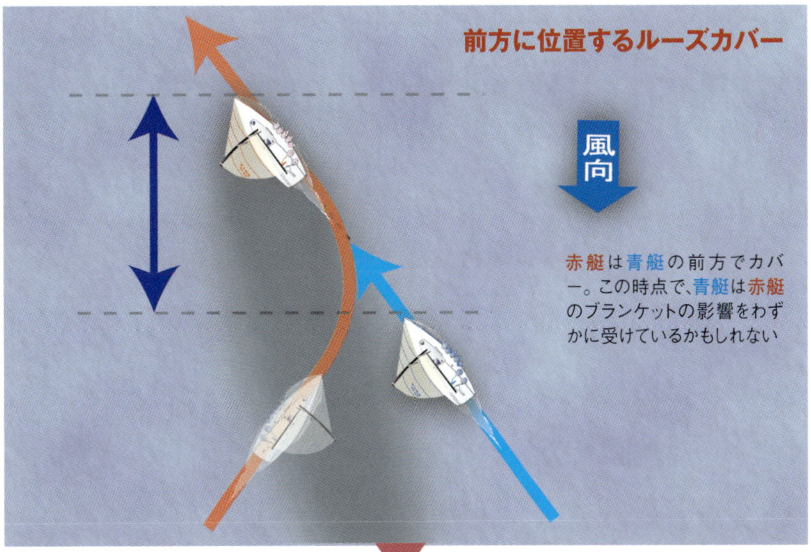
前方に位置するルーズカバー
風向
赤艇は青艇の前方でカバー。この時点で、青艇は赤艇のブランケットの影響をわずかに受けているかもしれない

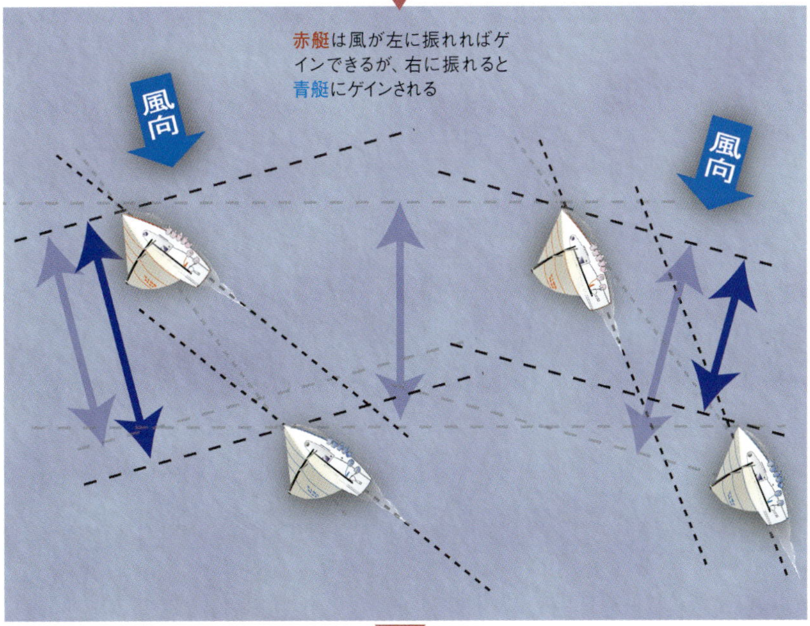
赤艇は風が左に振れればゲインできるが、右に振れると青艇にゲインされる
風向
風向

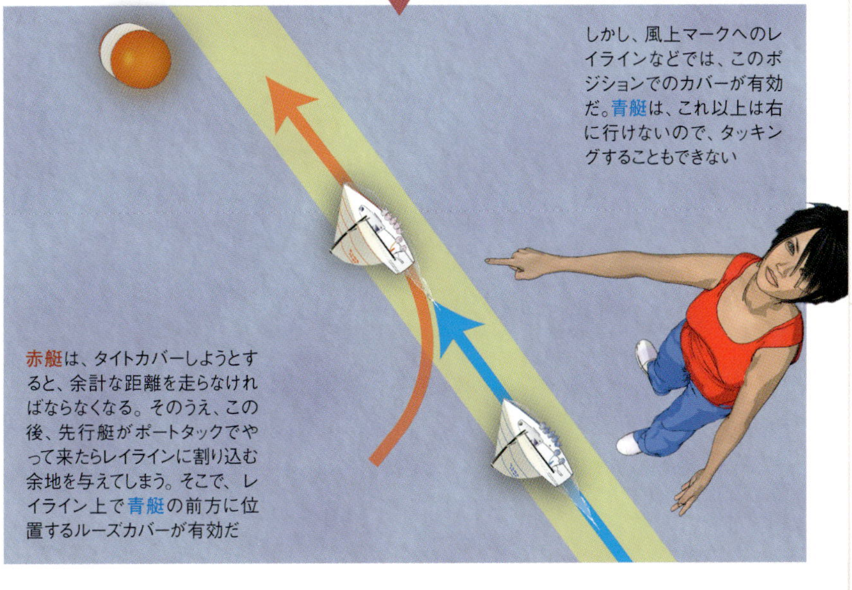
しかし、風上マークへのレイラインなどでは、このポジションでのカバーが有効だ。青艇は、これ以上は右に行けないので、タッキングすることもできない
赤艇は、タイトカバーしようとすると、余計な距離を走らなければならなくなる。そのうえ、この後、先行艇がポートタックでやって来たらレイラインに割り込む余地を与えてしまう。そこで、レイライン上で青艇の前方に位置するルーズカバーが有効だ

## 複数の艇のコントロール(1)

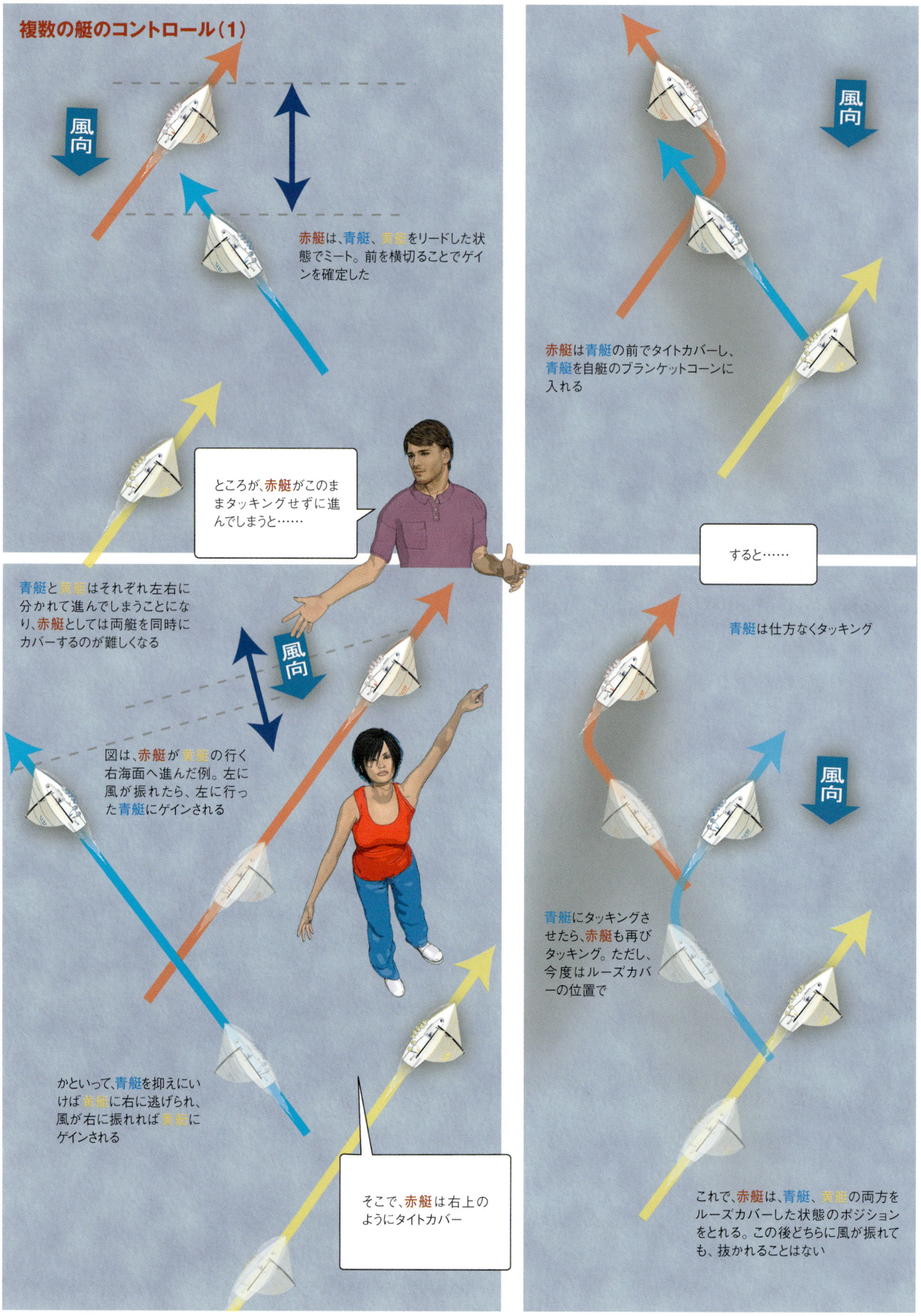
風向
赤艇は、青艇、黄艇をリードした状態でミート。前を横切ることでゲインを確定した
ところが、赤艇がこのままタッキングせずに進んでしまうと……
青艇と黄艇はそれぞれ左右に分かれて進んでしまうことになり、赤艇としては両艇を同時にカバーするのが難しくなる
風向
図は、赤艇が黄艇の行く右海面へ進んだ例。左に風が振れたら、左に行った青艇にゲインされる
かといって、青艇を抑えにいけば黄艇に右に逃げられ、風が右に振れれば黄艇にゲインされる
そこで、赤艇は右上のようにタイトカバー
風向
赤艇は青艇の前でタイトカバーし、青艇を自艇のブランケットコーンに入れる
すると……
青艇は仕方なくタッキング
風向
青艇にタッキングさせたら、赤艇も再びタッキング。ただし、今度はルーズカバーの位置で
これで、赤艇は、青艇、黄艇の両方をルーズカバーした状態のポジションをとれる。この後どちらに風が振れても、抜かれることはない

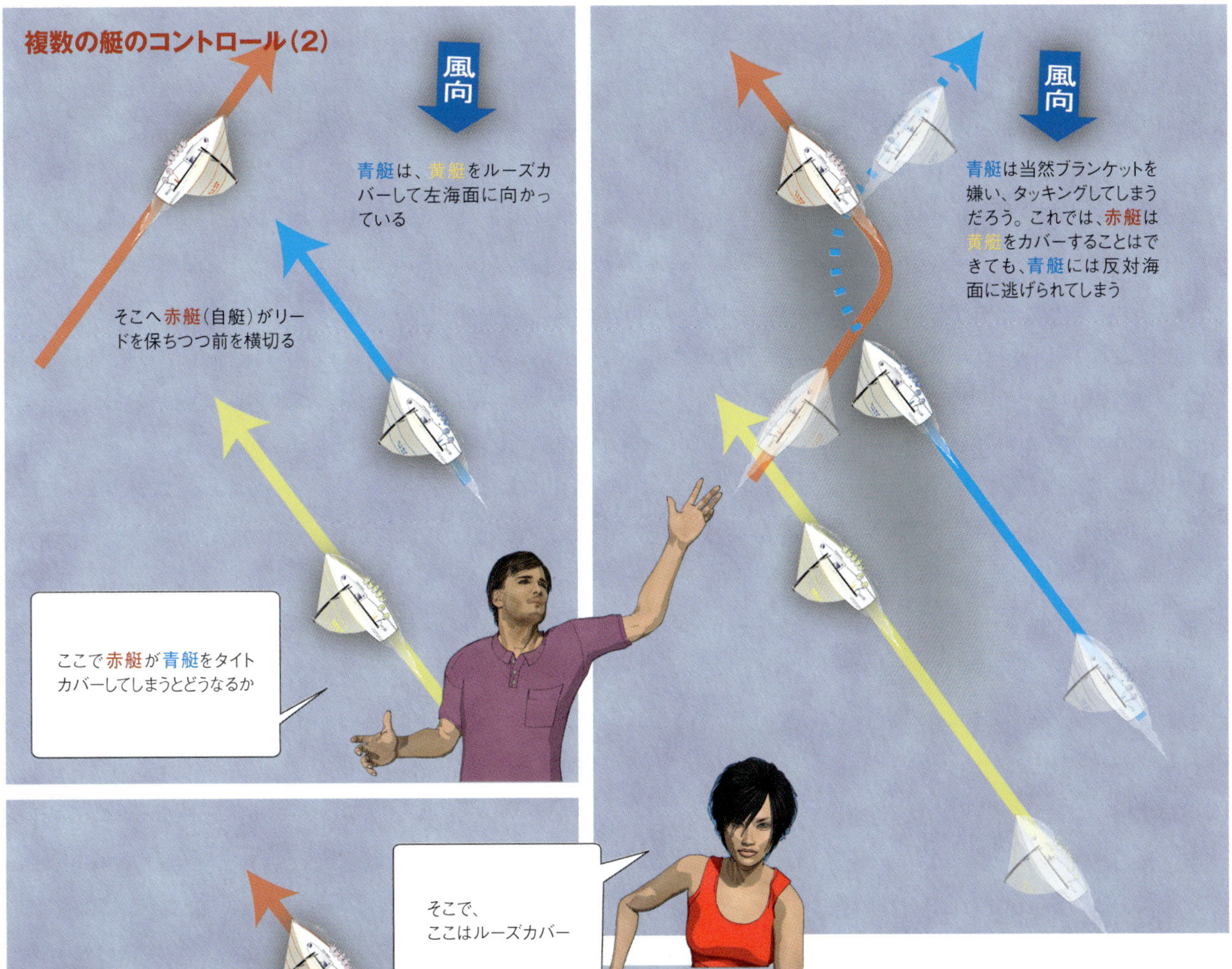

複数の艇のコントロール（2）
風向
青艇は、黄艇をルーズカバーして左海面に向かっている
そこへ赤艇（自艇）がリードを保ちつつ前を横切る
ここで赤艇が青艇をタイトカバーしてしまうとどうなるか
風向
青艇は当然ブランケットを嫌い、タッキングしてしまうだろう。これでは、赤艇は黄艇をカバーすることはできても、青艇には反対海面に逃げられてしまう


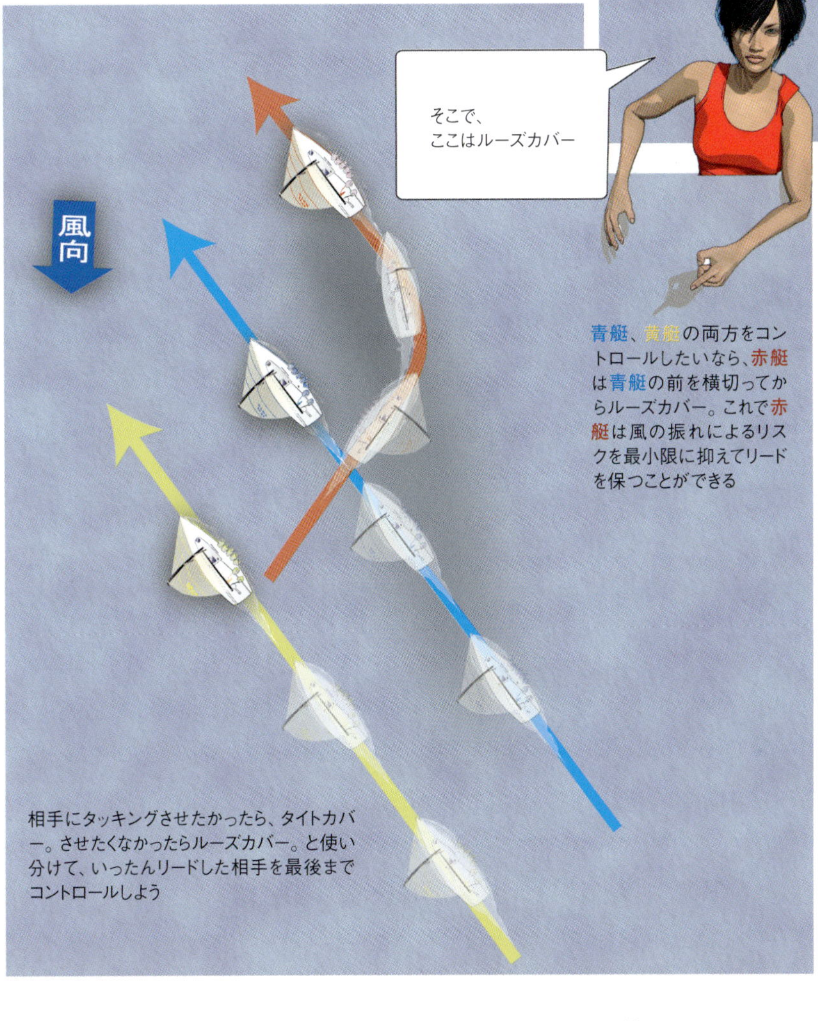

そこで、ここはルーズカバー
風向
青艇、黄艇の両方をコントロールしたいなら、赤艇は青艇の前を横切ってからルーズカバー。これで赤艇は風の振れによるリスクを最小限に抑えてリードを保つことができる
相手にタッキングさせたかったら、タイトカバー。させたくなかったらルーズカバー。と使い分けて、いったんリードした相手を最後までコントロールしよう


自艇を置くこと。これで、次の風の振れに対してのリスクが軽減できる。

また、艇団をばらけさせない戦術、あるいはばらけそうな艇団をまとめるための戦術を二つ、左の図で紹介しておこう。

いずれも、タイトカバーとルーズカバーの使い分けが重要だ。ほかにもいろいろなケースがあると思うので、自艇の戦略をベースに、状況に合わせて使い分けていこう。

以上のように、ヨットレースでは、一度前に出ると、以後、俄然有利に自艇の戦略を展開できる。しかし、やみくもにタイトカバーすればいいというものではないこともお分かりいただけたと思う。

それでは、どうやって前に出るか。次章では、そのキーともいえるスタートについて考えていきたい。

# 第 2 章
## スタート

# スタートラインとルール

「スタート」は、まさしくヨットレースの始まりだ。
基本的に「先行艇が有利」となるヨットレースでは、スタートでいかに前に出るかが重要だ。
まず、その舞台になるスタートラインとスタートの手順、そしてスタート時にかかわるルールについて考えていこう。

## レースコース

ヨットレースを行う海面（水面）がレースコースだ。

一言でヨットレースといっても、さまざまな種類がある。長距離レースでは、A地点をスタートしてB地点でフィニッシュ、あるいは島を回って戻ってくるなどというケースもあるが、ここではインショア（内海）で行われる「ブイ回りレース」の定番、「ソーセージコース」について解説していこう。

ブイ回りレースとは、レース海面に設置されたマーク（ブイ）を周回するレースだ。

### 帆走指示書

ヨットレースで用いられるコースは、帆走指示書（Sailing Instructions）に明記される。回航すべきマークの色や形、回航する順番と方向、場合によっては見取り図なども添付される。

### ソーセージコース

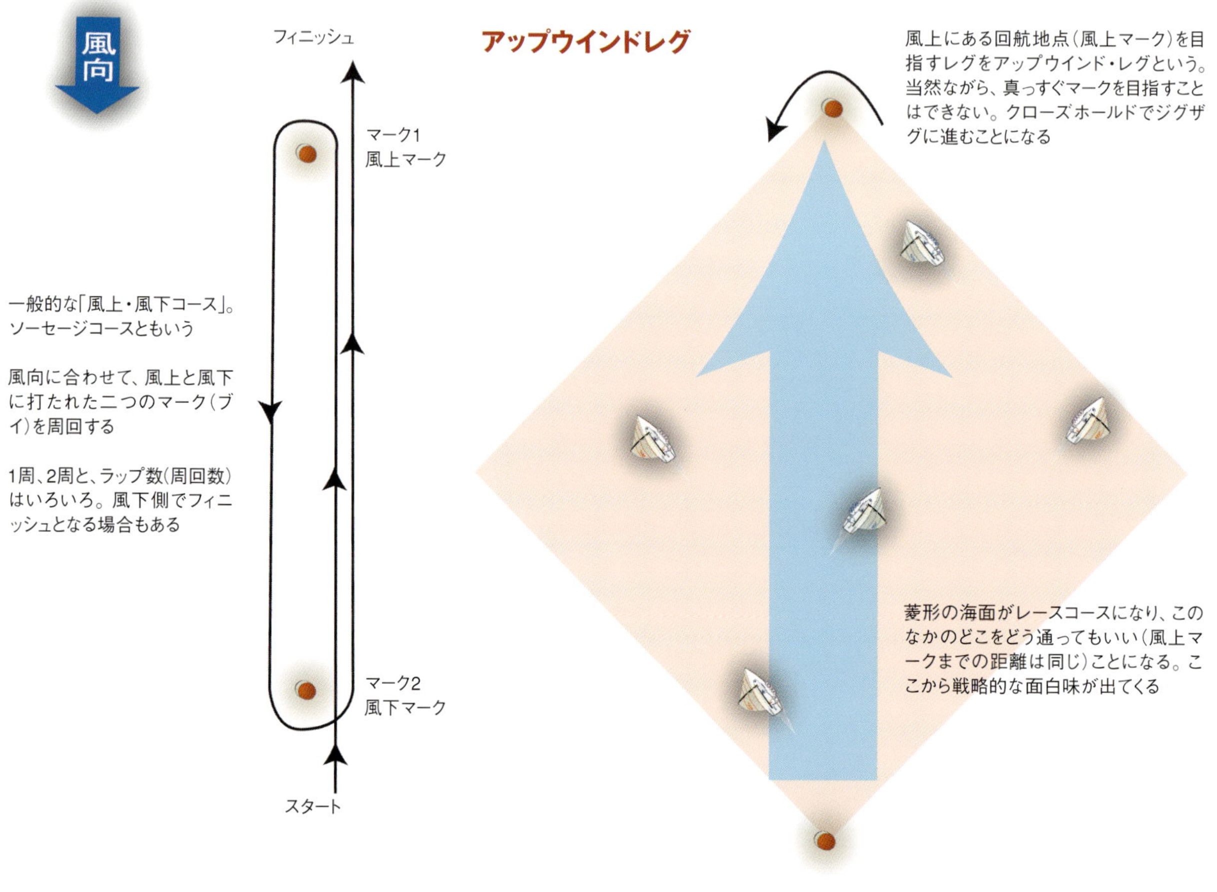

風向
フィニッシュ
マーク1
風上マーク
マーク2
風下マーク
スタート
一般的な「風上・風下コース」。ソーセージコースともいう
風向に合わせて、風上と風下に打たれた二つのマーク（ブイ）を周回する
1周、2周と、ラップ数（周回数）はいろいろ。風下側でフィニッシュとなる場合もある
アップウインドレグ
風上にある回航地点（風上マーク）を目指すレグをアップウインド・レグという。当然ながら、真っすぐマークを目指すことはできない。クローズホールドでジグザグに進むことになる
菱形の海面がレースコースになり、このなかのどこをどう通ってもいい（風上マークまでの距離は同じ）ことになる。ここから戦略的な面白味が出てくる

## スタート

また、スタートの手順やコース変更に関する手続きなど、レースに必要な多くの情報が帆走指示書に書かれている。レースの前には熟読しておくこと。

### ソーセージコース

インショアレースで現在最も一般的なのが、風上、風下に設置されたマークを何周か回る「風上・風下コース」だ。「ソーセージコース」、「上下《かみしも》コース」などとも呼ばれる。

風下に打たれたマークは、風下マーク、下《しも》マーク、リーワードマーク、ボトムマークともいう。

一方、風上のマークは、風上マーク、上《かみ》マーク、ウエザーマーク、トップマークともいう。

回航するマークとマークとの間の区間をレグといい、風下マークから風上マークまでのレグをアップウインド・レグ、あるいは上りレグともいう。

スタートラインは風下マーク付近にあり、レースは通常、アップウインド・レグから始まる。

アップウインド・レグでは、当然ながら、真っすぐ風上マークに向かって走ることはできない。左右のクローズホールドとタッキングを繰り返し、ジグザグに風上マークを目指す。したがって、レース海面は両マークを頂点とする菱形になる。

各マークは、反時計回りに回航するのが一般的だ。すなわち、風上マークでは、航路権を持つスターボードタックでマークへのアプローチができるようになっている。マーク回航の詳しいことは、第3章(62ページ〜)で解説しよう。

風上マークから風下マークを目指すレグをダウンウインド・レグ、フリーのレグ、下りレグともいう。

より早く風下マークにたどり着くために、角度をつけてジャイビングを繰り返しながら走ることも多い。

上りレグ、下りレグ、合わせて1周を1ラップという。何ラップかして風上側でフィニッシュ、あるいは風下側でフィニッシュになることもある。

スタートラインに位置する本部船が動かなくていいよう、1レース目は風下フィニッシュ、その日の最終レースが風上フィニッシュ、ということもある。ラップ数などは、当日、状況に合わせて本部船から指示が出る場合もある。帆走指示書をよく読み、本部船に掲げられた信号と照らし合わせて、スタート前に必ず確認しよう。

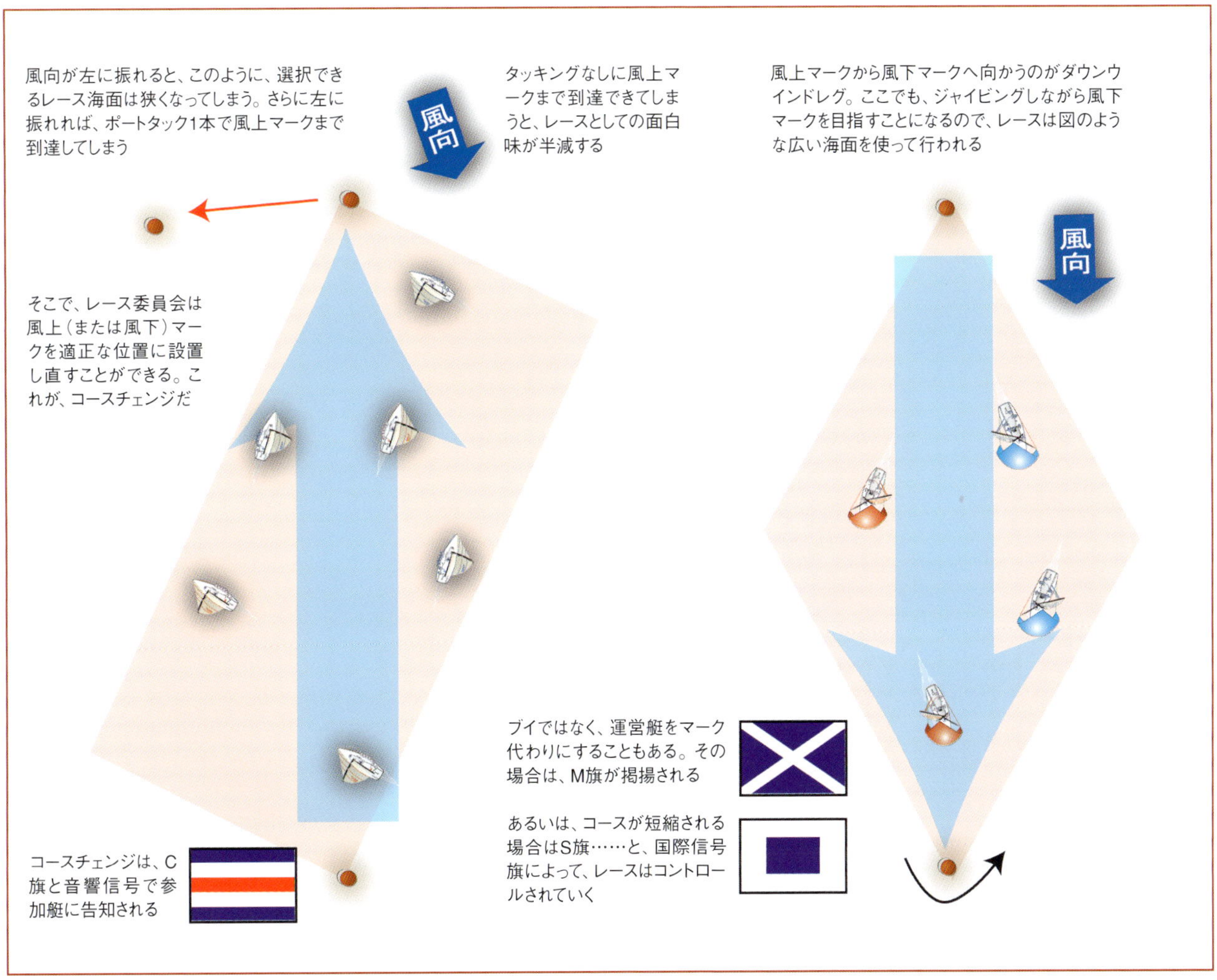

風向が左に振れると、このように、選択できるレース海面は狭くなってしまう。さらに左に振れれば、ポートタック1本で風上マークまで到達してしまう
風向
タッキングなしに風上マークまで到達できてしまうと、レースとしての面白味が半減する
風上マークから風下マークへ向かうのがダウンウインドレグ。ここでも、ジャイビングしながら風下マークを目指すことになるので、レースは図のような広い海面を使って行われる
風向
そこで、レース委員会は風上(または風下)マークを適正な位置に設置し直すことができる。これが、コースチェンジだ
ブイではなく、運営艇をマーク代わりにすることもある。その場合は、M旗が掲揚される
あるいは、コースが短縮される場合はS旗……と、国際信号旗によって、レースはコントロールされていく
コースチェンジは、C旗と音響信号で参加艇に告知される

## スタートライン

スタートラインは、風向と直角になるように設定される。多数のヨットが、イーブンな条件でスタートを切れるようにするためだ。

正式には帆走指示書に記載されるが、ここでは一般的なスタートラインについて説明しておこう。

### 本部船

海面にロープなどでラインを引くわけにはいかない。本部船と反対側のエンドに設置したマーク（スタートマーク）の見通し線上をスタートラインとすることがほとんどだ。

スタートラインの本部船側を風上エンド、略して上《かみ》エンドと呼ぶ。これは、航路権を持つスターボードタックでスタートラインを切るケースがほとんどのため、本部船側が風上舷側になるからだ。

「上《かみ》から出る」といえば、本部船側からスタートするという意味。「上《かみ》イチ」といえば、最も本部船に近いところからスタートする、という意味だ。

本部船にはレース委員会のメンバーが乗り込み、さまざまな信号が発せられる。国際信号旗やカラー旗、サインボードなどの視覚信号、ホーンやガンなどの音響信号、あるいは口頭によって伝達されることもある。

### アウターマーク

スタートマークのスターボードエンドが本部船なら、ポートエンドがアウターリミットマーク、またはアウターマーク。風下エンド、下《しも》エンド、あるいはピンエンドとも呼ばれる。

通常は回航マークと同様にマークブイが使われるが、フラッグを掲げたボートや、フラッグ付きのブイの場合もある。大きなマークの場合、正確にいうとマークの風上側（コースサイド側）の縁がスタートラインとなる。

### 有利なエンド

スタートラインは、風向に直角になるように設置される。ここが、風上マークへ向かうはしご段の始まりになるわけで、風向に直角になっていれば、スタートラインのどこから出ても風上マークまでの距離は同じになる。

ところが、風向は常に一定ではない。レース運営者がいかにうまくマークを設置しても、スタート直前に風向が変化してしまうこともある。

右に風が振れたら風上（右）エンド

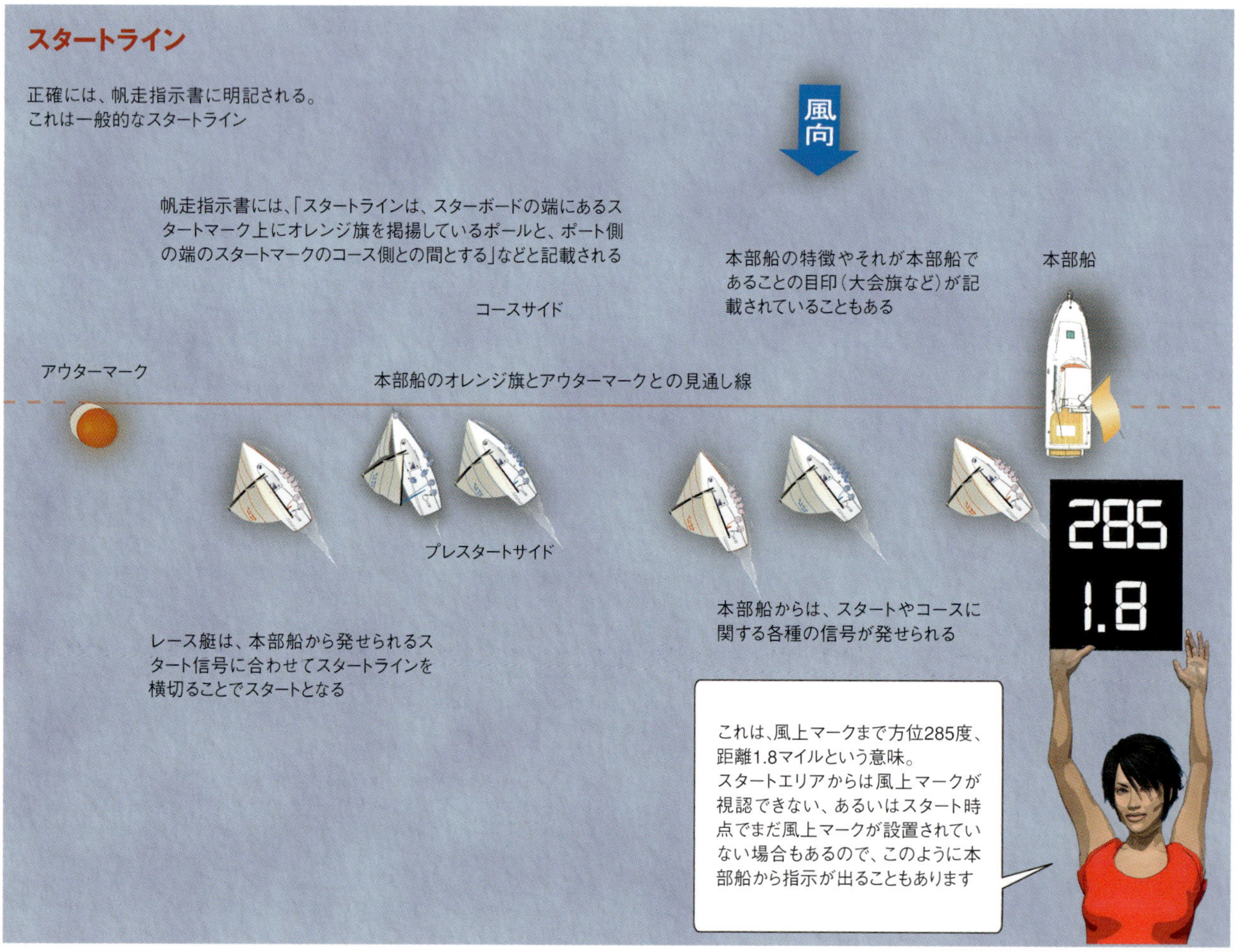

スタートライン
正確には、帆走指示書に明記される。
これは一般的なスタートライン
風向
帆走指示書には、「スタートラインは、スターボードの端にあるスタートマーク上にオレンジ旗を掲揚しているポールと、ポート側の端のスタートマークのコース側との間とする」などと記載される
本部船の特徴やそれが本部船であることの目印（大会旗など）が記載されていることもある
本部船
コースサイド
アウターマーク
本部船のオレンジ旗とアウターマークとの見通し線
プレスタートサイド
285
1.8
本部船からは、スタートやコースに関する各種の信号が発せられる
レース艇は、本部船から発せられるスタート信号に合わせてスタートラインを横切ることでスタートとなる
これは、風上マークまで方位285度、距離1.8マイルという意味。
スタートエリアからは風上マークが視認できない、あるいはスタート時点でまだ風上マークが設置されていない場合もあるので、このように本部船から指示が出ることもあります

# スタート

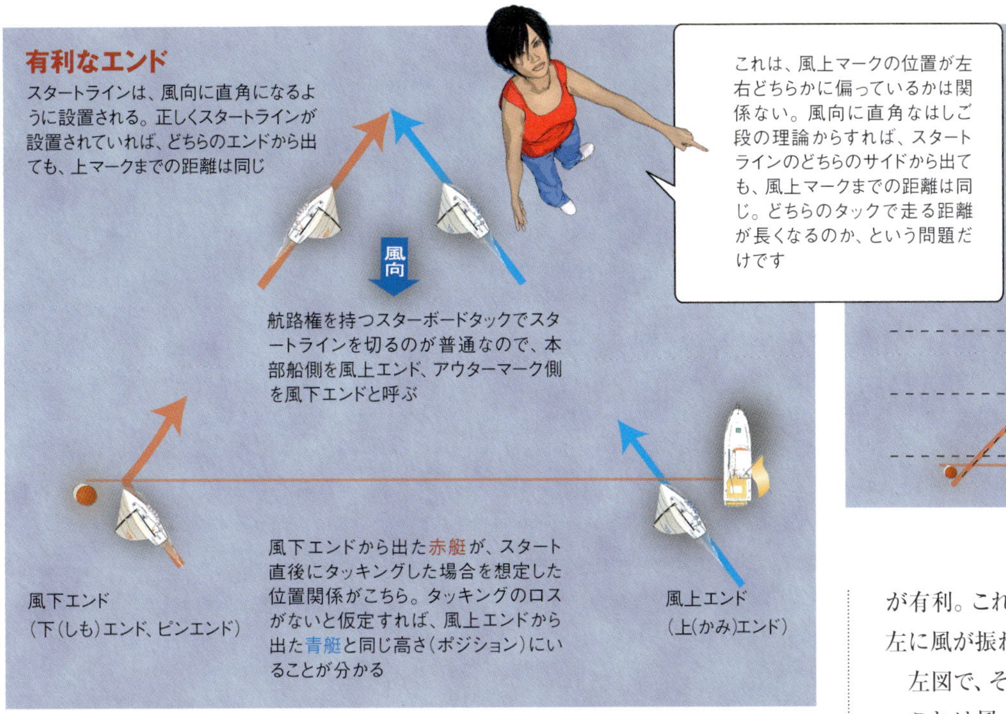

有利なエンド
スタートラインは、風向に直角になるように設置される。正しくスタートラインが設置されていれば、どちらのエンドから出ても、上マークまでの距離は同じ
これは、風上マークの位置が左右どちらかに偏っているかは関係ない。風向に直角なはしご段の理論からすれば、スタートラインのどちらのサイドから出ても、風上マークまでの距離は同じ。どちらのタックで走る距離が長くなるのか、という問題だけです
風向
航路権を持つスターボードタックでスタートラインを切るのが普通なので、本部船側を風上エンド、アウターマーク側を風下エンドと呼ぶ
風下エンドから出た赤艇が、スタート直後にタッキングした場合を想定した位置関係がこちら。タッキングのロスがないと仮定すれば、風上エンドから出た青艇と同じ高さ（ポジション）にいることが分かる
風下エンド
（下（しも）エンド、ピンエンド）
風上エンド
（上（かみ）エンド）


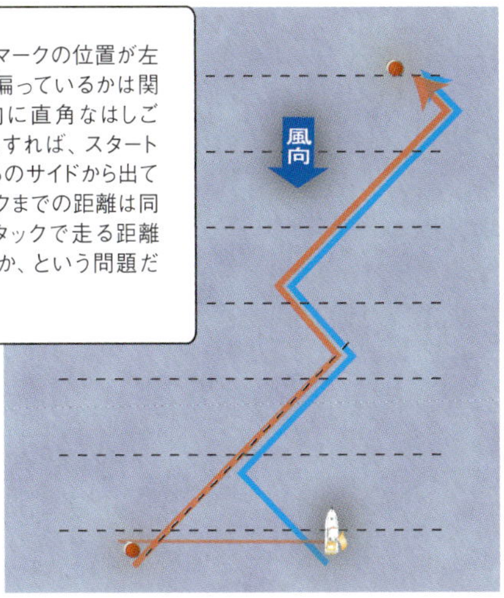

風向


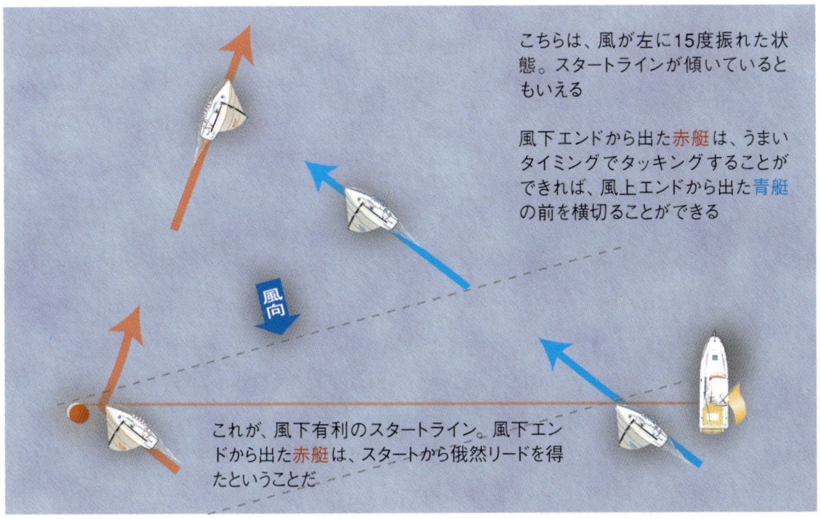

こちらは、風が左に15度振れた状態。スタートラインが傾いているともいえる
風下エンドから出た赤艇は、うまいタイミングでタッキングすることができれば、風上エンドから出た青艇の前を横切ることができる
風向
これが、風下有利のスタートライン。風下エンドから出た赤艇は、スタートから俄然リードを得たということだ


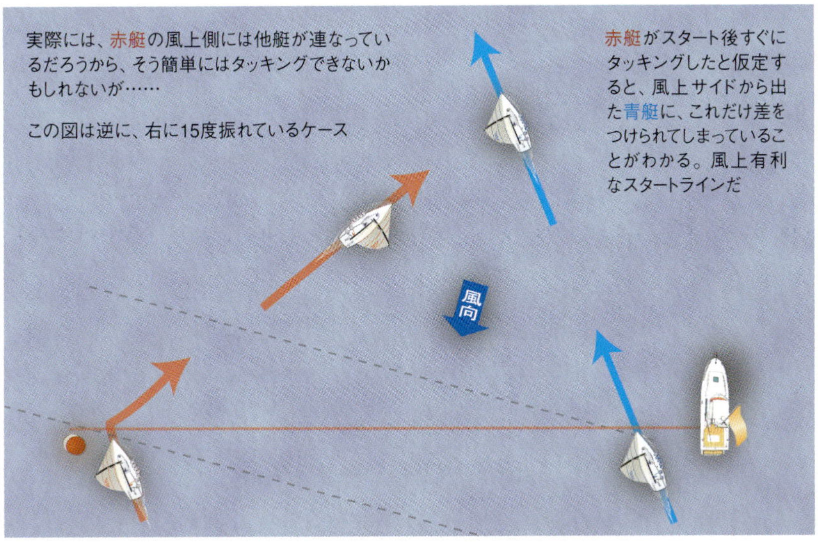

実際には、赤艇の風上側には他艇が連なっているだろうから、そう簡単にはタッキングできないかもしれないが……
この図は逆に、右に15度振れているケース
赤艇がスタート後すぐにタッキングしたと仮定すると、風上サイドから出た青艇に、これだけ差をつけられてしまっていることがわかる。風上有利なスタートラインだ
風向


が有利。これを上《かみ》有利ともいう。逆に、左に風が振れれば下《しも》有利になる。

左図で、その違いを確認してみよう。

これは風上マークの位置とは関係ない、というところにも注目してほしい。クローズホールドで走るアップウインドレグでは、ヨットの位置関係は風向に直角なはしご段によって表される。これは何度も説明してきた。となると、風上マークがスタートラインから見て右側にあっても左側にあっても、走る距離は同じだ。

また、これはあくまでもスタート時点での高さ的な位置関係での有利・不利であり、スタート後に右海面に展開したいなどという戦略があるなら、下《しも》有利のスタートラインだからといって、風下エンドから出ればいいというわけではない。

このあたりも、項を改めて解説したい。

## セーリング競技規則から

**定義「スタート」**

スタート信号時またはスタート信号後、スタート・ラインのプレ・スタート・サイドに完全に入っていて、規則30.1が適用される場合は、その規則に従い、艇体、乗員、または装備の一部がスタート・ラインを最初のマークに向かって横切るとき、艇はスタートするという。

## スタートの手順

スタートの手順もRRS（セーリング競技規則）規則26によって決まっている。分かりやすいように下に図示してみた。

### 信号

予告信号として用いられるクラス旗は、帆走指示書に記載されている。「クラス1は、数字旗の1」など、国際信号旗を使うこともあるし、クラスごとに色分けされた旗を使う場合もある。また、複数のクラスが同時にスタートするなら、それぞれのクラス旗が同時に揚がる。

いくつかのクラスが続けてスタートす

### スタートの手順

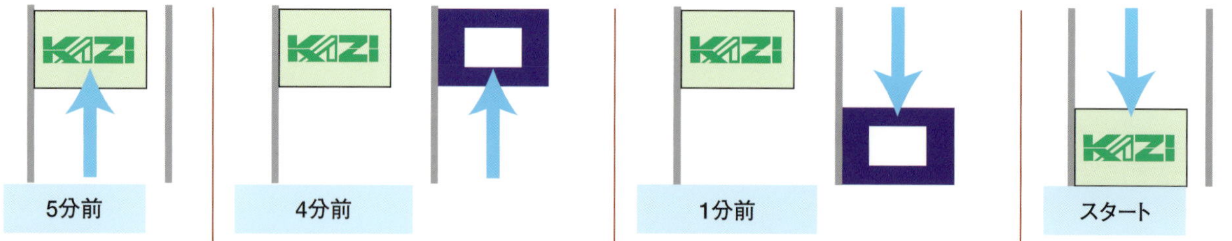


予告信号
（Warning Signal）

クラス旗掲揚
音響1声

クラス旗には、各クラスを表す数字旗や色分けされた旗、大会旗などが用いられる（帆走指示書に記載）

準備信号
（Preparatory Signal）

P旗掲揚
音響1声

P旗に代えてI旗、Z旗、黒色旗、あるいはI旗＋Z旗で、右ページに記した規則が適用される

以後、レース中

1分
（One-minute）

P旗（あるいは、I旗、Z旗、黒色旗）降下
長音1声

スタート信号
（Starting Signal）

クラス旗降下
音響1声

別クラスのスタートが続く場合は、該当するクラス旗の掲揚

### 延期信号、中止信号、その他の信号

**回答旗（AP）**
**「スタートしていないレースを延期する。予告信号は、回答旗降下の1分後に発する」**
ということは、本部船の近くで待機することになる

**回答旗の下にH旗**
**「スタートしていないレースを延期する。これ以降の信号は陸上で発する」**
ということは、ハーバーに戻って待機

**回答旗の下にA旗**
**「スタートしていないレースを延期する。本日はこれ以上レースを行わない」**
やる気があるなら、このまま練習するもよし。解装しながらハーバーへ帰り、飲みに行くのもよし

**L旗**
陸上：**「競技者への通告を掲示した」**
すぐさま公式掲示板を見に行こう

水上：**「声の届く範囲に来い。またはこの艇に続け」**
本部船に新たな通告が出たり、スタート海面を移動するときなど、通常、スタート前に発せられる。本部船に近寄り、何が起きているのか、確認しよう

**N旗**
**「スタートしたすべてのレースを中止する。予告信号は、この後、N旗降下の1分後に発する」**
こちらもスタート延期と同様、本部船の近くまで戻って待機

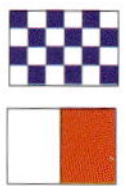

**N旗の下にH旗**
**「すべてのレースを中止する。これ以降の信号は陸上で発する」**
ということは、ハーバーに戻って待機。状況が許せば、次のレースが行われるかもしれない

**N旗の下にA旗**
**「すべてのレースを中止する。本日はこれ以上レースを行わない」**
レガッタ最終日なら、これでレガッタは終わり。乾杯するなりガックリするなり、お好きなように

**Y旗**
**「個人用浮揚用具を着用せよ」**
クラスルールでライフジャケットの着用が義務付けられていないクラスにも、ライフジャケットの着用を義務付けるという意味。気象状況によって発せられることがある。最近はジャケット型以外にもさまざまな形式の個人用浮揚用具（PFD）があるので、このような表現になっているが、より具体的に帆走指示書に明示される場合もあるので注意

表現は、一部ルールブック（セーリング競技規則2009-2012）から引用した。正確にはルールブックの文言を参照のこと

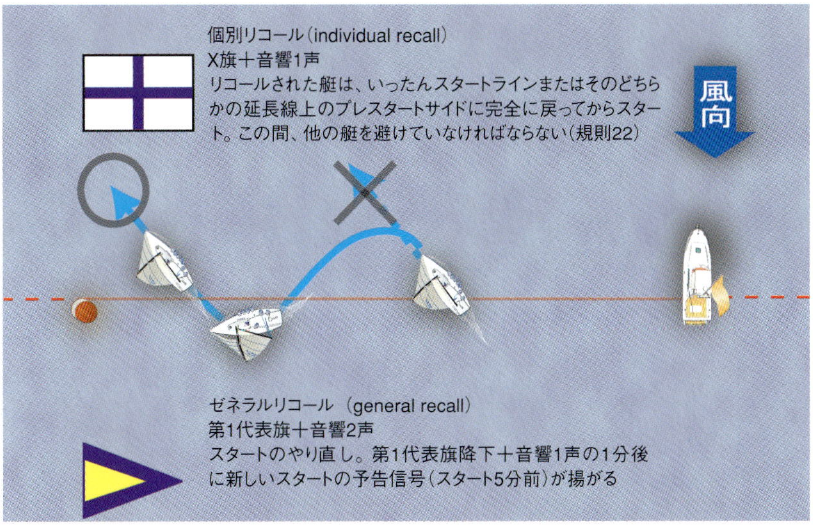
個別リコール(individual recall)
X旗十音響1声
リコールされた艇は、いったんスタートラインまたはそのどちらかの延長線上のプレスタートサイドに完全に戻ってからスタート。この間、他の艇を避けていなければならない(規則22)
風向
ゼネラルリコール (general recall)
第1代表旗十音響2声
スタートのやり直し。第1代表旗降下十音響1声の1分後に新しいスタートの予告信号(スタート5分前)が揚がる

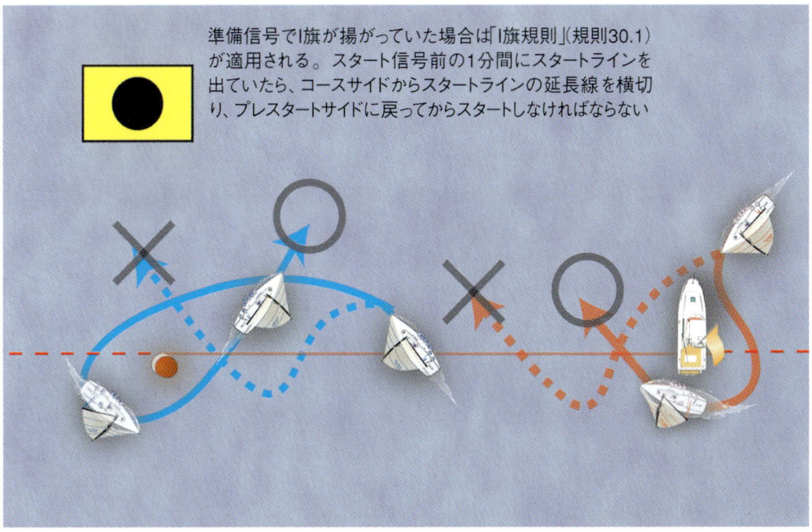
準備信号でI旗が揚がっていた場合は「I旗規則」(規則30.1)が適用される。スタート信号前の1分間にスタートラインを出ていたら、コースサイドからスタートラインの延長線を横切り、プレスタートサイドに戻ってからスタートしなければならない

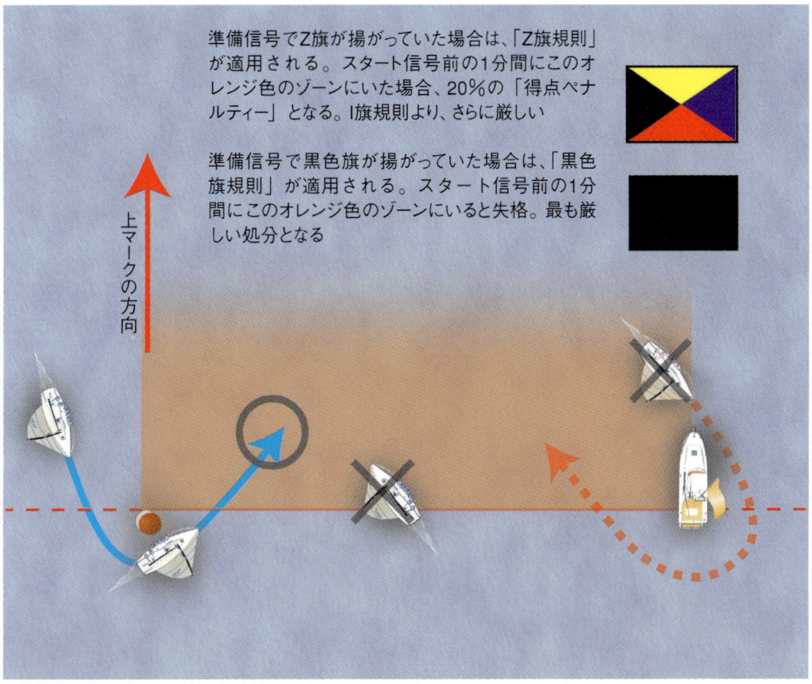
準備信号でZ旗が揚がっていた場合は、「Z旗規則」が適用される。スタート信号前の1分間にこのオレンジ色のゾーンにいた場合、20%の「得点ペナルティー」となる。I旗規則より、さらに厳しい
準備信号で黒色旗が揚がっていた場合は、「黒色旗規則」が適用される。スタート信号前の1分間にこのオレンジ色のゾーンにいると失格。最も厳しい処分となる
上マークの方向

る場合は、スタート信号と同時、またはその後に、該当するクラス旗が揚がり、これが予告信号になる。

実際にレースが始まるのは、準備信号が揚がってから。すなわち、スタート4分前からレースは始まっているということになる。それを予告するのが予告信号だ。ルールではスタートの5分前(準備信号の1分前)となっているが、帆走指示書で変更される場合もある。

旗などの視覚信号と同時に音響信号も発せられるが、音の伝搬速度は遅いので、ちょっと離れた場所にいると、旗が揚がってからわずかに間をおいて聞こえてくることもある。あくまでも視覚信号が優先される。

## リコール

スタート信号前にヨットがスタートラインから出てしまったら、いったん完全にプレスタートサイドに戻らなければならない。

といっても、自艇が出ていたか否かが分からないこともある。そこで、当該艇をスタートラインに呼び戻す、リコール(recall)信号(X旗+音響1声)が、本部船から発せられる。無線によって、リコール艇が告げられる場合もある。

また、レース委員会が、リコール艇を特定できない場合、あるいはスタート手順に誤りがあった場合、ゼネラルリコール(信号は第1代表旗+音響2声)で再スタートが行われる。略して「ゼネリコ」とも呼ばれる。直ちにスタートエリアに戻ろう。

## I旗、Z旗、黒色旗規則

ゼネラルリコールが続き、なかなかスタートが切れない場合がある。そこで、I旗、Z旗、黒色旗規則で、リコールのリスクをより強め、スタートを成立しやすくすることがある。詳しくはルールブックおよび左図を参照されたい。

## スタート時に必要なルール

スタート時には、狭いスタートエリアにレース艇が密集し、互いに良い位置を取ろうとしのぎを削る。

ヨットとヨットが出合えば、そこではルールが重要になる。ルールに基づき、航路権を持つ艇と、それを避けていなければならない艇とが生まれる。

【規則10】ポート／スターボードのルールはすでに説明した。スターボードタックの艇に航路権がある(27ページ)。

これは、ポートタックとスターボードタック、と、タックの異なる艇と艇が出合った場合のルールだ。

それでは、同じタックの艇が出合った場合はどうなるのか?

### クリアアヘッド、クリアアスターン

同一タックの2艇は、まずオーバーラップしているかしていないかが重要になる。

オーバーラップ(overlap)とは、重なるという意味だ。言葉で説明すると、難しくなってしまうので、右図を見ていただきたい。正確な定義は、RRS(セーリング競技規則)のとおりだ(右ページ参照)。

オーバーラップしていない2艇では、前方にいる艇をクリアアヘッド、後方にいる艇をクリアアスターンと呼ぶ。

RRS規則12では、クリアアスターンの艇はクリアアヘッドの艇を避けていなければならない、とある。簡単にいえば追突禁止ということだ。

艇速を落としてぶつからないようにして後ろに付くか、並ぶ、あるいは追い抜くなら、風上か風下側に避けなければならない。

### 風下艇と風上艇

後ろから追いついてきた赤艇が、青艇の風上側に避けて、両艇はオーバーラップした(51ページの図)。

オーバーラップした状態の2艇は、風上側にいる艇を風上艇、風下側にいる艇を風下艇と呼ぶ。51ページの図では、青艇が風下艇、赤艇が風上艇となる。

この場合、規則11で「風上艇は、風下艇を避けていなければならない」とされている。具体的には、赤艇(風上艇)は、青艇(風下艇)がラフィングしてもぶつからない位置にいなければならない。青艇のラフィングにいつでも応じられる状態が、ここでいう「避けている」状態だ。

青艇(風下艇)については、コース変更する際は、規則16で「相手艇に対して、避けているためのルームを与えなければならない」としている。やみくもにラフィングしてぶつけてもいいのではない。が、オーバーラップが続いている限り、風位に立つまでラフィングすることができる。

スタート前のマニューバー(この場合、戦術に基づく艇の動き。駆け引きという意味)では、各艇、目指す方向は

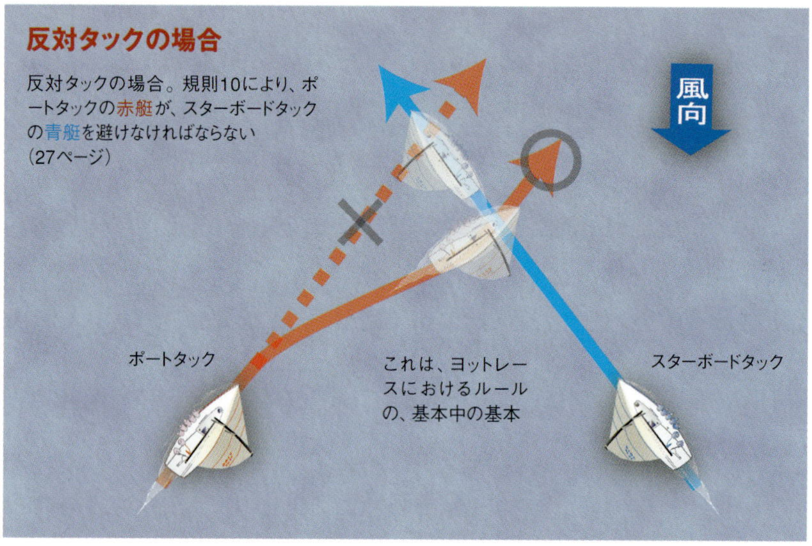

反対タックの場合
反対タックの場合。規則10により、ポートタックの赤艇が、スターボードタックの青艇を避けなければならない(27ページ)
風向
ポートタック
これは、ヨットレースにおけるルールの、基本中の基本
スターボードタック


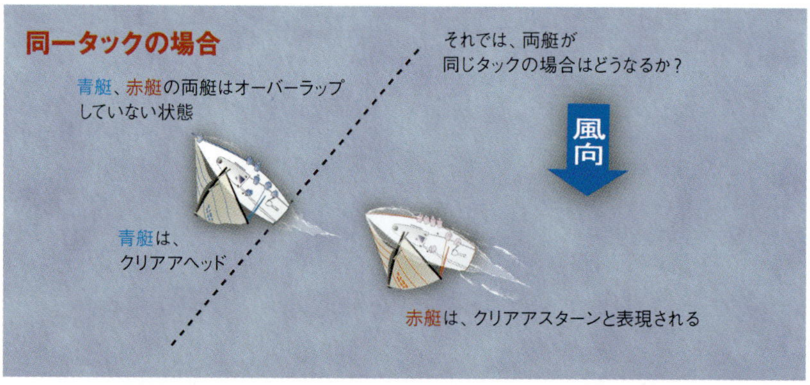

同一タックの場合
それでは、両艇が同じタックの場合はどうなるか?
青艇、赤艇の両艇はオーバーラップしていない状態
風向
青艇は、クリアアヘッド
赤艇は、クリアアスターンと表現される


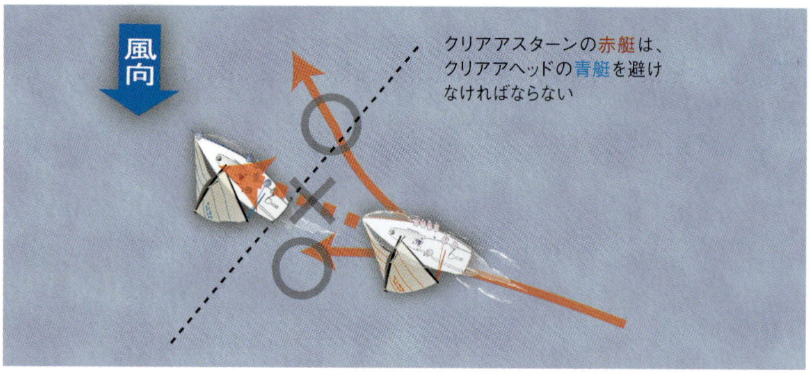

風向
クリアアスターンの赤艇は、クリアアヘッドの青艇を避けなければならない

バラバラだ。早めにスタートラインに向かう艇もあれば、一端ラインを離れる艇もあり、あるいは本部船側を狙う艇もあればアウターマーク側を狙う艇もある。タイミングも艇ごとに異なるわけだから、ほとんど止まっている艇もあれば、加速している艇もある。艇速差が大きく、それぞれの思惑も異なることから、後ろから追いついて他艇の横に並ぶ、または他艇が追いついてきて並ばれるというケースは非常に多くなる。

複数の艇が錯綜し、それぞれの戦略に沿ったポジションをキープしようとしのぎを削る。これがスタート前の状況だ。そこでは、艇と艇が出合った場合の規則（RRS）が大変重要になってくる。関連規則をしっかりと頭に入れ、ルールに則った戦術をたてよう。

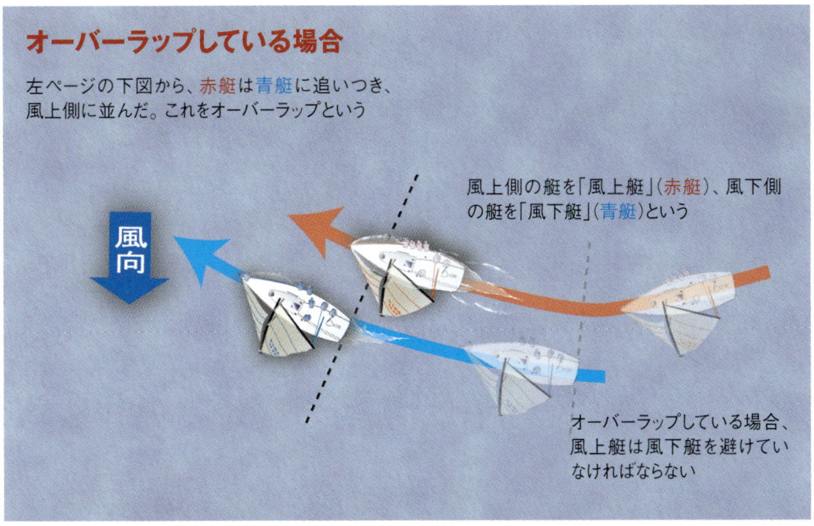
オーバーラップしている場合
左ページの下図から、赤艇は青艇に追いつき、風上側に並んだ。これをオーバーラップという
風上側の艇を「風上艇」（赤艇）、風下側の艇を「風下艇」（青艇）という
風向
オーバーラップしている場合、風上艇は風下艇を避けていなければならない

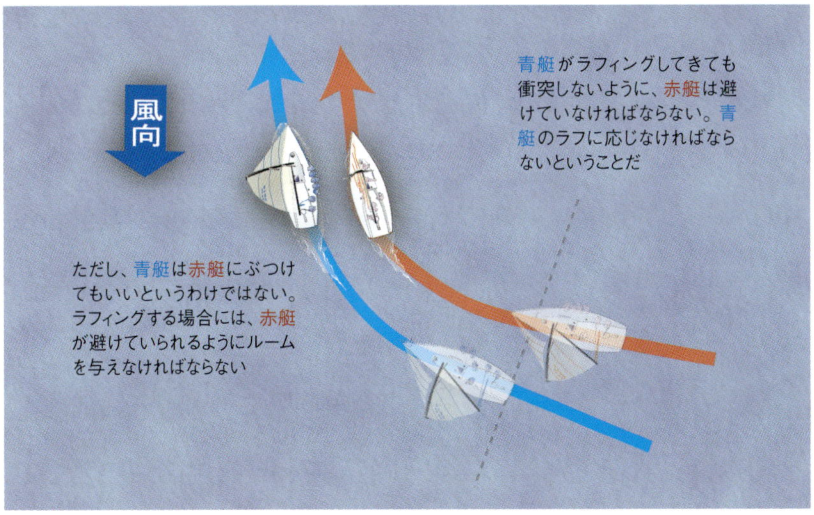
風向
青艇がラフィングしてきても衝突しないように、赤艇は避けていなければならない。青艇のラフに応じなければならないということだ
ただし、青艇は赤艇にぶつけてもいいというわけではない。ラフィングする場合には、赤艇が避けていられるようにルームを与えなければならない

## セーリング競技規則から

**規則10：**
**反対タックの場合**
艇が反対タックの場合、ポートタック艇は、スターボードタック艇を避けていなければならない。

**規則11：**
**同一タックでオーバーラップしている場合**
艇が同一タックでオーバーラップしている場合、風上艇は、風下艇を避けていなければならない。

**規則12：**
**同一タックでオーバーラップしていない場合**
艇が同一タックでオーバーラップしていない場合、クリア・アスターン艇はクリア・アヘッド艇を避けていなければならない。

**規則16：**
**コース変更**
16.1　航路権艇がコースを変更する場合、相手艇に対して避けているためのルームを与えなければならない

**定義：**
**クリア・アスターンと**
**クリア・アヘッド、オーバーラップ**
艇体および正常な位置にある装備が、相手艇の艇体および正常な位置にある装備の最後部から真横に引いた線より後ろにある場合、その艇は相手艇のクリア・アスターンにあるといい、相手艇はクリア・アヘッドにあるという。いずれの艇もクリア・アスターンでない場合、両艇はオーバーラップしているという。ただし、両艇の間にいる艇が両艇とオーバーラップしている場合もまた、両艇はオーバーラップしているという。これらの用語は、同一タックの艇には常に適用する。反対タックの艇には、次のいずれかの場合を除き、適用されない。
・規則18が適用される場合
・両艇が真の風向に対し90度を超えた方向に帆走している場合

**高木 裕のワンポイント・アドバイス**

### スタート時のリスク

スタートラインの両エンドは艇が密集し、風がシフトした場合のリスクが大きい。どんなにスタートが上手な選手でも、全レースでエンドを狙えば一度は失敗するだろう。

ある年の470級世界選手権でのこと。かなり本部船有利なスタートライン設定だったが、我々はエンドを狙わず、リスクの少ないエリアからスタートすることにした。しかし、周りを見ると、世界のトップ10に入る有力選手ばかり。やはりリスクを避けて、このポジションに集まっていたのだ。

逆に、皆が慎重になって有利なエンドが空くケースもある。ロサンゼルス五輪の第1レースのスタートでは、かなり風下有利だったが、オリンピックの第1レースということで、どの艇もリスクを避けようと考えたのだろう。風下エンドは空いていた。我々は、これはラッキーだと思い、風下エンドからスタート。すぐにタッキングし、ポートタックでスターボード艇の前を切っていく快心のスタートだった。そして、このレースは3位となる。スタート時には周りをよく見て、あらゆる可能性を探っていこう。

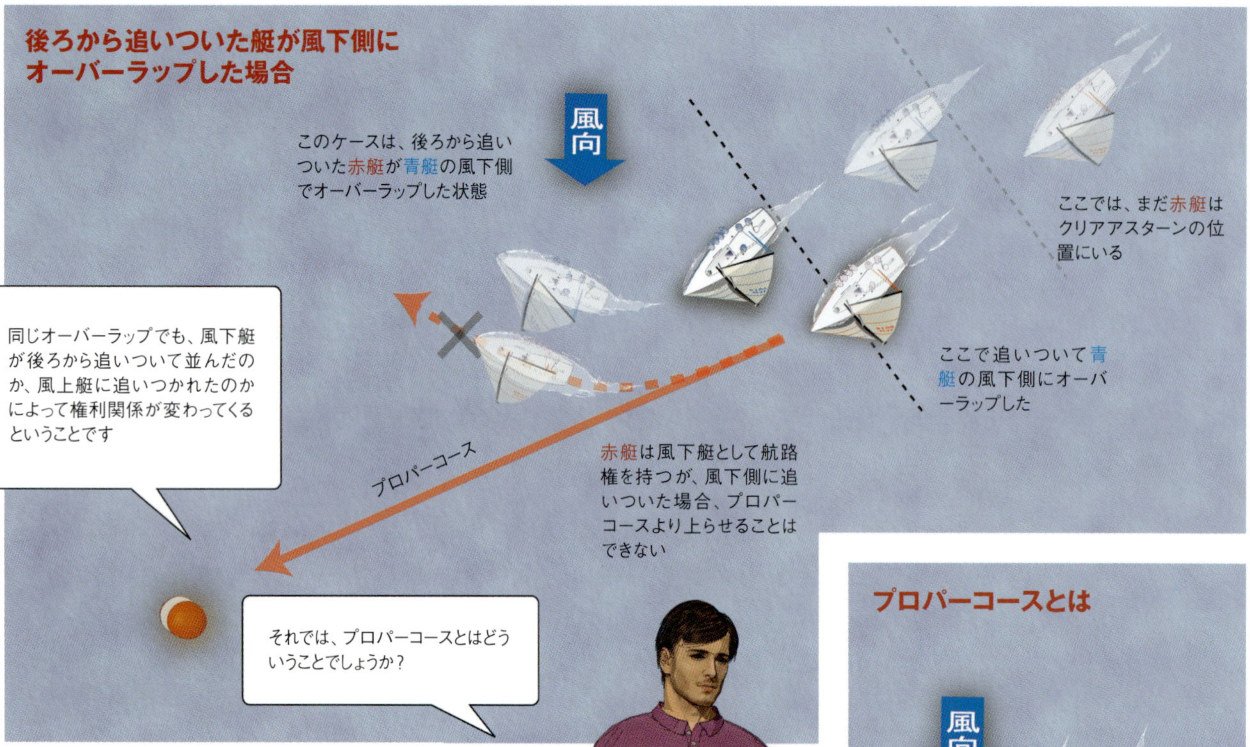

後ろから追いついた艇が風下側に
オーバーラップした場合
風向
このケースは、後ろから追いついた赤艇が青艇の風下側でオーバーラップした状態
ここでは、まだ赤艇はクリアアスターンの位置にいる
同じオーバーラップでも、風下艇が後ろから追いついて並んだのか、風上艇に追いつかれたのかによって権利関係が変わってくるということです
ここで追いついて青艇の風下側にオーバーラップした
プロパーコース
赤艇は風下艇として航路権を持つが、風下側に追いついた場合、プロパーコースより上らせることはできない
それでは、プロパーコースとはどういうことでしょうか？


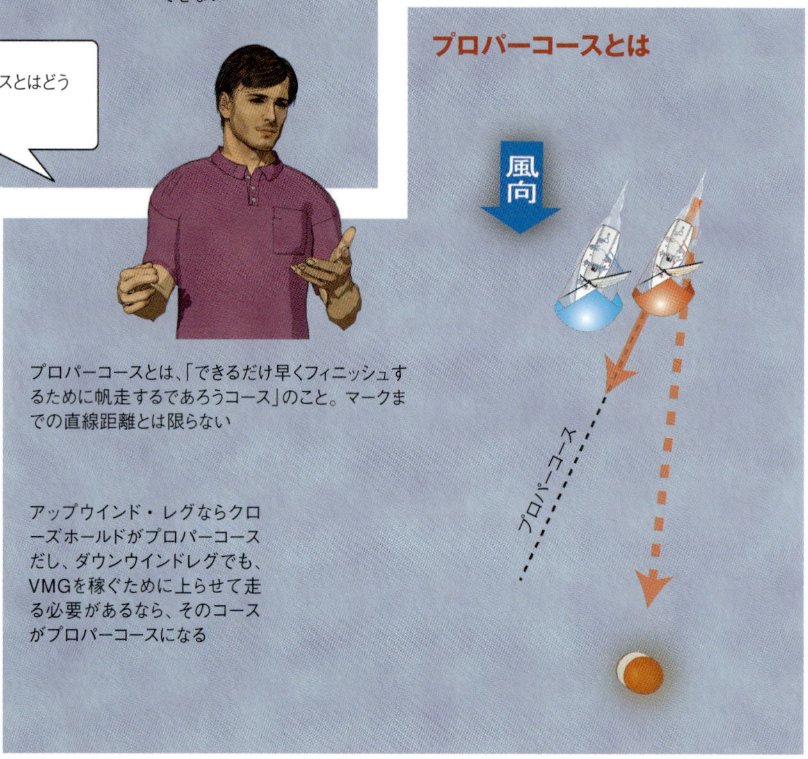

プロパーコースとは
風向
プロパーコースとは、「できるだけ早くフィニッシュするために帆走するであろうコース」のこと。マークまでの直線距離とは限らない
プロパーコース
アップウインド・レグならクローズホールドがプロパーコースだし、ダウンウインドレグでも、VMGを稼ぐために上らせて走る必要があるなら、そのコースがプロパーコースになる


## プロパーコース

このように、ルール上、風上側からはそうそう簡単に追い抜かせてはもらえないようになっている。

では、後方から追いついて来た赤艇が風下側にオーバーラップしたらどうなるか。規則17で、風下側にオーバーラップした艇はプロパーコースより風上を帆走してはならないとある。

上のイラストのように、後ろから追いついて風下側にオーバーラップした赤艇は、プロパーコース（ここではマークに向かうコース）より風上にコースを変更することができない。

プロパーコースとは、「できるだけ早くフィニッシュするために帆走するであろうコース」のことだ。アップウインド・レグならクローズホールド、ダウンウインド・レグなら、おおむね最もVMGが稼げるコースとなる。プロパーコースは、マークの方向とは限らないことに注意してほしい。

むりやり上らせて風上艇のコースを妨害してはならない、ということだ。

### セーリング競技規則から

**規則17：**
**同一タックでのプロパー・コース**
クリア・アスターン艇が、同一タックの相手艇の風下に、自艇の2艇身以内にオーバーラップした場合には、両艇が同一タックで2艇身以内の間隔でオーバーラップが続いている間、その風下艇はプロパー・コースより風上を帆走してはならない。ただし、その風下艇がプロパー・コースより風上を帆走しても、直ちに相手艇の後方となる場合は除く。この規則は、風上艇が規則13により避けている必要がある間にオーバーラップした場合には、適用しない。

**定義：**
**プロパー・コース**
この用語を用いている規則に関わる他艇がいない場合、できるだけ早くフィニッシュするために帆走するであろうコースをプロパー・コースという。スタート信号前、艇にはプロパー・コースがない。

# スタート

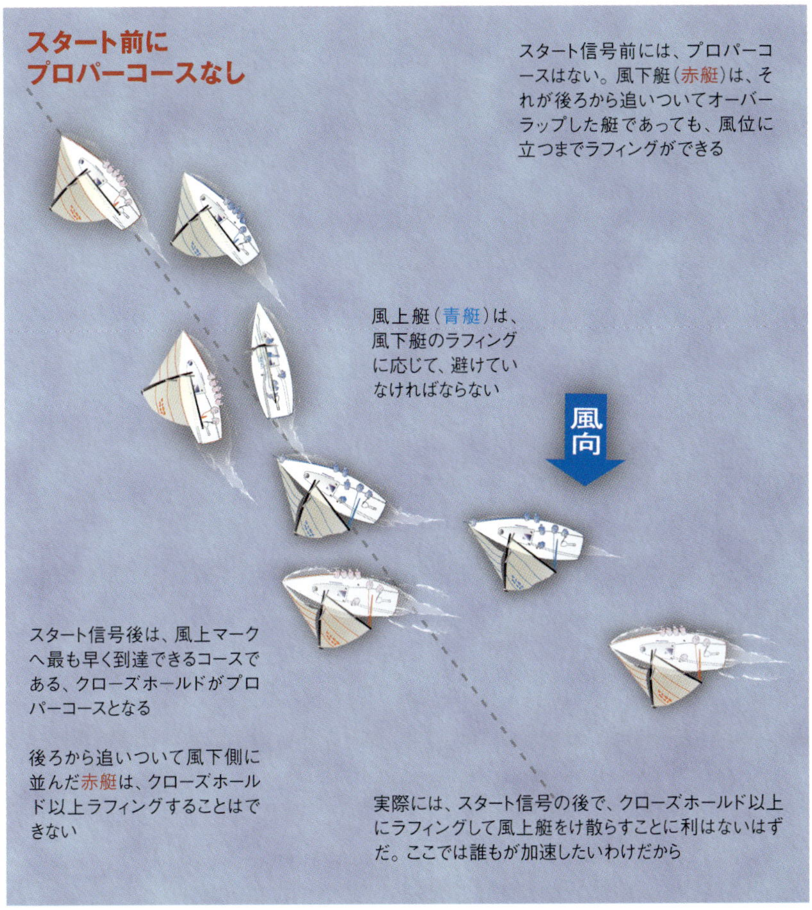

スタート前に
プロパーコースなし
スタート信号前には、プロパーコースはない。風下艇(赤艇)は、それが後ろから追いついてオーバーラップした艇であっても、風位に立つまでラフィングができる
風上艇(青艇)は、風下艇のラフィングに応じて、避けていなければならない
風向
スタート信号後は、風上マークへ最も早く到達できるコースである、クローズホールドがプロパーコースとなる
後ろから追いついて風下側に並んだ赤艇は、クローズホールド以上ラフィングすることはできない
実際には、スタート信号の後で、クローズホールド以上にラフィングして風上艇をけ散らすことに利はないはずだ。ここでは誰もが加速したいわけだから


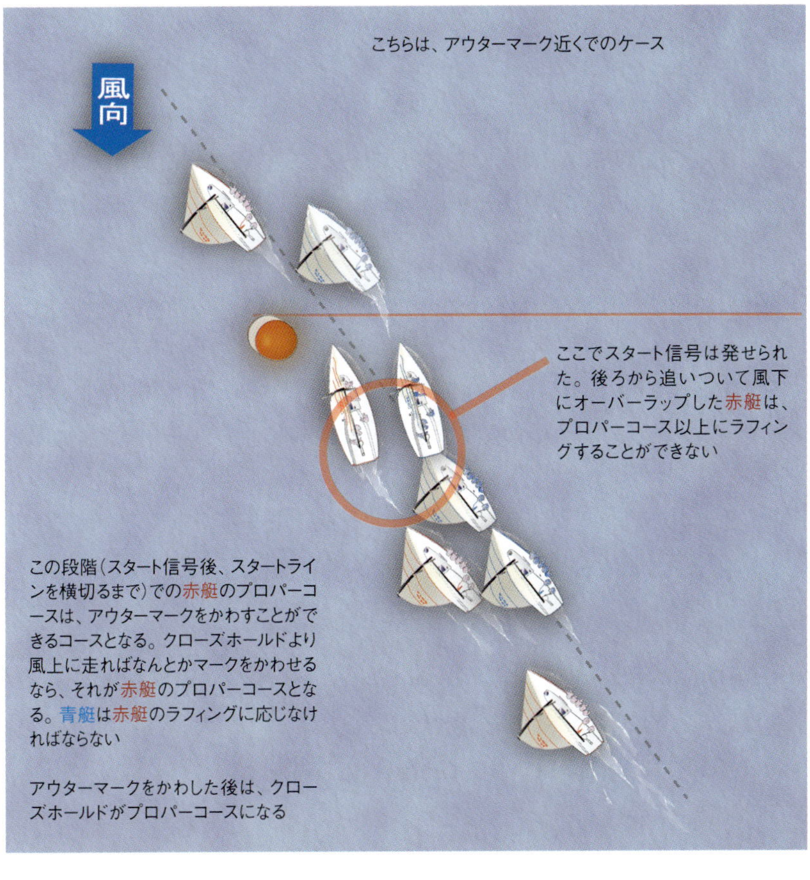

こちらは、アウターマーク近くでのケース
風向
ここでスタート信号は発せられた。後ろから追いついて風下にオーバーラップした赤艇は、プロパーコース以上にラフィングすることができない
この段階(スタート信号後、スタートラインを横切るまで)での赤艇のプロパーコースは、アウターマークをかわすことができるコースとなる。クローズホールドより風上に走ればなんとかマークをかわせるなら、それが赤艇のプロパーコースとなる。青艇は赤艇のラフィングに応じなければならない
アウターマークをかわした後は、クローズホールドがプロパーコースになる


## スタート前にプロパーコースなし

規則17によって、後ろから追いついて風下にオーバーラップした艇は、プロパーコースよりも風上にコース変更することができない。

ただし、RRSのプロパーコースの定義の中で「スタート信号前、艇にはプロパーコースがない」と明記されている。つまりスタート信号前は、後ろから追いついて風下側にオーバーラップした赤艇でも、風位に立つまでラフィングできる(青艇は、赤艇がラフィングしてきてもそれを避けていなければならない)ことになる。

特にスタート時は、このように後ろから追いついてきた艇が風下側に割り込んできてラフィングしてくるケースは多い。安易に割り込ませないよう、常に後方にも目を光らせておく必要がある。

また、オーバーラップは2艇間だけの問題ではない。A艇とB艇がオーバーラップし、B艇とC艇がオーバーラップしている場合、A艇とC艇は直接オーバーラップしていなくても、それぞれすべてがオーバーラップしていることになる。

プロパーコースがないのは、あくまでスタート信号が発せられるまでの話。スタート信号の後では、プロパーコース(ここではクローズホールド)まで落とさなければならない。

ただし、アウターマーク(ピンエンド)側では、スタート信号後も、アウターマークをかわすことができるコースがプロパーコースになる。通常のクローズホールドを越えて、セールがシバーするほどラフィングした状態でも、惰性でマークをかわすことができるなら、それがその艇のプロパーコースだ。風上艇はクローズホールドで走ってスピードをつけたいところだろうが、風下艇のプロパーコースまでのラフィングに応じなければならない(左図)。

## スタート時は
## ルームを得る資格なし

マークや障害物を通過する際には、外側の艇は内側の艇に対して、通過するためのルーム(余地)を与えなければならない。

これはRRSの第2章C節「マークおよび障害物について」で詳しく規定されている。

ところが、このC節の規則はその冒頭で「艇がスタートするためにそれらに近づいている時点から通過し終わるまで適用しない」とあり、ここで説明しているスタートの状況では適用外ということになる。

つまり、右下図のように、本部船と赤艇の間に割り込んでスタートしようとしている青艇は、ルームを要求することができない。

### スタート信号後、スタート後

これは、「艇がスタートするまで」続くので、スタート信号後も同様だ。

規則の適用は、

(1)準備信号前

(2)準備信号後からスタート信号まで

(3)スタート信号後からスタートするまで

という三つに分けて考えよう。

準備信号が発せられて初めてレース中となり、スタートラインを目指す攻防が始まる。

右ページの図では、黄艇は赤艇の、赤艇は青艇の後ろから追いついて風下側にオーバーラップした。

前ページで説明したように、青艇と黄艇は直接はオーバーラップしていないが、ルール上はオーバーラップしていることになる。

スタート信号前にはプロパーコースはないので、黄色艇は風位に立つまでラフィングすることができる。赤艇、青艇の2艇は、黄艇のラフィングに応じ

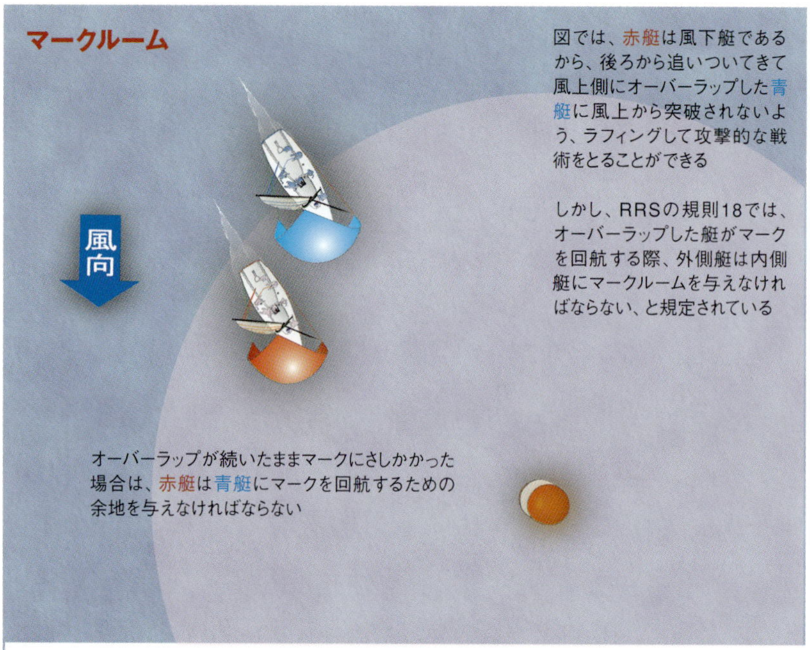
マークルーム
図では、赤艇は風下艇であるから、後ろから追いついてきて風上側にオーバーラップした青艇に風上から突破されないよう、ラフィングして攻撃的な戦術をとることができる
しかし、RRSの規則18では、オーバーラップした艇がマークを回航する際、外側艇は内側艇にマークルームを与えなければならない、と規定されている
風向
オーバーラップが続いたままマークにさしかかった場合は、赤艇は青艇にマークを回航するための余地を与えなければならない

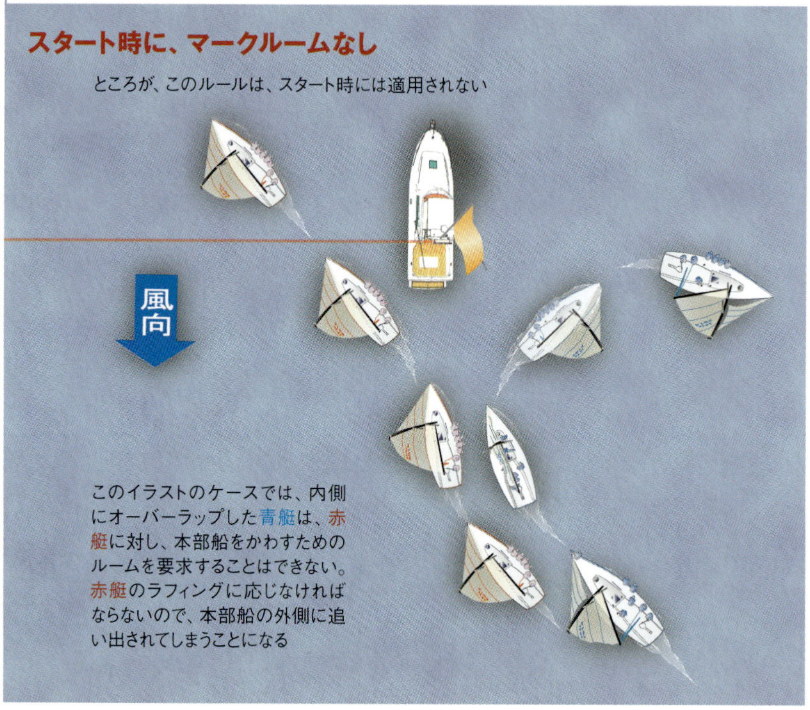
スタート時に、マークルームなし
ところが、このルールは、スタート時には適用されない
風向
このイラストのケースでは、内側にオーバーラップした青艇は、赤艇に対し、本部船をかわすためのルームを要求することはできない。赤艇のラフィングに応じなければならないので、本部船の外側に追い出されてしまうことになる

### セーリング競技規則から

**第2章C節:**
**マークおよび障害物において**
C節の規則は航行可能な水面に囲まれたスタート・マークまたはそのアンカー・ラインにおいては、艇がスタートするためにそれらに近づいている時点から通過し終わるまで適用されない。

**規則18:マークルーム**
**規則18.1:(略)**
**規則18.2:**
**マークルームを与えること**
(a)複数の艇がオーバーラップしている場合、外側艇は内側艇にマークルームを与えなければならない。
(以下略)

(上記のように、この規則はスタート時には適用されない。詳しくはマーク回航の項(62ページ)で説明する)

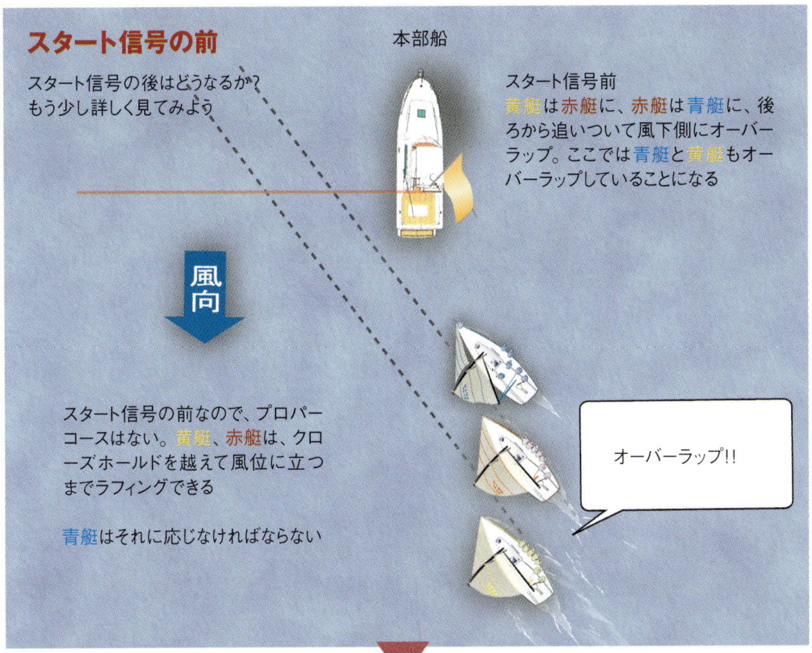
スタート信号の前
本部船
スタート信号の後はどうなるか？
もう少し詳しく見てみよう
スタート信号前
黄艇は赤艇に、赤艇は青艇に、後ろから追いついて風下側にオーバーラップ。ここでは青艇と黄艇もオーバーラップしていることになる
風向
スタート信号の前なので、プロパーコースはない。黄艇、赤艇は、クローズホールドを越えて風位に立つまでラフィングできる
青艇はそれに応じなければならない
オーバーラップ!!

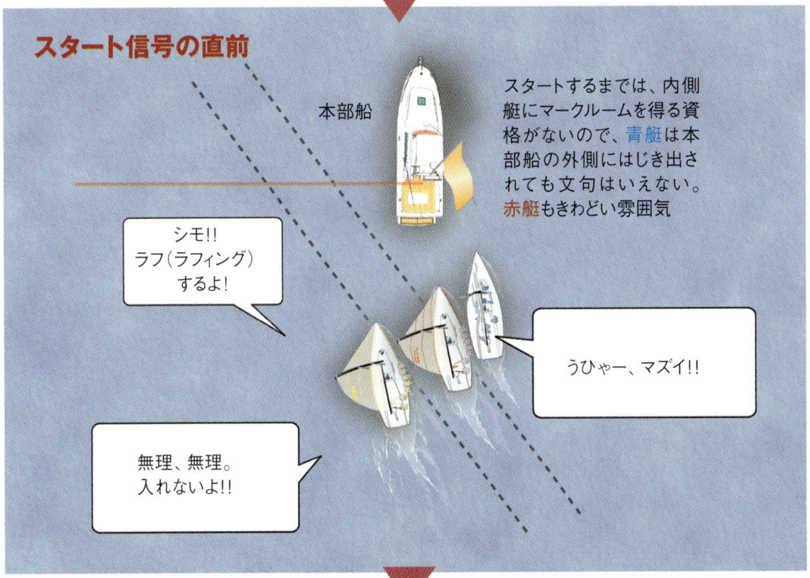
スタート信号の直前
本部船
スタートするまでは、内側艇にマークルームを得る資格がないので、青艇は本部船の外側にはじき出されても文句はいえない。赤艇もきわどい雰囲気
シモ!!
ラフ(ラフィング)
するよ!
うひゃー、マズイ!!
無理、無理。
入れないよ!!

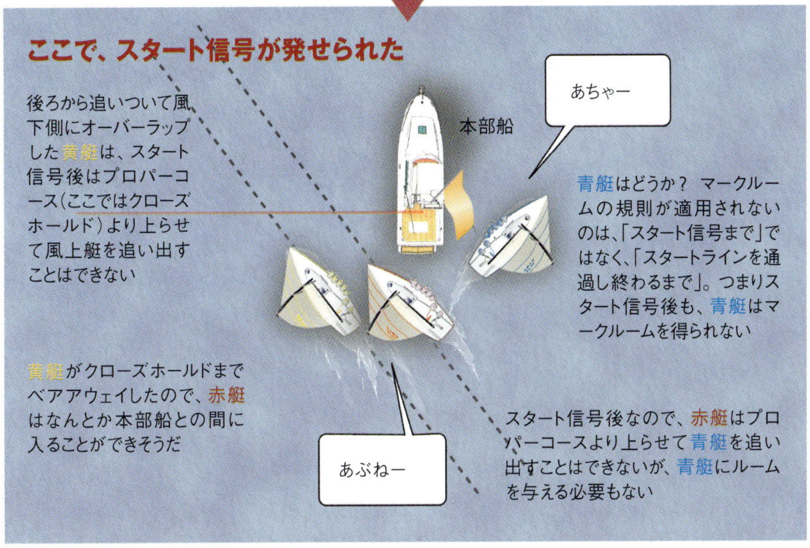
ここで、スタート信号が発せられた
あちゃー
本部船
後ろから追いついて風下側にオーバーラップした黄艇は、スタート信号後はプロパーコース(ここではクローズホールド)より上らせて風上艇を追い出すことはできない
青艇はどうか？ マークルームの規則が適用されないのは、「スタート信号まで」ではなく、「スタートラインを通過し終わるまで」。つまりスタート信号後も、青艇はマークルームを得られない
黄艇がクローズホールドまでベアアウェイしたので、赤艇はなんとか本部船との間に入ることができそうだ
あぶねー
スタート信号後なので、赤艇はプロパーコースより上らせて青艇を追い出すことはできないが、青艇にルームを与える必要もない

なければならない。

赤艇、青艇は、本部船との間を通るためのルームを要求することもできないので、このままでは本部船の外に追い出されてしまうことになる。

しかし、スタート信号が発せられた後は、風下艇となる黄艇はプロパーコース(この場合はクローズホールド)以上にラフィングできない。クローズホールドまでバウダウンしなければならない。

これは、黄艇が後ろから追いついて風下にオーバーラップしたからだ。

赤艇は、黄艇がプロパーコースまで落としたためにできたすき間に入ることができた。しかし青艇の入る余地はない。マークルームを得る資格を持たないのは、「スタートラインを通過し終わるまで」なので、スタート信号後であっても、スタートラインを横切るまでは青艇、赤艇はマークルームを要求できない。

赤艇も、青艇の後ろから追いついて風下側にオーバーラップしたので、スタート信号後はクローズホールドより上らせることはできないが、かといって、青艇に本部船との間のルームを与える必要もない。前ページで、スタート信号後でも、アウターマーク付近で赤艇がクローズホールド以上に上らせてマークをかわすことができるのは、マークルームを要求しているのではなく、それがプロパーコースだからだ。

このように「風下艇が航路権を持つ」、「スタート前にはマークルームを得る資格がない」など、混み合うことの多い本部船付近では特に注意が必要だ。実際の戦術については、以降詳しく説明しよう。

なお、RRSでは、C節が適用されないのは「航行可能な水面に囲まれたスタート・マークまたはそのアンカーラインにおいては」となっているが、これはスタートエリア付近に障害物がないならば、という意味だ。

マーク回航とルームの要求については、別の章で説明する。

# いざ、スタート

ここまででスタートラインとスタートの手順、スタート時のルールを説明してきた。
いよいよスタートと、その実際について考えていこう。ここでも、戦略と戦術が重要になる。

## スタート戦略

スタート時には、レース全体、とりわけ風上マークまでに取るべき戦略を練り、それを前提にしてスタートラインを切るための戦略と戦術を組み立てる必要がある。

そのためには、スタート前にやっておかなければならないことがいろいろある。

### 風上マークまでの戦略

スタートした後、風上マークまでどのような戦略をもって臨むのか？

まずは、早めにレース海面に出て、コースを走ってみよう。17ページで解説したように、風の振れの傾向、風の強弱、潮の有無など、広い範囲のデータを得て風上マークまでの全体戦略を練る。

### 有利なエンドを見分ける

もちろん、スタートライン付近での風向チェックは重要だ。

ヨットを風位に立ててステアリングコンパスの数字を読むことで、真風位がわかる。

当然、風向は刻々と変化する。その変化をメモし、風向変化の傾向を把握しよう。

レースコミティーがスタートラインを設置し終えたら、ラインの方位をハンドベアリングコンパスで測る。

たとえば、本部船側からの見通しが270度なら、風向0度でラインはイーブン。つまり、風向とラインが直角であることが分かる。風向が350度に振れたら、10度風下《シモ》有利（アウターマーク側有利）、ということになる。

風向・風速は、常に変化していると思っていい。ここでは変化のパターンを把握することが重要だ。5分周期で左右への振れが認められるなら、スタート時にはどちらに振れている可能性が高いか、判断できるはずだ。

また、スタートラインは、準備信号前には変更されてしまうかもしれない。本部船でアンカーラインを詰める、あるいは伸ばすなどの作業をしていないかチェックし続けよう。

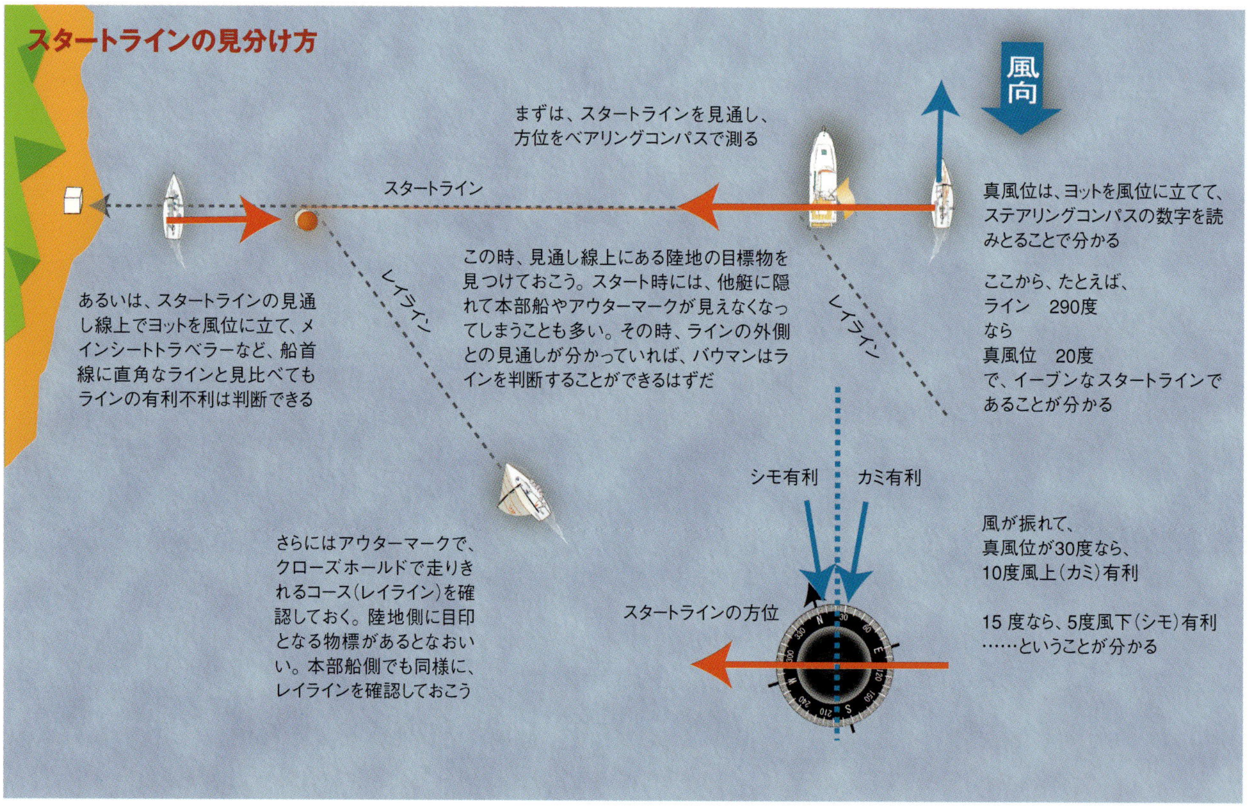

スタートラインの見分け方
風向
まずは、スタートラインを見通し、
方位をベアリングコンパスで測る
スタートライン
真風位は、ヨットを風位に立てて、ステアリングコンパスの数字を読みとることで分かる
この時、見通し線上にある陸地の目標物を見つけておこう。スタート時には、他艇に隠れて本部船やアウターマークが見えなくなってしまうことも多い。その時、ラインの外側との見通しが分かっていれば、バウマンはラインを判断することができるはずだ
レイライン
レイライン
ここから、たとえば、
ライン　290度
なら
真風位　20度
で、イーブンなスタートラインであることが分かる
あるいは、スタートラインの見通し線上でヨットを風位に立て、メインシートトラベラーなど、船首線に直角なラインと見比べてもラインの有利不利は判断できる
シモ有利
カミ有利
風が振れて、
真風位が30度なら、
10度風上（カミ）有利
さらにはアウターマークで、クローズホールドで走りきれるコース（レイライン）を確認しておく。陸地側に目印となる物標があるとなおいい。本部船側でも同様に、レイラインを確認しておこう
スタートラインの方位
15 度なら、5度風下（シモ）有利
……ということが分かる

## 最初のシフトをつかむ

スタート後、左右どちらの海面に進みたいのか。風上マークまでの戦略をしっかり立てて、それが実行できるようなポジションからスタートすることが重要になる。

スタートラインが風下有利だからと、風下《シモ》エンド(アウターマーク)からスタートした場合、その後、右海面に展開したくても、風上にいる艇団がいなくなるまでタッキングできない、なんていうことにもなりかねない。

右図は、スタート時は風下有利だったものの、その後、風が右に振れた例を示している。

風下有利、つまりスタートラインに対して風位が左に振れているということは、スターボードタックで走るとヘッダーということになる。

スタート時は航路権があるスターボードタックでラインを通過することが圧倒的に多い。となると、「リフトで走る」というセオリーから、スタート後、なるべく早いタイミングでタッキングしたいところだ。

風下エンドから全速力で飛び出して、すぐにタッキングできれば、全艇の前を横切っていく快心のスタートということになる。しかし現実は、そうそううまくはいかない。ラインを切るタイミングが少し遅れれば、風上艇にさえぎられてなかなかタッキングできず、そのままヘッダーで走り続けなければならないことになる。

その後、風が振れ戻ったりすれば、風上《カミ》エンドから出てすぐにタッキングし、リフトでより長い時間走った艇に次のミートで前を切られてしまうことになる。さらに右に風が振れれば、大きくリードされることになる。

右海面がいいのか、左海面に行きたいのか、最初のシフトはどちらに振れるのか、ここからスタート戦略を練ろう。

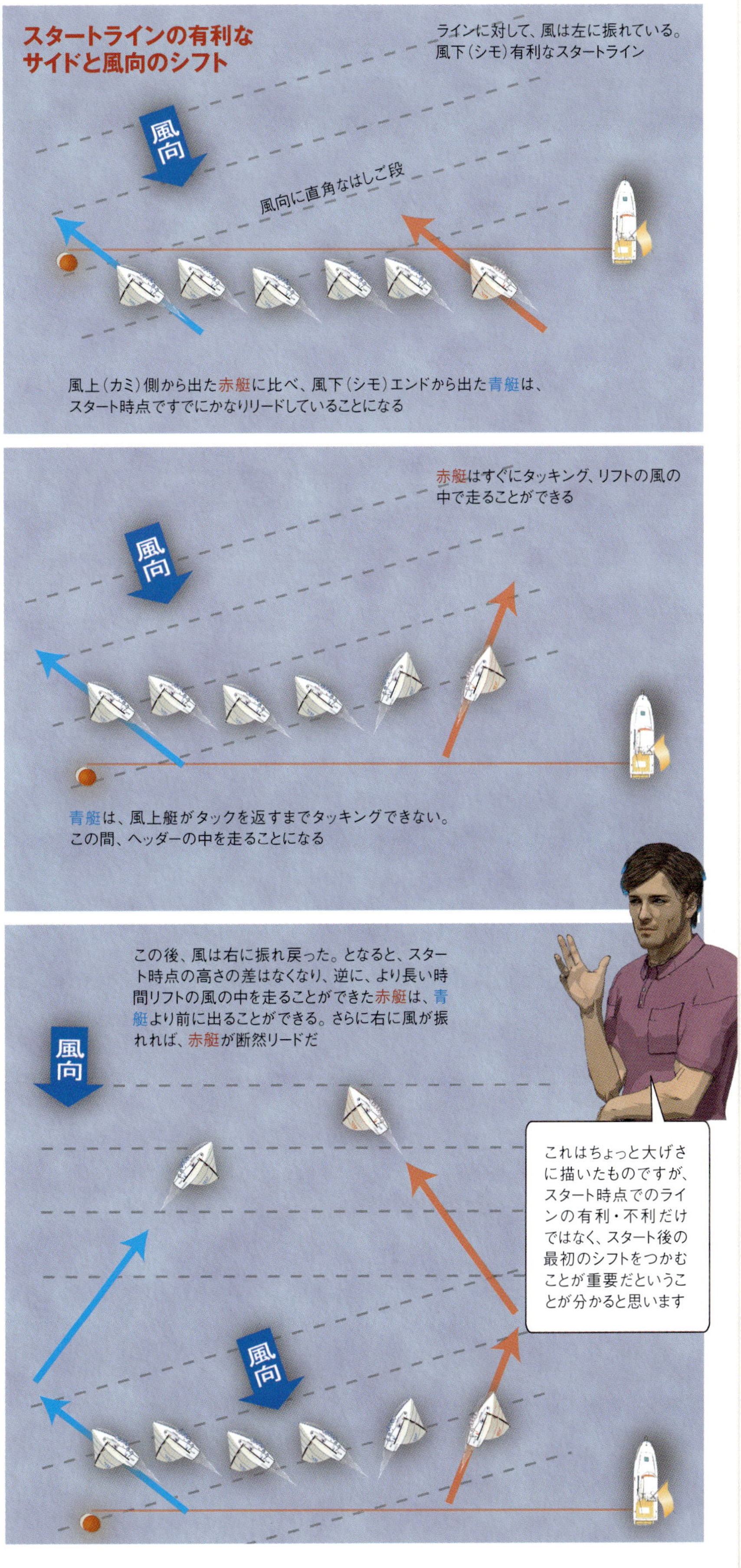
スタートラインの有利なサイドと風向のシフト
ラインに対して、風は左に振れている。風下(シモ)有利なスタートライン
風向
風向に直角なはしご段
風上(カミ)側から出た赤艇に比べ、風下(シモ)エンドから出た青艇は、スタート時点ですでにかなりリードしていることになる
赤艇はすぐにタッキング、リフトの風の中で走ることができる
風向
青艇は、風上艇がタックを返すまでタッキングできない。この間、ヘッダーの中を走ることになる
この後、風は右に振れ戻った。となると、スタート時点の高さの差はなくなり、逆に、より長い時間リフトの風の中を走ることができた赤艇は、青艇より前に出ることができる。さらに右に風が振れれば、赤艇が断然リードだ
風向
風向
これはちょっと大げさに描いたものですが、スタート時点でのラインの有利・不利だけではなく、スタート後の最初のシフトをつかむことが重要だということが分かると思います

## 三つの選択肢

スタートで重要なのは、スタートした後、いかにクリアな風をつかんで走ることができるか、ということだ。

そのためには、まずスタートラインのどこから出るか。本部船寄り、アウターマーク寄り、中間付近の三つに分けて、それぞれのメリットとデメリットを考えてみよう。

### 風上スタートの○と×

スタートラインの本部船寄り（風上エンド）は、文字通り風上側に位置するという意味だ。スタートラインは一般的に風向と直角なので、「風上」という表現はおかしいが、航路権を持つスターボードタックで走るヨットにとっては他艇の「風上側」になるという意味だ。

風上側からスタートすると、自艇よりさらに風上に位置する他艇の数は少ない。したがって、スタート後タッキングしやすく、右海面への展開が容易になる。もちろん、左に伸ばしたいならそのまま走ればいいので、スタート後のコース選択肢は増える。

ただし、通常、風上エンドはとても混み合う。54ページで解説したように、ルール上、スタート時には本部船との間のルームを得ることができないため、本部船の外側にはじき出されてしまうリスクも大きい。

特に、もっとも本部船側より（カミイチ）を狙うとリスクは倍増する。

逆に、ここからライン中央狙いに作戦変更することも可能ではある。

### 風下スタートの○と×

風下側が有利なスタートラインなら、アウターマーク側（風下エンド）からうまくスタートし、飛び出すことができれば、タッキングして全艇の前を横切ってリフトの風の中を走ることも可能だ。最高のスタートとなる。

しかし、スタートに失敗すると、風上側の艇団に遮られてなかなかタッキングもできず、その後、風が右に振れればスタート時の高さのゲインもチャラになる（前ページ参照）。明らかに風下有利とみれば、シモイチは混み合いクリアエアを得るのが難しいなど、リスクも大きい。

### ラインセンターの○と×

風上エンドに比べれば比較的空いていることも多く、風下エンドに比べれば左右に展開しやすい。すなわち、リスクの少ないスタートとなる。

ただし、正確なラインを読むのが難しくなるため、一般的にラインの中央付近では艇団が形成するラインがへこむことが多い。逆に、それをうまく利用すれば、トップスピードでラインを切り、頭一つ前に出ることが容易であるともいえる。

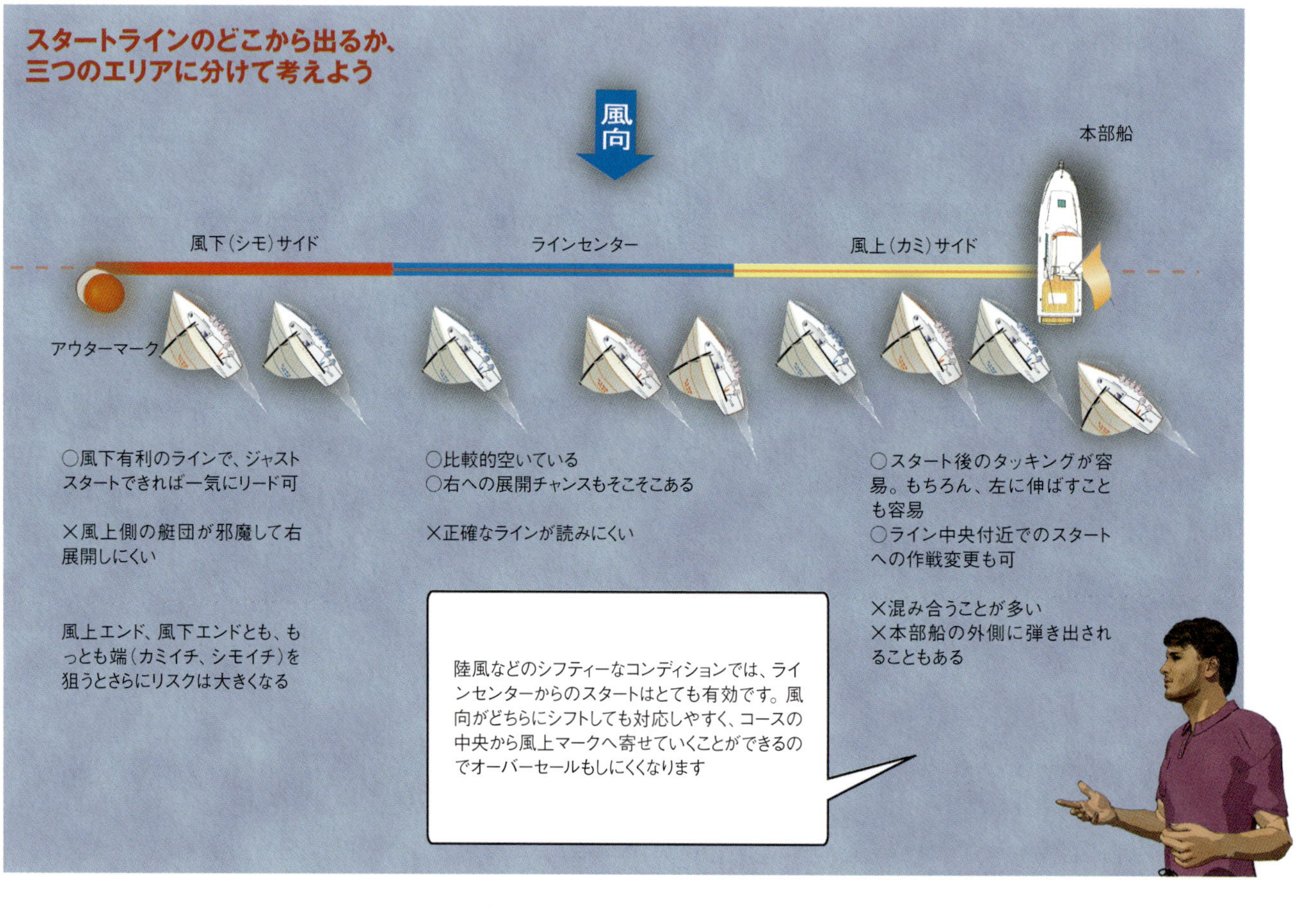

スタートラインのどこから出るか、
三つのエリアに分けて考えよう
風向
本部船
風下（シモ）サイド
ラインセンター
風上（カミ）サイド
アウターマーク
○風下有利のラインで、ジャストスタートできれば一気にリード可
×風上側の艇団が邪魔して右展開しにくい
風上エンド、風下エンドとも、もっとも端（カミイチ、シモイチ）を狙うとさらにリスクは大きくなる
○比較的空いている
○右への展開チャンスもそこそこある
×正確なラインが読みにくい
○スタート後のタッキングが容易。もちろん、左に伸ばすことも容易
○ライン中央付近でのスタートへの作戦変更も可
×混み合うことが多い
×本部船の外側に弾き出されることもある
陸風などのシフティーなコンディションでは、ラインセンターからのスタートはとても有効です。風向がどちらにシフトしても対応しやすく、コースの中央から風上マークへ寄せていくことができるのでオーバーセールもしにくくなります

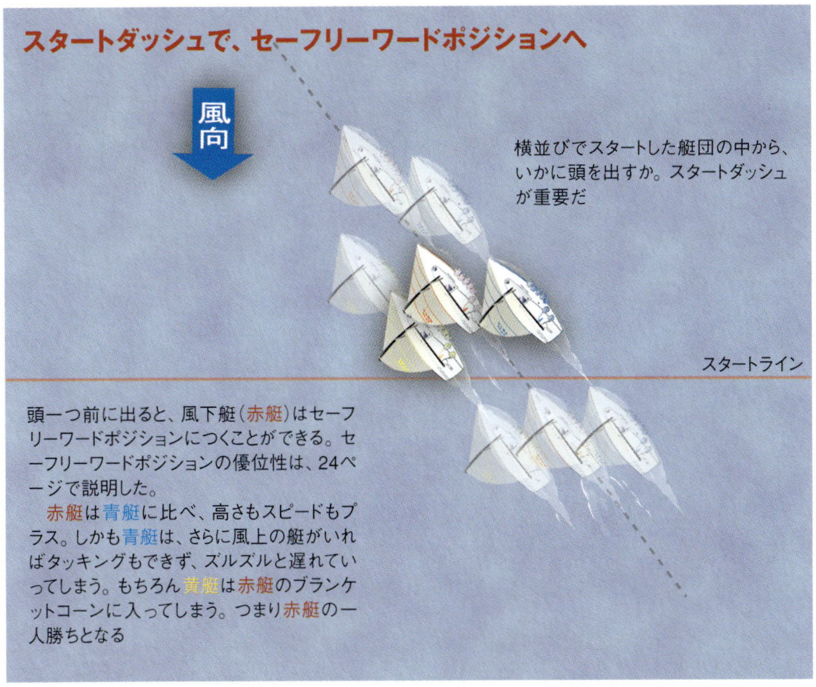
スタートダッシュで、セーフリーワードポジションへ
風向
横並びでスタートした艇団の中から、いかに頭を出すか。スタートダッシュが重要だ
スタートライン
頭一つ前に出ると、風下艇（赤艇）はセーフリーワードポジションにつくことができる。セーフリーワードポジションの優位性は、24ページで説明した。
赤艇は青艇に比べ、高さもスピードもプラス。しかも青艇は、さらに風上の艇がいればタッキングもできず、ズルズルと遅れていってしまう。もちろん黄艇は赤艇のブランケットコーンに入ってしまう。つまり赤艇の一人勝ちとなる

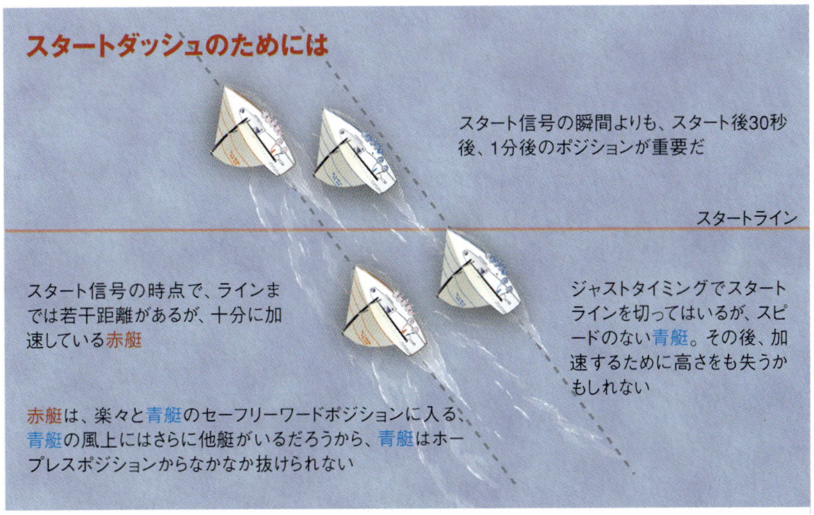
スタートダッシュのためには
スタート信号の瞬間よりも、スタート後30秒後、1分後のポジションが重要だ
スタートライン
スタート信号の時点で、ラインまでは若干距離があるが、十分に加速している赤艇
ジャストタイミングでスタートラインを切ってはいるが、スピードのない青艇。その後、加速するために高さをも失うかもしれない
赤艇は、楽々と青艇のセーフリーワードポジションに入る。青艇の風上にはさらに他艇がいるだろうから、青艇はホープレスポジションからなかなか抜けられない

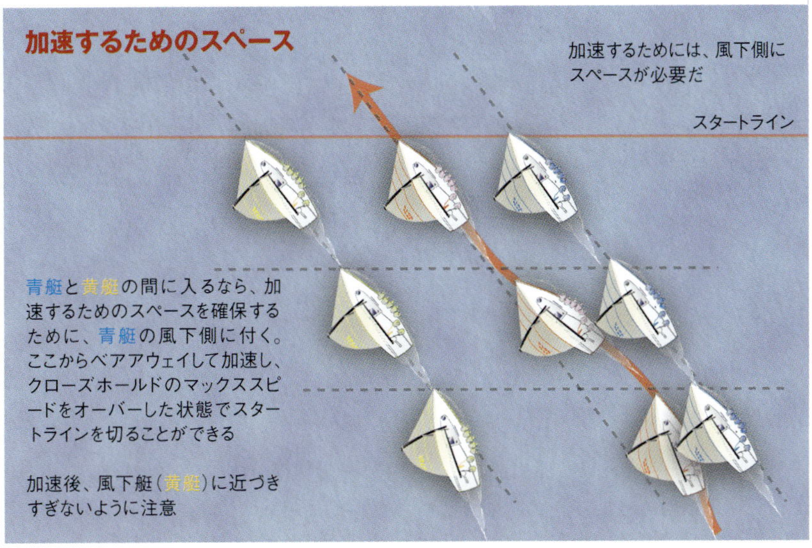
加速するためのスペース
加速するためには、風下側にスペースが必要だ
スタートライン
青艇と黄艇の間に入るなら、加速するためのスペースを確保するために、青艇の風下側に付く。ここからベアアウェイして加速し、クローズホールドのマックススピードをオーバーした状態でスタートラインを切ることができる
加速後、風下艇（黄艇）に近づきすぎないように注意

## スタート戦術

スタートでは、本部船から発せられる信号に合わせて参加艇側でタイミングを計り、スタート信号が揚がった瞬間に、

1. トップスピードで
2. ジャストのタイミングで
3. クローズホールドで

——ラインを切る必要がある。

### 加速と距離感

クローズホールドのフルスピードで、スタート信号と同時にラインを切るには、スタートラインまでの距離感と、加速に必要な時間とスペースの把握が重要になる。

小型艇なら、スタート2分前くらいからラインの近くにとどまっておくという手もあるが、大型艇になると加速に時間がかかるのでそうもいかない。常に艇を走らせた状態でタイミングを計ることになる。

加速するためには、ベアアウェイして（風下に落として）スピードをつけるわけだが、そのためのスペースを風下側にとっておくことが重要だ。艇と艇の隙間に割り込む際には、風上側の艇のすぐ風下に付くようにすれば、風下にスペースができる。

ここから、加速に入るタイミングが早すぎると、スタート時に風下艇との間隔が狭くなってしまい、その後が走りにくくなってしまうので注意しよう。

また、大型艇ではシートを引きこむのに時間がかかり、バウアップはしてもセールが付いてこないということもある。セールを引きこんでオーバートリムの状態にして減速、艇速が欲しい時にはそこからシートを出してジャストトリムにする、という方法もある。

いずれにしても、ラインまでの距離感、風下艇との距離感（ゲージ）、ボートハンドリング、これらを練習や実戦でつかんでいくしかない。

## スターボードタックでのアプローチ

実際にスタートラインにアプローチするパターンを考えてみよう。

基本的に、航路権を持つスターボードタックでラインを切ることになるので、そのためには、スターボードタックの状態でラインにアプローチするのが自然といえる。

まず、スターボードタックでのアプローチから見ていこう。

### パターン(1)

もっとも一般的なのが、下図のパターン(1)だ。スタートラインと平行にビームリーチ(アビーム)で本部船から離れ、タッキングしてビームリーチでラインに戻る方法だ。1分走ったら1分でラインまで戻れることになる。タッキングの際のロスも加えて考えれば、かなり正確にラインに戻るタイミングがつかめるはずだ。

本部船付近は混み合うことが多いのが難点だが、混み合っている場合は、このままラインセンターを狙うことも可能だ。

他艇の動向を十分把握して流れに乗ろう。

### パターン(2)

こちらは、クローズホールドのコースでラインに近づく方法。シートを出してセールから風を逃がし、艇速を落とすことでタイミングを調整する。

パターン(1)の艇団が風上側から来るが、自艇は風下艇となり航路権を持つ。風上から来る艇をうまくコントロールして、風下側にスペースを作ろう。

### パターン(3)

パターン(2)では、艇団の中でタッキング(あるいはジャイビング)するスペースを見つけなければならない。

そこで、目指すスタートエリアからアビームでラインを離れ、ジャイビングし

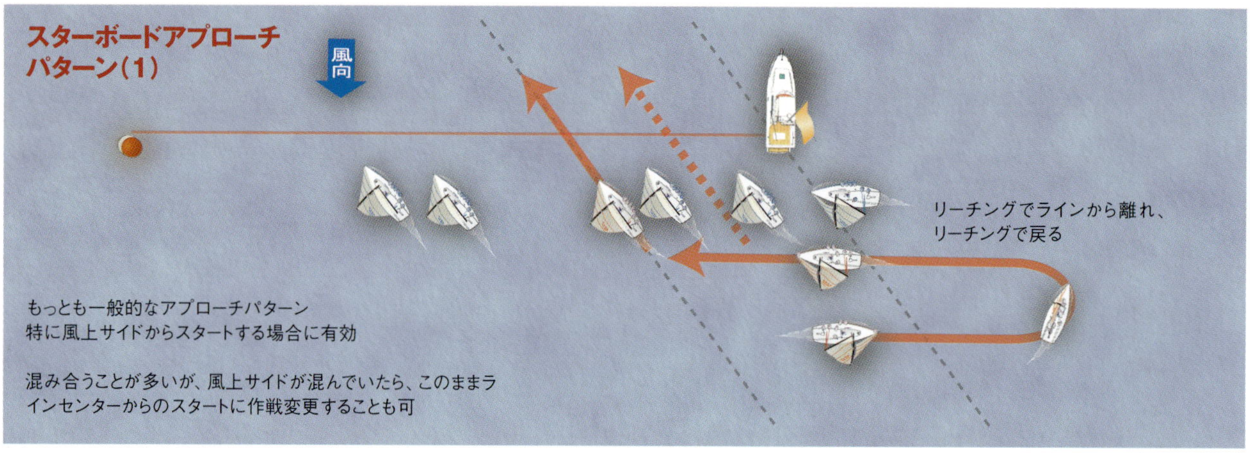

スターボードアプローチ
パターン(1)
風向
リーチングでラインから離れ、
リーチングで戻る
もっとも一般的なアプローチパターン
特に風上サイドからスタートする場合に有効
混み合うことが多いが、風上サイドが混んでいたら、このままラインセンターからのスタートに作戦変更することも可


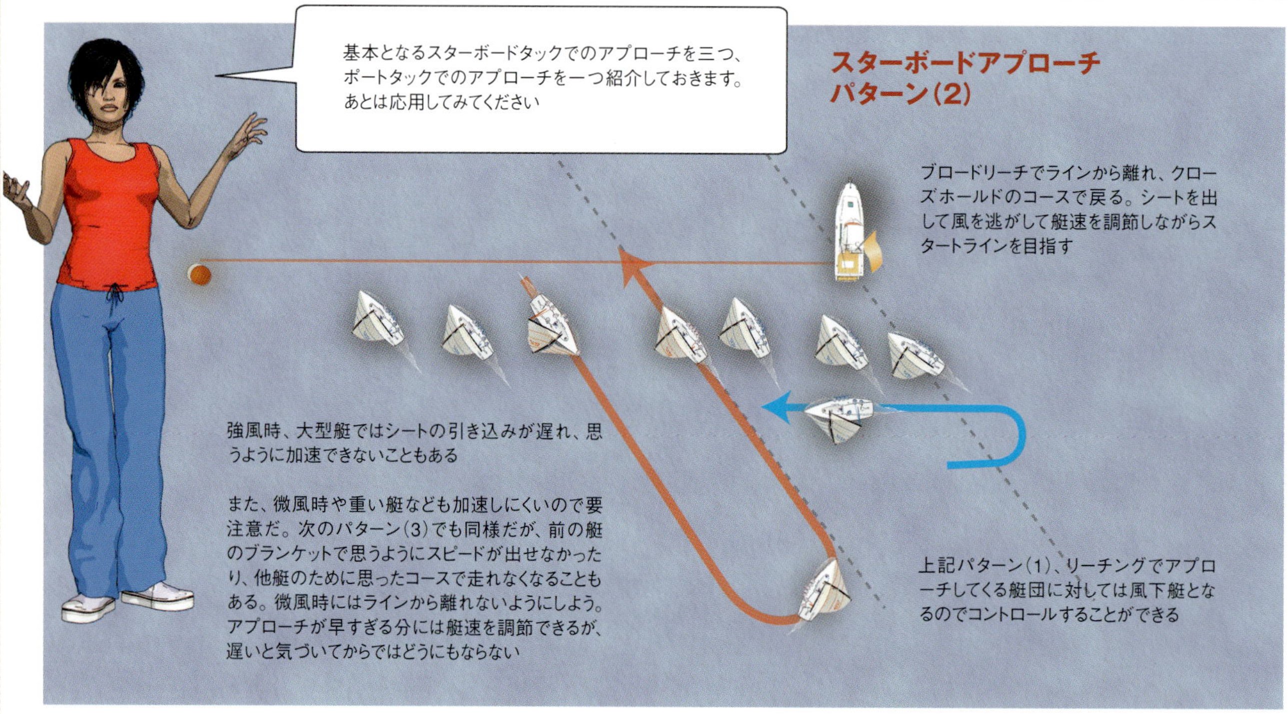

基本となるスターボードタックでのアプローチを三つ、ポートタックでのアプローチを一つ紹介しておきます。あとは応用してみてください
スターボードアプローチ
パターン(2)
ブロードリーチでラインから離れ、クローズホールドのコースで戻る。シートを出して風を逃がして艇速を調節しながらスタートラインを目指す
強風時、大型艇ではシートの引き込みが遅れ、思うように加速できないこともある
また、微風時や重い艇なども加速しにくいので要注意だ。次のパターン(3)でも同様だが、前の艇のブランケットで思うようにスピードが出せなかったり、他艇のために思ったコースで走れなくなることもある。微風時にはラインから離れないようにしよう。アプローチが早すぎる分には艇速を調節できるが、遅いと気づいてからではどうにもならない
上記パターン(1)、リーチングでアプローチしてくる艇団に対しては風下艇となるのでコントロールすることができる

てブロードリーチ（クオーターリー）でスタートエリアに戻り、そのままラフィングしてスタートコースに乗るという方法がある。

これなら、艇団の中でタッキングやジャイビングをする必要はなく、スペースを見つけてラフィングするタイミングを計りやすい。

## ポートタックでのアプローチ

ポートタックでアプローチしてスペースを見つけてタッキングし、最終的にはスターボードタックでラインを切る方法もある。

風下エンドからのスタートでは特に有効だ。センターからも応用できる。

また、状況がゆるせば、ポートタックでそのままスタートラインを切るというケースもある。特に風下側有利のスタートラインなら、ポートタックで走ることはリフトの中を走っているわけだから、利は大きい。……が、当然ながらスターボードタックの艇を避けていなければならないので、リスクも大きい。

## より良いスタートを切るために

いずれのアプローチでも、常にラインまで何分で戻れるかを頭に入れておく。このタイミングは、艇種はもちろん、その日のコンディションによっても変わってくるので、スタート前に実際にスタート海面を走り、時計を見ながら距離感を把握しておこう。

同じスタート海面を流す他艇の動きも重要だ。ライバル艇を押さえるのか、逆に強敵から離れてリスクを減らすか、あるいは遅い艇の近くを狙うという作戦もある。

こうした攻防の最中でも、レース海面全体の風向・風速の変化を見ておくことを忘れずに。先にスタートしたクラスがあるなら、それらの動向にも目を凝らしておく必要がある。

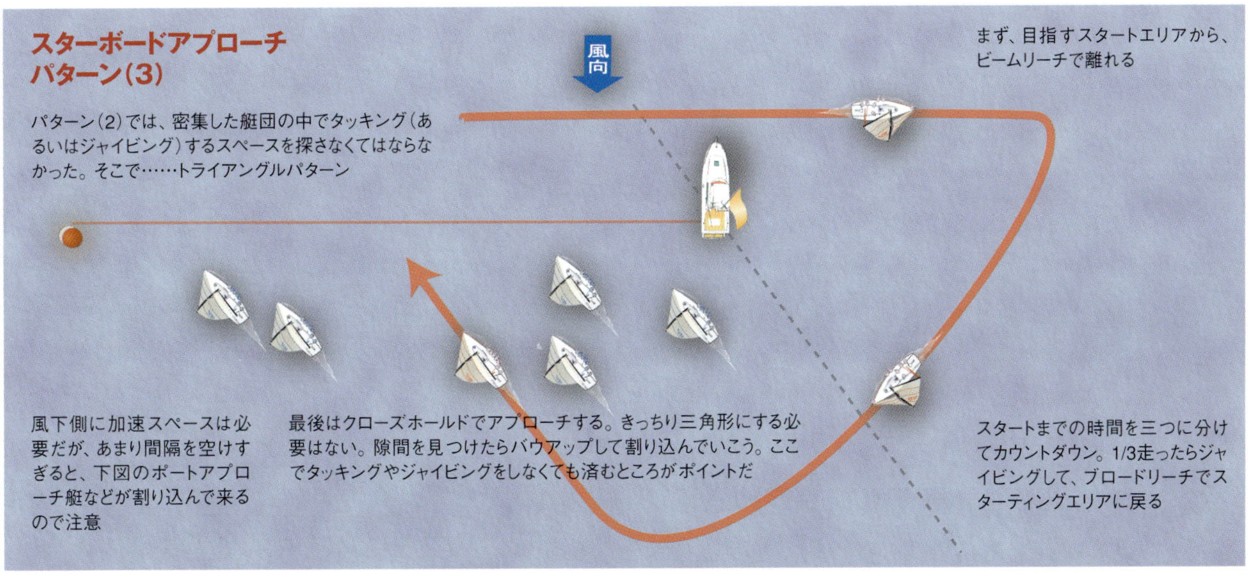
スターボードアプローチ
パターン（3）
風向
パターン（2）では、密集した艇団の中でタッキング（あるいはジャイビング）するスペースを探さなくてはならなかった。そこで……トライアングルパターン
まず、目指すスタートエリアから、ビームリーチで離れる
風下側に加速スペースは必要だが、あまり間隔を空けすぎると、下図のポートアプローチ艇などが割り込んで来るので注意
最後はクローズホールドでアプローチする。きっちり三角形にする必要はない。隙間を見つけたらバウアップして割り込んでいこう。ここでタッキングやジャイビングをしなくても済むところがポイントだ
スタートまでの時間を三つに分けてカウントダウン。1/3走ったらジャイビングして、ブロードリーチでスターティングエリアに戻る

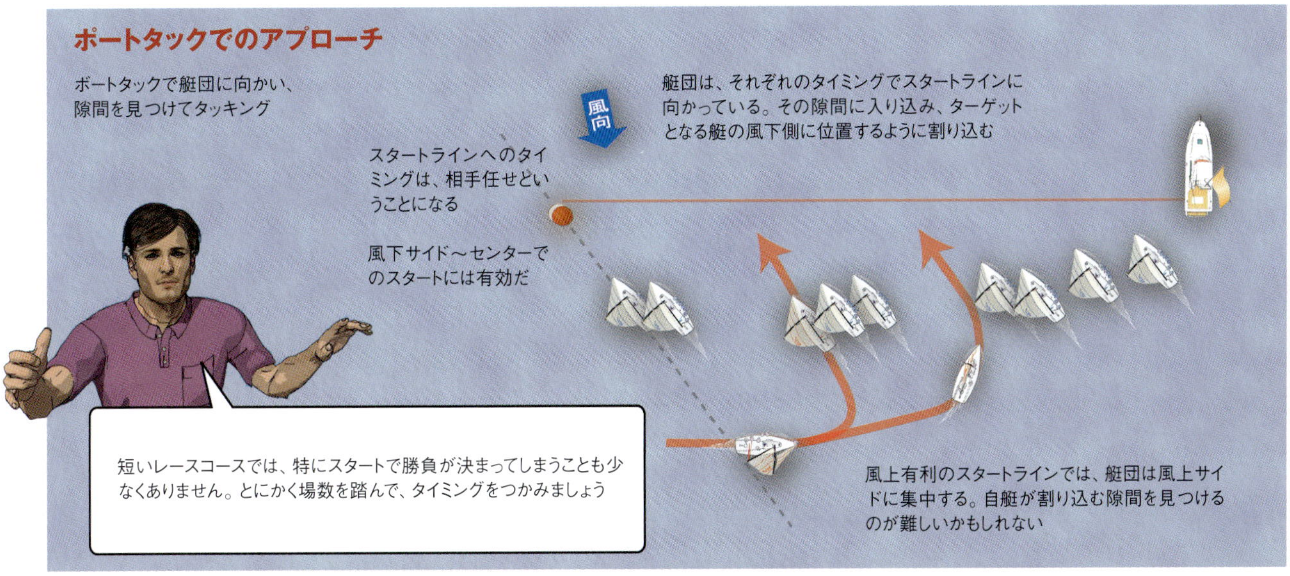
ポートタックでのアプローチ
ポートタックで艇団に向かい、隙間を見つけてタッキング
風向
艇団は、それぞれのタイミングでスタートラインに向かっている。その隙間に入り込み、ターゲットとなる艇の風下側に位置するように割り込む
スタートラインへのタイミングは、相手任せという ことになる
風下サイド～センターでのスタートには有効だ
短いレースコースでは、特にスタートで勝負が決まってしまうことも少なくありません。とにかく場数を踏んで、タイミングをつかみましょう
風上有利のスタートラインでは、艇団は風上サイドに集中する。自艇が割り込む隙間を見つけるのが難しいかもしれない

# 第３章
# マーク回航

# マーク回航時のルール

設置されたマークを回ることを「マーク回航」という。
マーク回航時に知っておかなければならない、基本的なルールについて説明しよう。
新ルールになって変更されたルールや新しい定義もあるので、
日本セーリング連盟が発行している最新のセーリング競技規則を手元に置いて、読み進めていただきたい。

## 風下マークでのルール

スタート後、ヨットはまず風上マークを目指す。ということは、通常、最初に回航するのは風上マークということになるのだが、説明の都合上、風下マークの回航から話を進めよう。

### マークルームを与えること

50ページで簡単に説明したように、オーバーラップした2艇の間では、風下艇が航路権を持つことになり、風上艇は風下艇を避けていなければならない（規則11 同一タックでオーバーラップしている場合）。

右図では、赤艇は青艇に追いつき、風上側にオーバーラップした。赤艇は、青艇を避けていなければならない。青艇がラフィング（風上への針路変更）してきたら、それに応じなければならないことになる。

しかし、マーク回航時には、「外側艇は内側艇にマークルームを与えなければならない」（規則18.2(a)）という規定がある。

セーリング競技規則でのマークルームの定義は、

・ゾーンの端からマークまで
・マークを回航するとき

の二つに分かれている。

ゾーンの端からマークまでは直線で、マークを回航するときはプロパーコースで帆走するための“ルーム”が、“マークルーム”だ（63ページの定義参照）。

ここで出てくる「ルーム」という解釈も難しい。これは、そのときに必要とする「余地」のこと。ここでいう余地には、空間的なものだけではなく、時間的な余裕も含む。避けるための時間的な余裕と、距離的な空間を合わせてルームと呼ぶ。

### ゾーン

規則18の中に、“ゾーン”という言葉が出てくる。ゾーンとは、マークの周囲3艇身の区域をいう。

先行する青艇がゾーンに差し掛かったときに、両艇がオーバーラップしていた場合、以降、そのオーバーラップが切れても、マークルームを与え続けなければならない（左ページの図）。

一方、先頭艇がゾーンに到達した時点でオーバーラップしていない場合（右図）は、クリアアスターンだった赤艇は、クリアアヘッドであった青艇にマークルームを与えなければならない

マークルーム（1）　オーバーラップしている場合

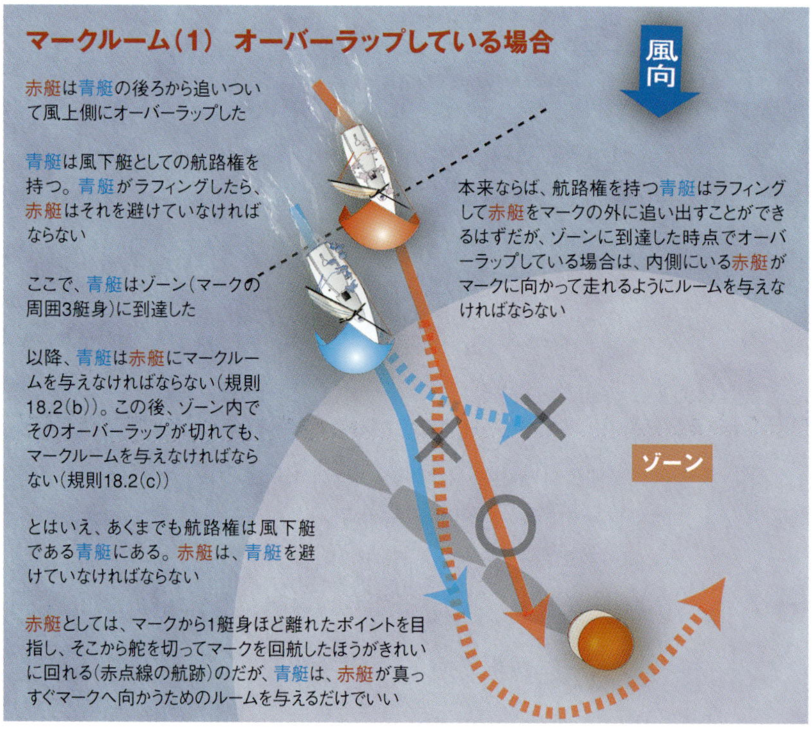
風向
赤艇は青艇の後ろから追いついて風上側にオーバーラップした
青艇は風下艇としての航路権を持つ。青艇がラフィングしたら、赤艇はそれを避けていなければならない
ここで、青艇はゾーン（マークの周囲3艇身）に到達した
以降、青艇は赤艇にマークルームを与えなければならない（規則18.2(b)）。この後、ゾーン内でそのオーバーラップが切れても、マークルームを与えなければならない（規則18.2(c)）
とはいえ、あくまでも航路権は風下艇である青艇にある。赤艇は、青艇を避けていなければならない
赤艇としては、マークから1艇身ほど離れたポイントを目指し、そこから舵を切ってマークを回航したほうがきれいに回れる（赤点線の航跡）のだが、青艇は、赤艇が真っすぐマークへ向かうためのルームを与えるだけでいい
本来ならば、航路権を持つ青艇はラフィングして赤艇をマークの外に追い出すことができるはずだが、ゾーンに到達した時点でオーバーラップしている場合は、内側にいる赤艇がマークに向かって走れるようにルームを与えなければならない
ゾーン

（規則18.2（b））。その後、オーバーラップが生じたとしてもその関係は変わらない（規則18.2（c））。

このページでは、赤、青の2艇の関係で描いているが、さらに複数の艇間でも同様だ。

### 定義（RRSから抜粋）

**ルーム（room）**

艇がシーマンらしいやり方で速やかに操船している間に、その場の状況で必要としている余地をルームという。これには2章の規則と規則31に基づくその艇の義務に従うための余地を含む。

**マークルーム（mark-room）**

（a）艇のプロパー・コースがマークに向かって近づくことである場合、マークへ帆走するためのルーム。

（b）コースの帆走に必要なだけマークを回航するためのルーム。

ただし、マークルームを与える必要がある艇の内側かつ風上でオーバーラップしており、かつタックの後にマークをフェッチングすることになる場合を除き、マークルームには、タックするルームは含まない。

**ゾーン（zone）**

マークに近いほうの艇の3艇身の距離で囲まれた、マーク周囲の区域をゾーンという。艇体の一部がゾーンに入っている場合、その艇はゾーンの中にいるという。

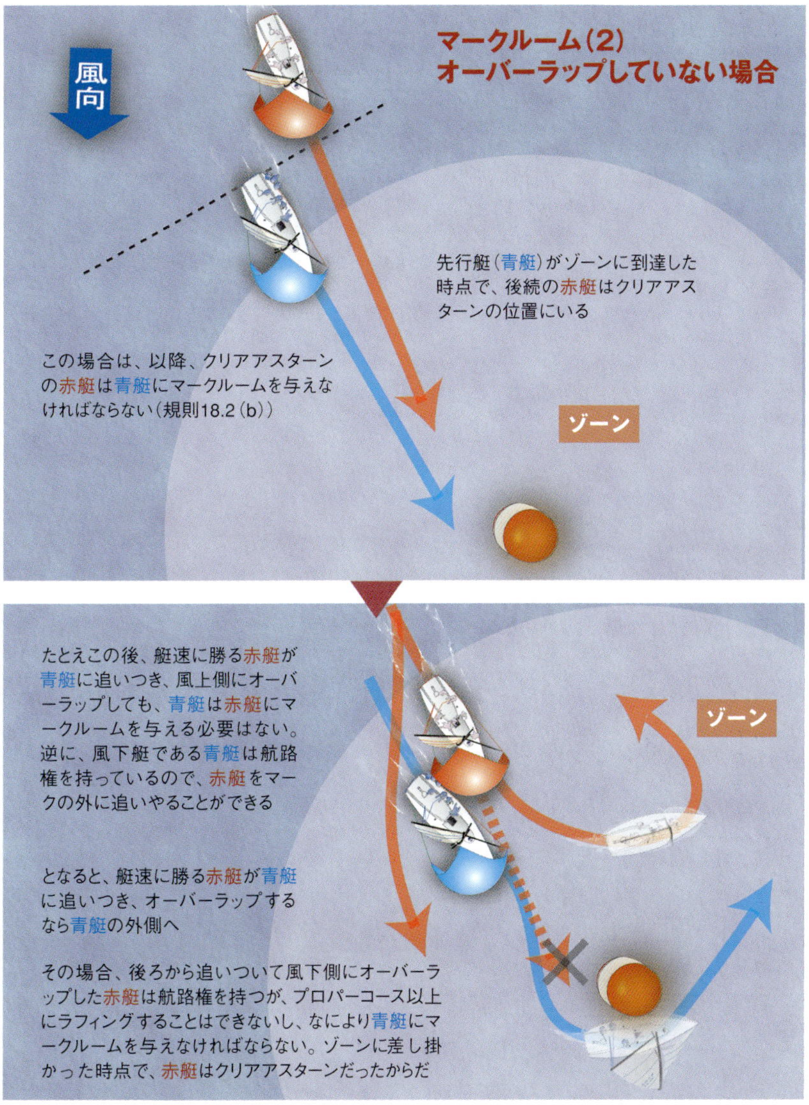

マークルーム（2）
オーバーラップしていない場合
風向
先行艇（青艇）がゾーンに到達した時点で、後続の赤艇はクリアアスターンの位置にいる
この場合は、以降、クリアアスターンの赤艇は青艇にマークルームを与えなければならない（規則18.2（b））
ゾーン
たとえこの後、艇速に勝る赤艇が青艇に追いつき、風上側にオーバーラップしても、青艇は赤艇にマークルームを与える必要はない。逆に、風下艇である青艇は航路権を持っているので、赤艇をマークの外に追いやることができる
ゾーン
となると、艇速に勝る赤艇が青艇に追いつき、オーバーラップするなら青艇の外側へ
その場合、後ろから追いついて風下側にオーバーラップした赤艇は航路権を持つが、プロパーコース以上にラフィングすることはできないし、なにより青艇にマークルームを与えなければならない。ゾーンに差し掛かった時点で、赤艇はクリアアスターンだったからだ


## セーリング競技規則から

**規則18　マークルーム**

**18.1　規則18が適用される場合**

規則18は、マークを艇の同一の側で通過することが求められている複数の艇間で、少なくともそのうちの1艇がゾーンに入っている場合に、その艇間に適用される。ただし、次の艇間には適用されない。

（a）風上に向かうビートで反対タックの艇間。

（b）両艇ではなくどちらか一方の艇のマークにおけるプロパー・コースがタックすることである場合の、反対タックの艇間。

（c）マークに向かう艇と、マークから離れる艇間。

（d）マークが連続した障害物の場合には、規則19が適用される。

**18.2　マークルームを与えること**

（a）複数の艇がオーバーラップしている場合、外側艇は内側艇にマークルームを与えなければならない。ただし、規則18.2（b）が適用される場合を除く。

（b）複数の艇がオーバーラップしていて、先頭艇がゾーンに到達した場合には、その時点での外側艇は、それ以降、内側艇にマークルームを与えなければならない。艇がゾーンに到達した時にクリア・アヘッドであった場合には、その時点でのクリア・アスターン艇は、それ以降、クリア・アヘッドであった艇にマークルームを与えなければならない。

（c）艇が規則18.2（b）によりマークルームを与えなければならない場合、

（1）その艇は、その後オーバーラップが解けたり、新しいオーバーラップが始まったとしてもマークルームを与え続けなければならない。

（2）その艇がマークルームの資格がある艇の内側にオーバーラップした場合には、オーバーラップが続いている間、相手艇がプロパー・コースを帆走するルームもまた与えなければならない。

ただし、マークルームを与えられた艇が風位を越えたか、またはゾーンから離れた場合には、規則18.2（b）の適用は終了する。

（d）艇が適時にオーバーラップをしたこと、または解けたことに妥当な疑いがある場合には、そうならなかったと見なさなければならない。

（e）艇がクリア・アスターンから、または他艇の風上でタックすることによって内側にオーバーラップし、そのオーバーラップが始まったときからでは、外側艇がマークルームを与えることができない場合には、マークルームを与える必要はない。

## ジャイブする場合

共にスターボードタックで、オーバーラップした状態のままゾーンに到達した赤、青両艇（右図）。以降、赤艇は、青艇にマークルームを与えなければならない。同時に青艇は、風下艇としての航路権も持つ。赤艇は青艇を避けていなければならない。

ただし、規則18.4（ジャイブする場合）で、内側にいる青艇はプロパーコースを帆走するために必要とする以上にマークから離れて帆走してはならないと定められている。

ジャイブした後、航路権は赤艇に移るが、赤艇は引き続き青艇にマークルームを与えなければならない。

## 異なるタックでのオーバーラップ

オーバーラップは、同一タックの艇間のみで用いられるわけではない。

51ページで紹介したオーバーラップの定義では、

・規則18（マークルーム）を適用する場合

・両艇が真の風向に対し90度を超えた方向に帆走している場合

のどちらかの場合、反対タックの艇間でもオーバーラップが適用される。

右中図は、青艇がスターボードタック、赤艇はポートタックと、異なるタックで風下マークに向かっている。風下マークに向かっているということは、真風向に対して90度を超えた方向に帆走していることなので、両艇は「オーバーラップしている」ことになる。

このままの状態で先行する赤艇がゾーンに到達すれば、外側に位置する赤艇は青艇にマークルームを与えなければならない（規則18.2（b））。

この後、ミート時に、赤艇（マークルームを与えなければならない側）が先行しているケースもあり得る（下左図）。

青艇がジャイブした後、クリアアヘッ

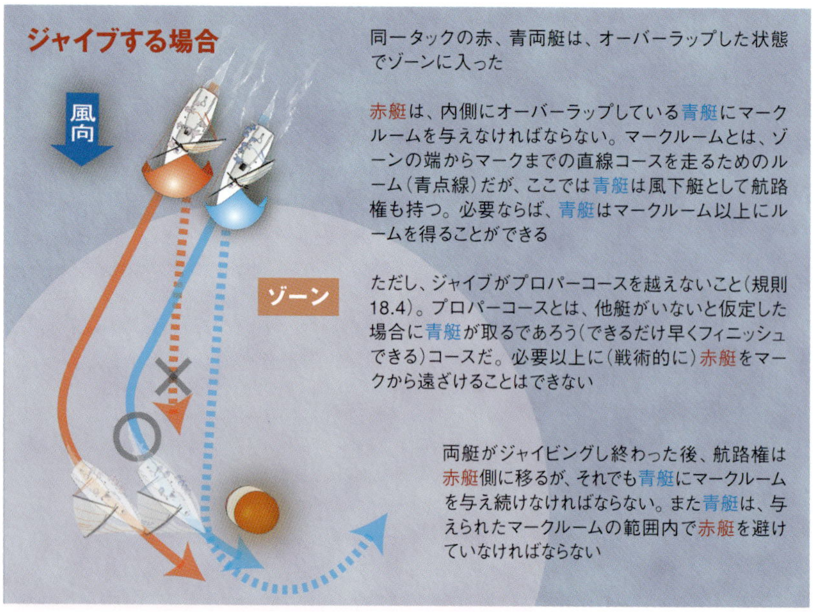

ジャイブする場合
風向
同一タックの赤、青両艇は、オーバーラップした状態でゾーンに入った
赤艇は、内側にオーバーラップしている青艇にマークルームを与えなければならない。マークルームとは、ゾーンの端からマークまでの直線コースを走るためのルーム（青点線）だが、ここでは青艇は風下艇として航路権も持つ。必要ならば、青艇はマークルーム以上にルームを得ることができる
ゾーン
ただし、ジャイブがプロパーコースを越えないこと（規則18.4）。プロパーコースとは、他艇がいないと仮定した場合に青艇が取るであろう（できるだけ早くフィニッシュできる）コースだ。必要以上に（戦術的に）赤艇をマークから遠ざけることはできない
両艇がジャイビングし終わった後、航路権は赤艇側に移るが、それでも青艇にマークルームを与え続けなければならない。また青艇は、与えられたマークルームの範囲内で赤艇を避けていなければならない


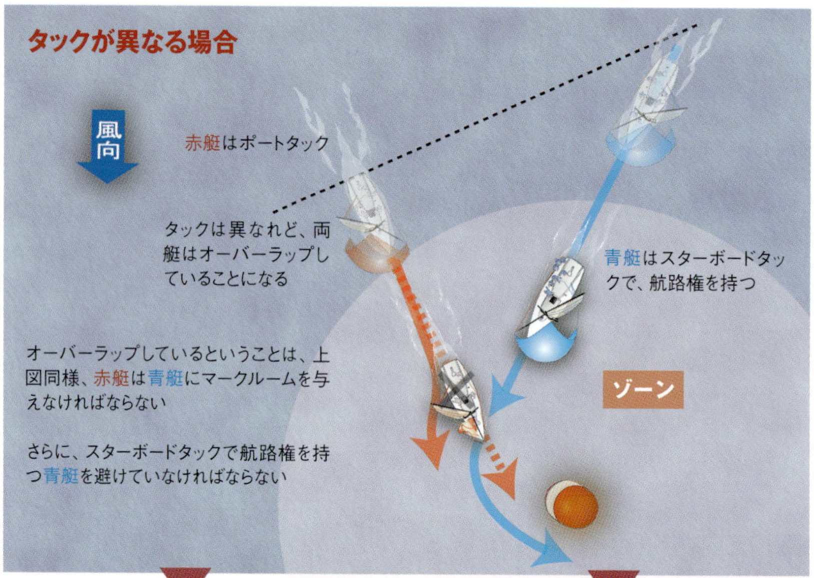

タックが異なる場合
風向
赤艇はポートタック
タックは異なれど、両艇はオーバーラップしていることになる
青艇はスターボードタックで、航路権を持つ
ゾーン
オーバーラップしているということは、上図同様、赤艇は青艇にマークルームを与えなければならない
さらに、スターボードタックで航路権を持つ青艇を避けていなければならない


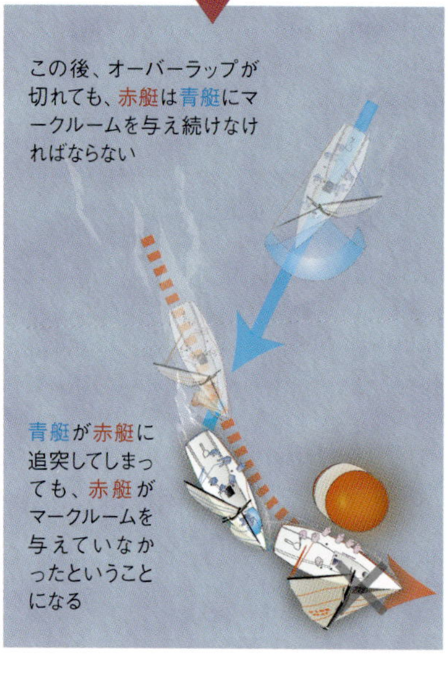

この後、オーバーラップが切れても、赤艇は青艇にマークルームを与え続けなければならない
青艇が赤艇に追突してしまっても、赤艇がマークルームを与えていなかったということになる


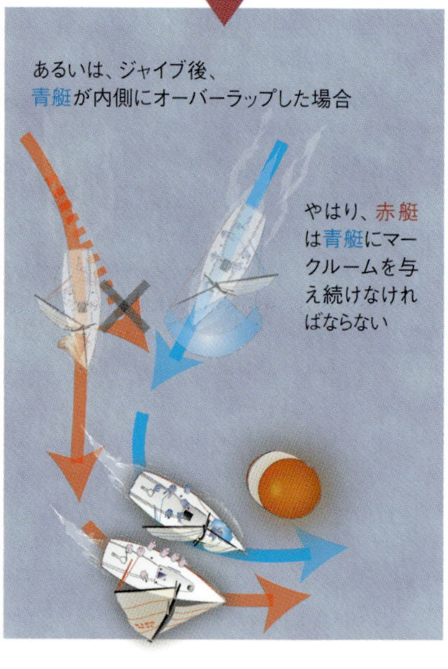

あるいは、ジャイブ後、青艇が内側にオーバーラップした場合
やはり、赤艇は青艇にマークルームを与え続けなければならない

ドとなった赤艇に航路権は移動するが、それでも赤艇は青艇にマークルームを与えなければならない。青艇が追いついて、赤艇の外側に避けなければならなくなってしまったら、赤艇は適切なマークルームを与えていなかったことになる。

## 免罪

左ページの下左図で、赤艇が適切なマークルームを与えなかったために両艇が接触してしまったらどうなるか。

赤艇は、青艇にマークルームを与えなければならないが、航路権はあくまでもクリアアヘッドの赤艇が持つ。同下右図の状態でも、風下艇である赤艇が航路権艇だ。青艇は赤艇を避けなければ、A節（航路権）の規則12（同一タックでオーバーラップしていない場合）や規則11（同一タックでオーバーラップしている場合）に違反したことになる。

しかし、この違反は「免罪」となる。規則18.5の免罪とは、違反はしたが罪に問われないということだ。

一方、規則14（36ページ）によって、両艇は接触を回避しなければならない。青艇は、避ける余裕があったのに避けなかった、ゆえに接触した――というなら、規則14に違反することになる。が、その接触が軽微で損傷や傷害を伴わないものであれば「マークルームを得る資格がある」青艇にはペナルティーが科せられない。

## ゲートマーク

ワンデザインクラスなど、艇速にあまり差がないフリートでは、風下マークでの混乱を回避させるため、ゲートマークを用いる場合がある。ここでは、左ページの上図で説明する規則18.4（ジャイブする場合）は適用されない。詳しくは右図で説明しよう。

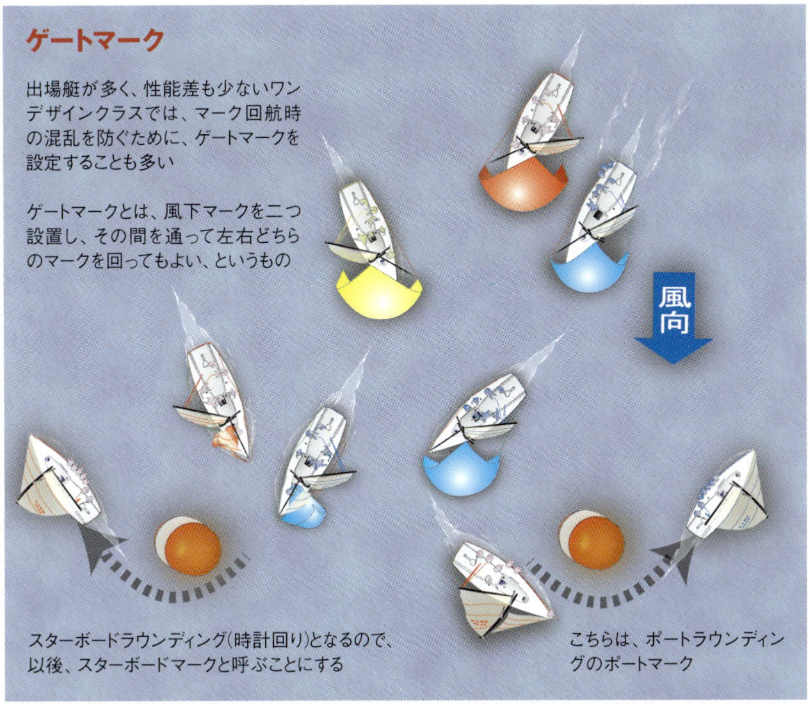
ゲートマーク
出場艇が多く、性能差も少ないワンデザインクラスでは、マーク回航時の混乱を防ぐために、ゲートマークを設定することも多い
ゲートマークとは、風下マークを二つ設置し、その間を通って左右どちらのマークを回ってもよい、というもの
風向
スターボードラウンディング（時計回り）となるので、以後、スターボードマークと呼ぶことにする
こちらは、ポートラウンディングのポートマーク

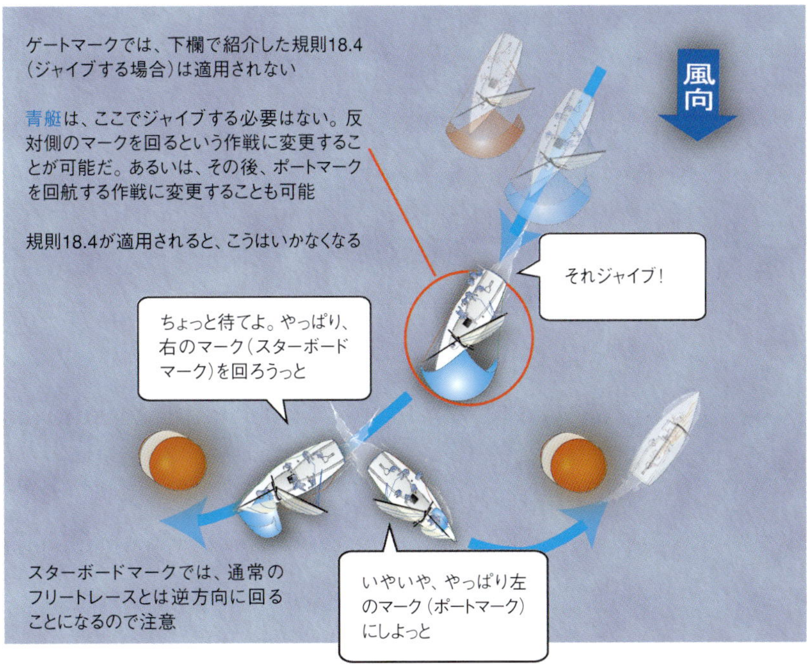
ゲートマークでは、下欄で紹介した規則18.4（ジャイブする場合）は適用されない
青艇は、ここでジャイブする必要はない。反対側のマークを回るという作戦に変更することが可能だ。あるいは、その後、ポートマークを回航する作戦に変更することも可能
規則18.4が適用されると、こうはいかなくなる
風向
それジャイブ！
ちょっと待てよ。やっぱり、右のマーク（スターボードマーク）を回ろうっと
スターボードマークでは、通常のフリートレースとは逆方向に回ることになるので注意
いやいや、やっぱり左のマーク（ポートマーク）にしよっと

### セーリング競技規則から

**規則18.4　ジャイブする場合**
内側にオーバーラップした航路権艇が、プロパー・コースを帆走するために、マークにおいてジャイブしなければならない場合、その艇は、ジャイブするまではそのコースを帆走するために必要とする以上にマークから離れて帆走してはならない。規則18.4はゲート・マークでは適用しない。

**規則21　免罪**
C節の規則に基づくルームまたはマークルームを得る資格のある艇が、そのルームまたはマークルームを帆走している場合、ルームまたはマークルームを与える必要がある艇とのインシデントにおいて、次の場合、資格のある艇は免罪されなければならない。
(a)A節の規則または規則15もしくは16に違反した場合。
(b)規則31に違反せざるを得なくなった場合。

## 風上マークでのルール

クローズホールドでアプローチする風上マークでは、風下マーク回航とは状況が異なる。適用される規則も変わってくるので注意しよう。

### マークルームにタッキングは含まない

スターボードレイライン上を行く艇の列にポートタックの艇が割り込んでいくケースを、図に描いてみた。こうして、マークが近づくにつれ、レイライン上には列ができていく(右上図)。

右上図で、青艇が赤艇の風下側に避けてオーバーラップし、そのままゾーンに到達したらどうなるか?

風下マークでの例と同様、外側艇となる赤艇は、青艇にマークルームを与えなければならない(右中図)。

青艇は、それで風上マークをかわすことができるのならば、クローズホールドのコースを越えてラフィングすることができる。赤艇はそのラフィングを受けて、青艇にマークルームを与えなければならない。

しかし、ここでのマークルームにはタッキングは含まれない(63ページ、マークルームの定義参照)。

赤艇は青艇にマークルームを与えなければならないが、タッキングするためのルームまで与える必要はない。

### ゾーン内でのタッキング

規則18.2(c)は、「マークルームを与えられた艇が風位を越えたら、規則18.2(b)の適用は終了する」としている。

右下図では、青艇がゾーンに到達した時点で、赤艇はクリアアスターンだった。以降、赤艇は青艇にマークルームを与えなければならない。しかし、青艇がマークに向かうためにタッキングしようとして風位を越えた瞬間に、

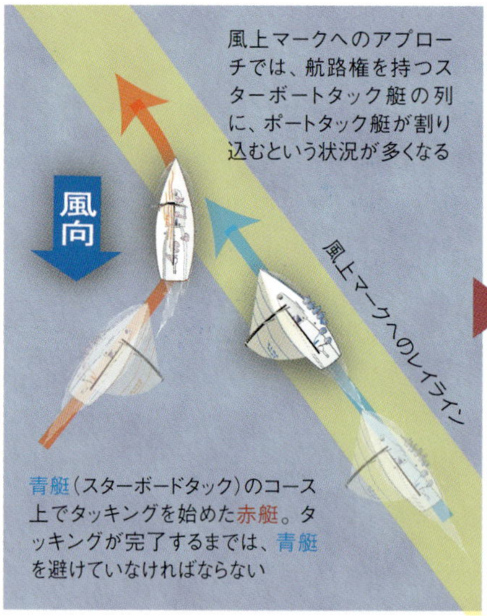
風上マークへのアプローチでは、航路権を持つスターボートタック艇の列に、ポートタック艇が割り込むという状況が多くなる
風向
風上マークへのレイライン
青艇(スターボードタック)のコース上でタッキングを始めた赤艇。タッキングが完了するまでは、青艇を避けていなければならない

赤艇は、真っすぐ走り続ける青艇には衝突せずにタッキングを終えた
タッキングを終えた時点で、クリアアヘッドの赤艇が航路権を得た
風向
青艇は、タッキング後で艇速の落ちている赤艇に追いついてしまうが、上(かみ)、下(しも)のどちらかに避けなければならない。青艇が避けられないくらい直前でタッキングすると、赤艇は規則15(航路権の取得)違反になるので注意

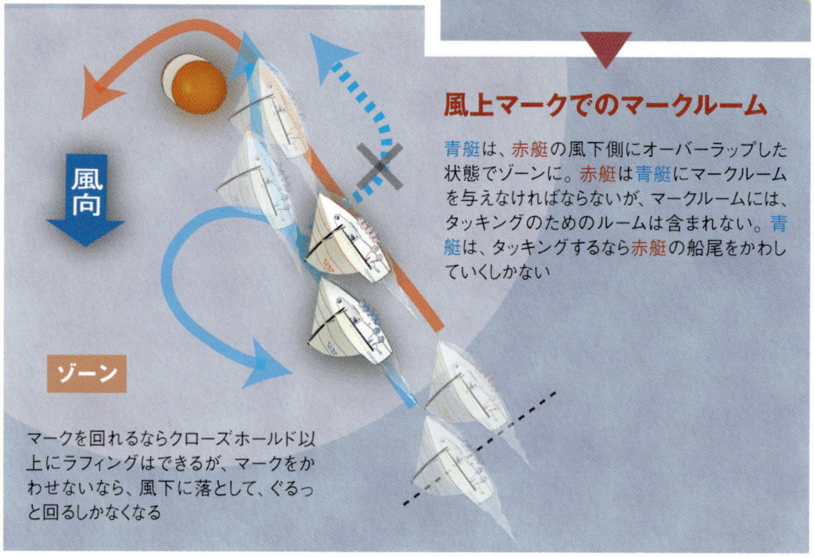
風上マークでのマークルーム
青艇は、赤艇の風下側にオーバーラップした状態でゾーンに。赤艇は青艇にマークルームを与えなければならないが、マークルームには、タッキングのためのルームは含まれない。青艇は、タッキングするなら赤艇の船尾をかわしていくしかない
風向
ゾーン
マークを回れるならクローズホールド以上にラフィングはできるが、マークをかわせないなら、風下に落として、ぐるっと回るしかなくなる

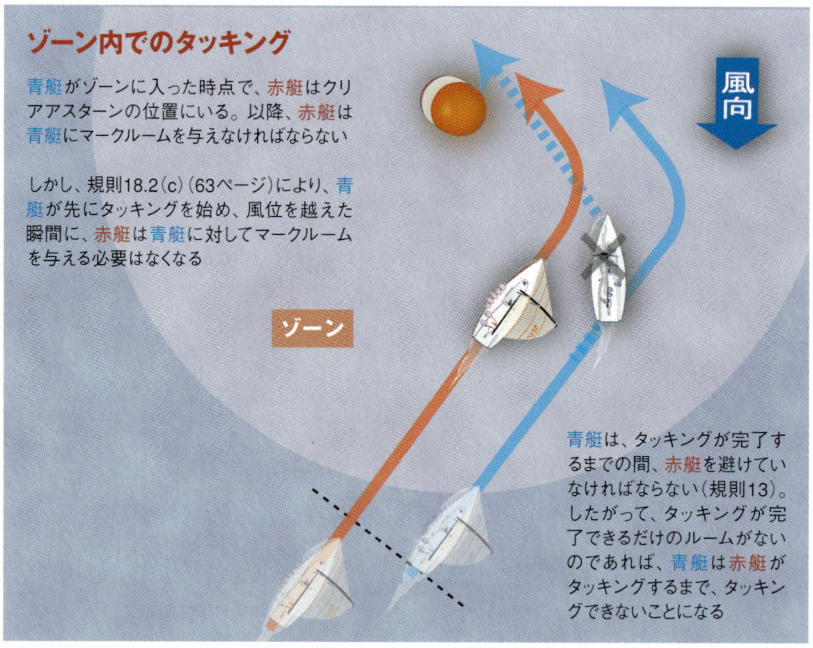
ゾーン内でのタッキング
青艇がゾーンに入った時点で、赤艇はクリアアスターンの位置にいる。以降、赤艇は青艇にマークルームを与えなければならない
しかし、規則18.2(c)(63ページ)により、青艇が先にタッキングを始め、風位を越えた瞬間に、赤艇は青艇に対してマークルームを与える必要はなくなる
風向
ゾーン
青艇は、タッキングが完了するまでの間、赤艇を避けていなければならない(規則13)。したがって、タッキングが完了できるだけのルームがないのであれば、青艇は赤艇がタッキングするまで、タッキングできないことになる

# マーク回航

赤艇は青艇にマークルームを与える必要はなくなる。

青艇は、風位を越えてからクローズホールドになるまでは赤艇を避けていなければならない（規則13 タッキング中）。タッキングを完了できるだけのルームがない限り、青艇は赤艇より先にタッキングを仕掛けることはできない。

## フェッチング

ここまで説明してきたマークルームの規則は、風上に向かうレグ（ビーティングレグ）で、反対タックの艇間には適用されない（規則18.1（a）（63ページ））。

右図では赤艇がゾーンに到達したが、タックの異なる青艇との間ではオーバーラップもないし、マークルームの規則も適用されない。

赤艇は、ゾーン内でラフィングし、風位を越えて青艇の前でタッキングを完了した。航路権は、スターボードタックの青艇から、クリアアヘッドの赤艇に移った。タッキング直後で艇速の落ちた赤艇に追突しないよう、青艇はラフィングして避けた。

ここまでは、左上図と同じような状況だが、こちらのケースでは、マークをフェッチング（右下の定義参照）している青艇に対し、赤艇はゾーン内でタッキングした。となると、規則18.3（a）が適用される。

規則18.3では、ゾーン内でタッキングした赤艇は、相手艇がマークをかわすことを妨げてはならず、相手艇が内側になればマークルームを与えなければならない。おまけに、右図のように青艇にクローズホールドより上って避けさせてはならない、とある。

ゾーン内でのタッキングには、制約が多い。他艇と絡むようなタッキングは慎重にすべきだ。

さて、そんな規則を踏まえて、実際にどのように風上マークを目指せばいいのだろうか。

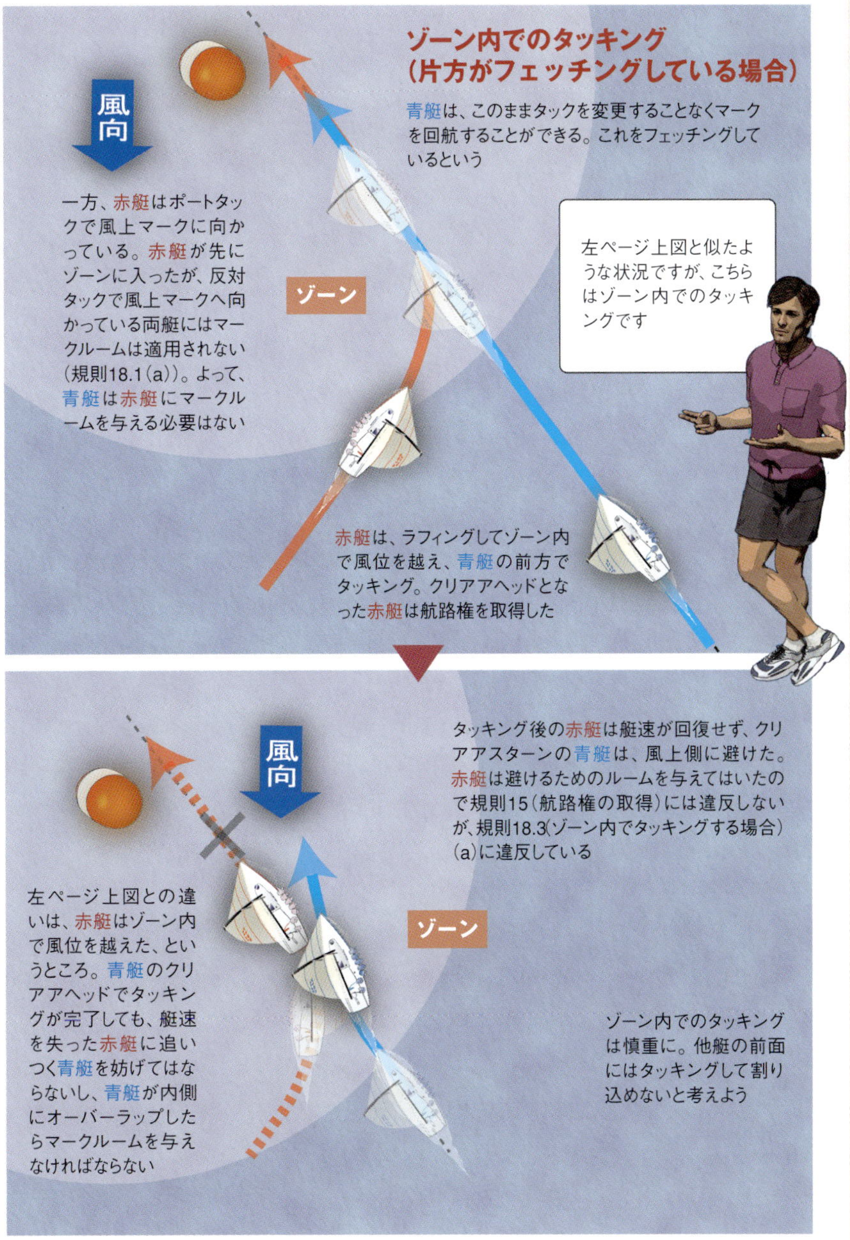

ゾーン内でのタッキング
（片方がフェッチングしている場合）
青艇は、このままタックを変更することなくマークを回航することができる。これをフェッチングしているという
風向
一方、赤艇はポートタックで風上マークに向かっている。赤艇が先にゾーンに入ったが、反対タックで風上マークへ向かっている両艇にはマークルームは適用されない（規則18.1（a））。よって、青艇は赤艇にマークルームを与える必要はない
ゾーン
左ページ上図と似たような状況ですが、こちらはゾーン内でのタッキングです
赤艇は、ラフィングしてゾーン内で風位を越え、青艇の前方でタッキング。クリアアヘッドとなった赤艇は航路権を取得した
風向
タッキング後の赤艇は艇速が回復せず、クリアアスターンの青艇は、風上側に避けた。赤艇は避けるためのルームを与えてはいたので規則15（航路権の取得）には違反しないが、規則18.3（ゾーン内でタッキングする場合）（a）に違反している
左ページ上図との違いは、赤艇はゾーン内で風位を越えた、というところ。青艇のクリアアヘッドでタッキングが完了しても、艇速を失った赤艇に追いつく青艇を妨げてはならないし、青艇が内側にオーバーラップしたらマークルームを与えなければならない
ゾーン
ゾーン内でのタッキングは慎重に。他艇の前面にはタッキングして割り込めないと考えよう


### セーリング競技規則から

**規則15　航路権の取得**

艇が航路権を取得する場合、相手艇に対し、初めに避けているためのルームを与えなければならない。ただし、相手艇の行動により航路権を取得する場合を除く。

**規則18.3　ゾーン内でタックする場合**

ゾーン内で艇が風位を越えて、その後マークをフェッチングしている艇と同じタックになる場合には、それ以降規則18.2はそれらの艇間では適用されない。タックを変更した艇は、

（a）相手艇に接触を回避するためクローズホールドより風上を帆走させたり、または相手艇が定められた側でマークを通過するのを妨げたりしてはならない。

（b）相手艇が自艇の内側にオーバーラップした場合には、マークルームを与えなければならない。

**定義**

フェッチング（fetching）

艇がタックを変更することなく、マークの風上をその定められた側で通過できる位置にいる場合、艇はマークをフェッチングしているという。

# 風上マーク回航

ここまでマーク回航にかかわるルールを簡単に説明した。
それを踏まえて、風上マーク回航時の戦術について、詳しく考えていこう。

## レイラインでの攻防

スタートした艇団は、クローズホールドで間切りながら風上マークを目指す。スターボードタック艇とポートタック艇がひしめき、フリートは大きく左右に広がっていく。右海面がいいのか左海面を狙うのか、はたまたコースの中央か。このあたりが風上航（アップウインド）の面白みである。

風上マークが近づくにつれ、レース海面いっぱいに広がっていた艇団は、風上マークを目指して右から左から集まってくる。

風上マークというただ一点を巡る攻防である風上マーク回航は、スタートに次ぐ第二のレースのヤマ場、勝負どころだといってもいい。

### オーバーセール

レイラインという言葉は、これまでにも何度か出てきた。マークまで、タッキングなしに到達できる最短コースのことで、ここでは風上マークにちょうど行き着くクローズホールドのコースをいう。

右の図では黄色の線で分かりやすく描いてみたが、もちろん実際には海面に線が引かれているわけではない。特にクルーザーレースであれば、艇種によって上り角度が異なるため、レイラインも違ってくる。まずは、なるべく正確にレイラインが見分けられるようになろう。

レイラインを行き過ぎてしまうことを、オーバーセール、あるいはオーバーレイという。

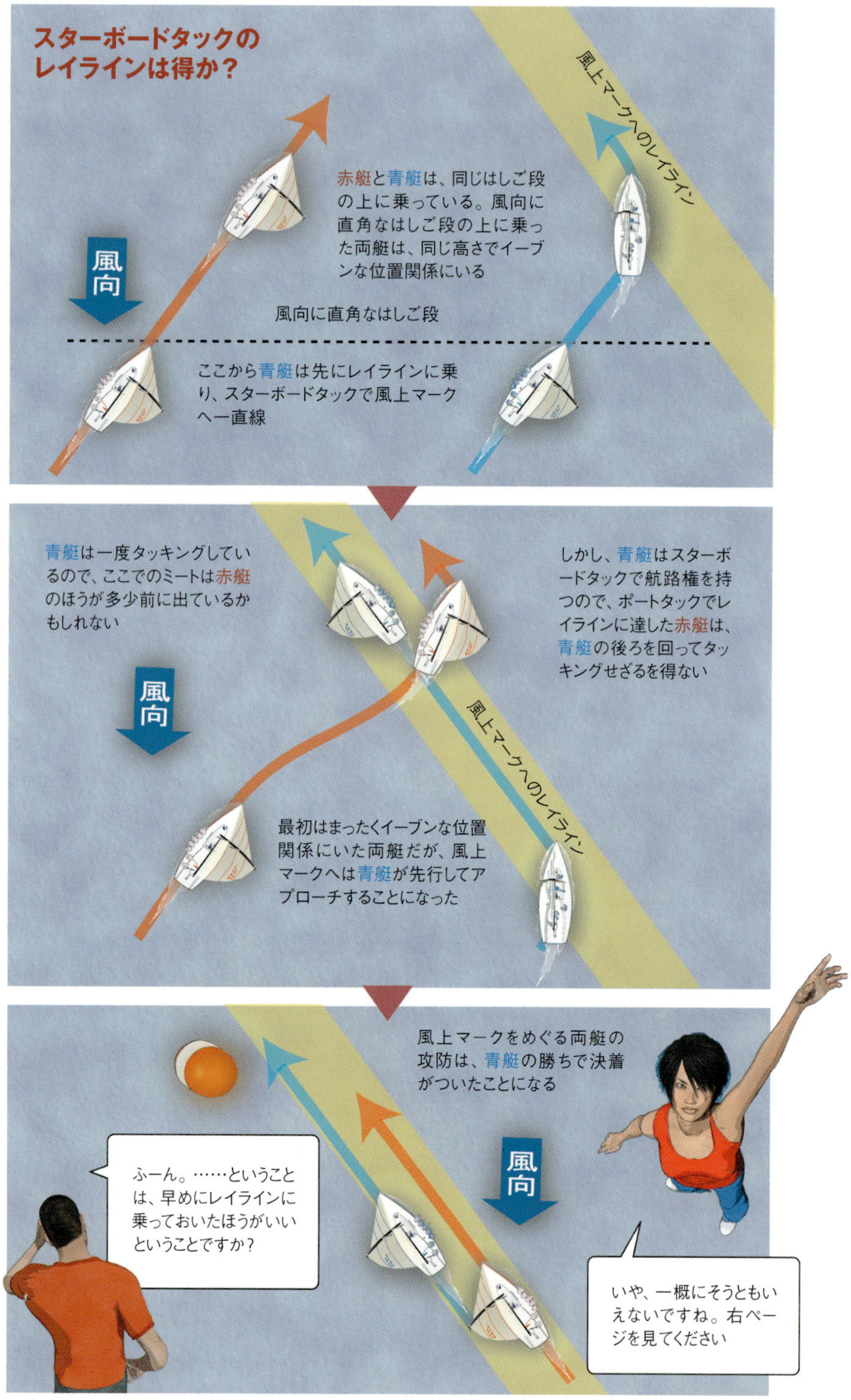

スターボードタックの
レイラインは得か？
風上マークへのレイライン
赤艇と青艇は、同じはしご段の上に乗っている。風向に直角なはしご段の上に乗った両艇は、同じ高さでイーブンな位置関係にいる
風向
風向に直角なはしご段
ここから青艇は先にレイラインに乗り、スターボードタックで風上マークへ一直線
青艇は一度タッキングしているので、ここでのミートは赤艇のほうが多少前に出ているかもしれない
しかし、青艇はスターボードタックで航路権を持つので、ポートタックでレイラインに達した赤艇は、青艇の後ろを回ってタッキングせざるを得ない
風向
風上マークへのレイライン
最初はまったくイーブンな位置関係にいた両艇だが、風上マークへは青艇が先行してアプローチすることになった
風上マークをめぐる両艇の攻防は、青艇の勝ちで決着がついたことになる
ふーん。……ということは、早めにレイラインに乗っておいたほうがいいということですか？
風向
いや、一概にそうともいえないですね。右ページを見てください

# マーク回航

　すでに説明してきたように、風上マークを目指すクローズホールドのレグでは、風向に対して直角なはしご段上にいればイーブンな位置関係にいる。しかし、ここでレイラインをオーバーしてしまうと、はしご段の理屈は通用しなくなる。オーバーした分だけ、まるまる無駄な距離を走ってしまったことになる。

　スターボードタックのレイラインに乗っておけば、ルール上有利であり、マーク回航の段取りなどを考えると「早めにレイラインに乗っておきたい」などと考えてしまうかもしれないが、マークから遠いほど、レイラインを判断するのは難しい。オーバーセールしてしまう危険度が高まるので注意したい。

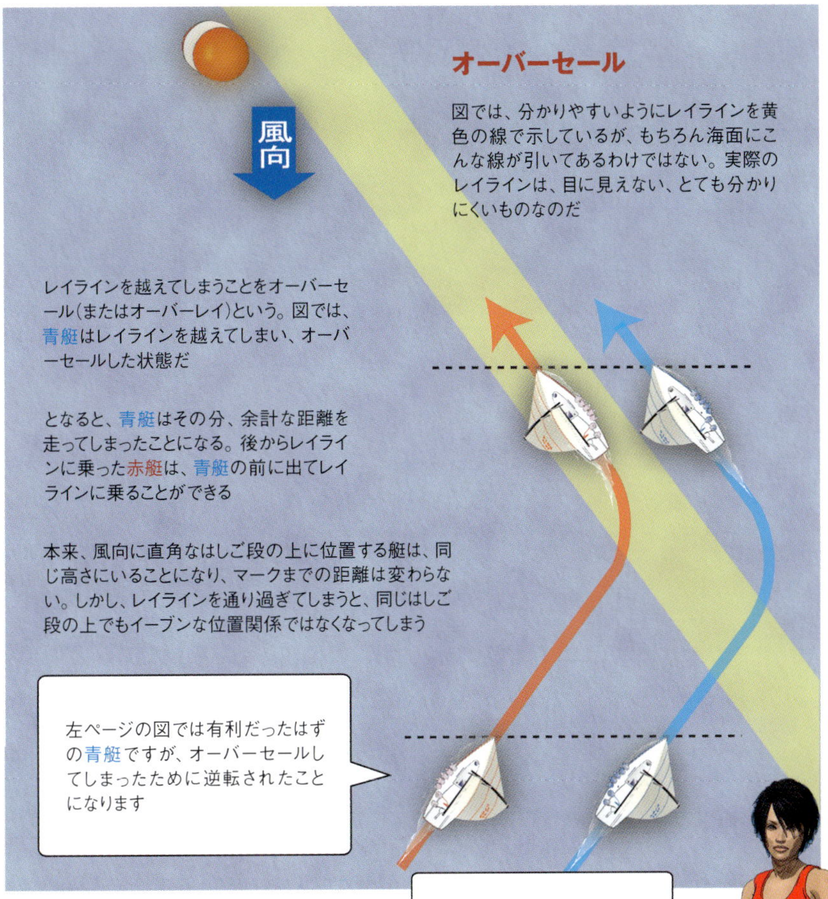

風向
オーバーセール
図では、分かりやすいようにレイラインを黄色の線で示しているが、もちろん海面にこんな線が引いてあるわけではない。実際のレイラインは、目に見えない、とても分かりにくいものなのだ
レイラインを越えてしまうことをオーバーセール（またはオーバーレイ）という。図では、青艇はレイラインを越えてしまい、オーバーセールした状態だ
となると、青艇はその分、余計な距離を走ってしまったことになる。後からレイラインに乗った赤艇は、青艇の前に出てレイラインに乗ることができる
本来、風向に直角なはしご段の上に位置する艇は、同じ高さにいることになり、マークまでの距離は変わらない。しかし、レイラインを通り過ぎてしまうと、同じはしご段の上でもイーブンな位置関係ではなくなってしまう
左ページの図では有利だったはずの青艇ですが、オーバーセールしてしまったために逆転されたことになります


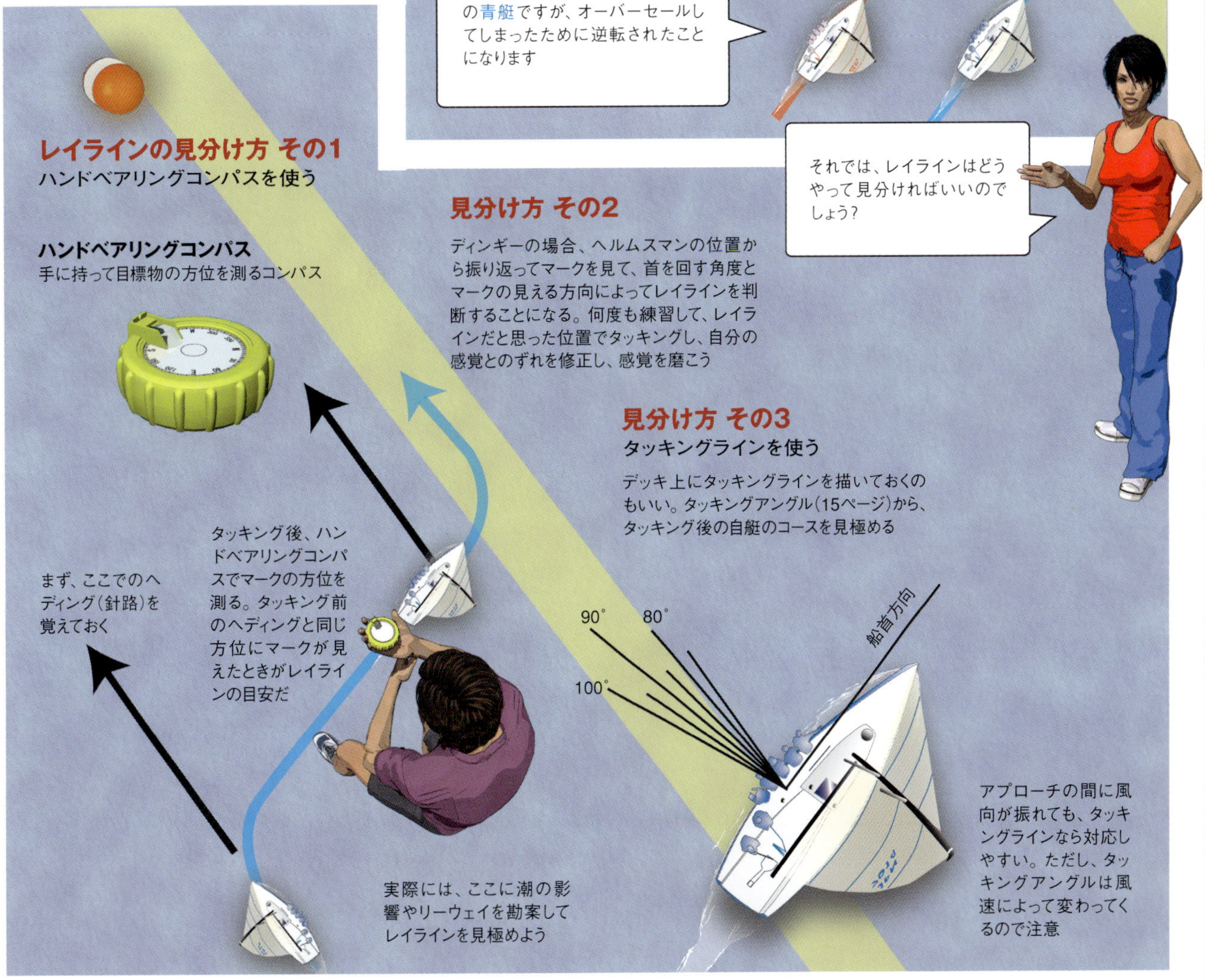

それでは、レイラインはどうやって見分ければいいのでしょう?
レイラインの見分け方 その1
ハンドベアリングコンパスを使う
ハンドベアリングコンパス
手に持って目標物の方位を測るコンパス
見分け方 その2
ディンギーの場合、ヘルムスマンの位置から振り返ってマークを見て、首を回す角度とマークの見える方向によってレイラインを判断することになる。何度も練習して、レイラインだと思った位置でタッキングし、自分の感覚とのずれを修正し、感覚を磨こう
見分け方 その3
タッキングラインを使う
デッキ上にタッキングラインを描いておくのもいい。タッキングアングル（15ページ）から、タッキング後の自艇のコースを見極める
まず、ここでのヘディング（針路）を覚えておく
タッキング後、ハンドベアリングコンパスでマークの方位を測る。タッキング前のヘディングと同じ方位にマークが見えたときがレイラインの目安だ
90°
80°
100°
船首方向
実際には、ここに潮の影響やリーウェイを勘案してレイラインを見極めよう
アプローチの間に風向が振れても、タッキングラインなら対応しやすい。ただし、タッキングアングルは風速によって変わってくるので注意

## 「レイラインに足りなめ」が吉

どんなに慎重にレイラインを読んでも、その後に風が振れてしまえば、レイラインもずれてしまう。

下図は、早めにレイラインに乗っていた青艇と、レイラインの手前を走っていた赤艇との、風が振れた後の状況を描いたものだ。

図のように、風向が右に振れても左に振れても、赤艇に利がある。逆に、早々とレイラインに乗ってしまった青艇は、それ以上右へ出るという選択肢を放棄したということでもある。これはポートタックのレイラインにもいえることだ。

レイラインに足りなめを走る。これがまず第一のセオリーだ。

## レイライン上での攻防

レイラインに足りなめで、とはいっても、最終的にはレイラインに乗らなければ風上マークは回航できない。

レイラインに乗る際のパターンを四つに分けて、それぞれのメリットとリスクを挙げてみた(右ページの図)。

自分と絡むようなスターボードタック艇がいなくて、レイラインが空いているなら、なんの問題もない。きっちりレイラインを読んで、レイライン上でタッキングする。マークまで10～5艇身程度の距離を目安にすれば、レイラインを読むのもわりと簡単になるだろう(パターンT：普通にTacking)。

レイライン上にスターボードタック艇がいても、その前を横切れるようなら、前を横切ってからタイトカバーの位置でタッキングする(パターンB：Back windを与える位置でタッキング)。

青艇は、このままでは艇速が落ちるばかりか、上り角度も悪くなるので、マークを回りきれないかもしれない。となると、タッキングして逃げるしかなくなる。タッキングして逃げるのもかなりのロスになるため、マークまでの距離が近いなら青艇はかなり苦しい展開になる。

赤艇は、青艇の前を横切れない場合は、リーバウタッキング(パターンL：Lee bow)をする。うまく決まれば、青艇はホープレスポジションになり、ずるずる遅れていくだろう。

ただし、赤艇としては、このままレイラインに乗れないとタッキングもできないし困ったことになる。となると、青艇側にしてみれば、この状況で風下側を空けておかないようにすることが重要だ。

リーバウタッキングをする余地がない、あるいはバウ・ツー・バウより後ろでミートするようなら、青艇の後ろを通って風上でタッキングするしかない(パターンD：Dip(落として)後タッキング)。

青艇には前に行かれてしまうが、この後、青艇がブロッカーとなって、後から来るポートタック艇を阻む役目をしてもらえることになる。

……と、こうして、レイライン上には艇団が形成されていく。ポートタック艇としては、どこに割り込むか。ここが勝負どころだ。

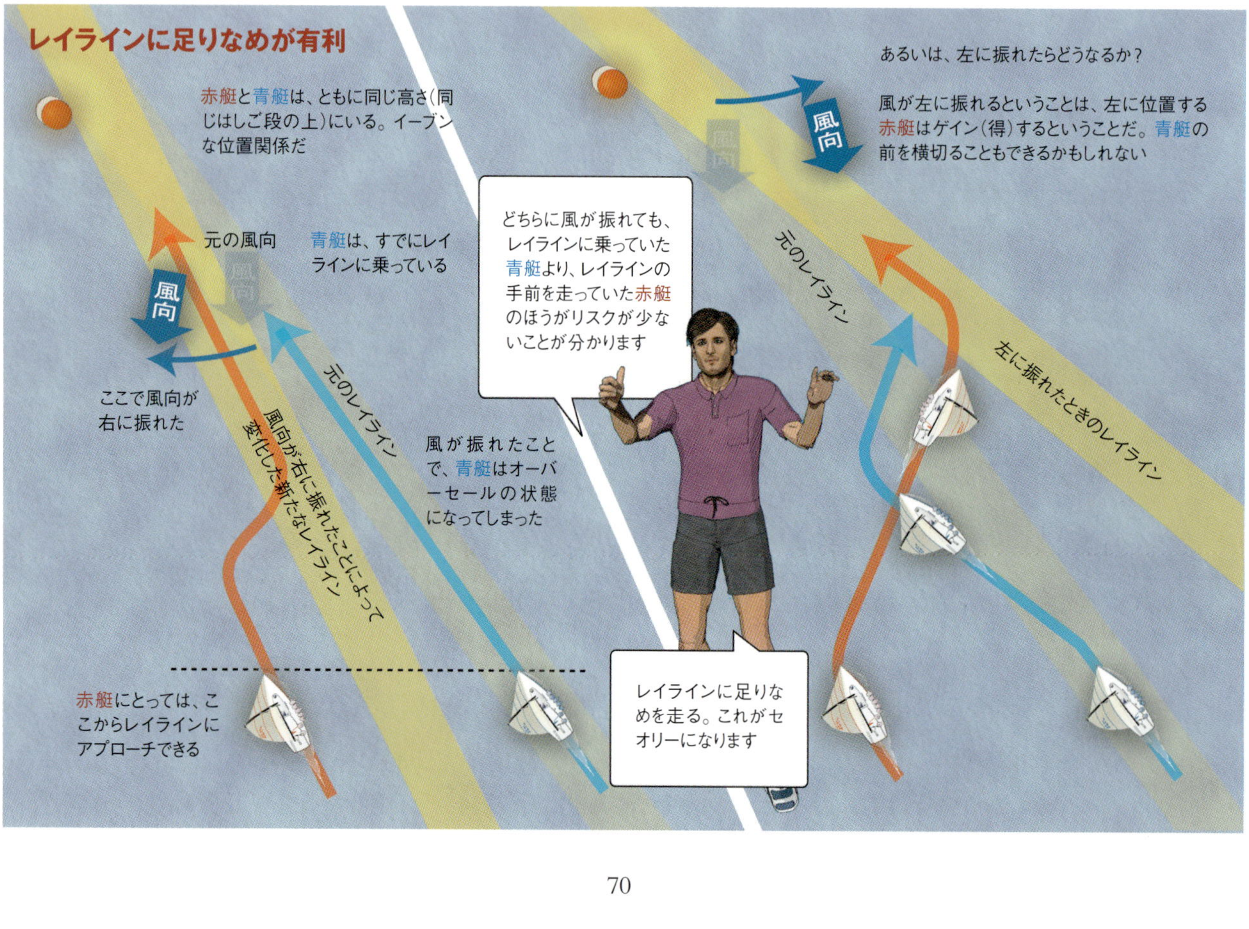

レイラインに足りなめが有利
赤艇と青艇は、ともに同じ高さ(同じはしご段の上)にいる。イーブンな位置関係だ
元の風向
風向
青艇は、すでにレイラインに乗っている
ここで風向が右に振れた
元のレイライン
風向が右に振れたことによって変化した新たなレイライン
風が振れたことで、青艇はオーバーセールの状態になってしまった
赤艇にとっては、ここからレイラインにアプローチできる
どちらに風が振れても、レイラインに乗っていた青艇より、レイラインの手前を走っていた赤艇のほうがリスクが少ないことが分かります
レイラインに足りなめを走る。これがセオリーになります
あるいは、左に振れたらどうなるか？
風向
風が左に振れるということは、左に位置する赤艇はゲイン(得)するということだ。青艇の前を横切ることもできるかもしれない
元のレイライン
左に振れたときのレイライン

# マーク回航

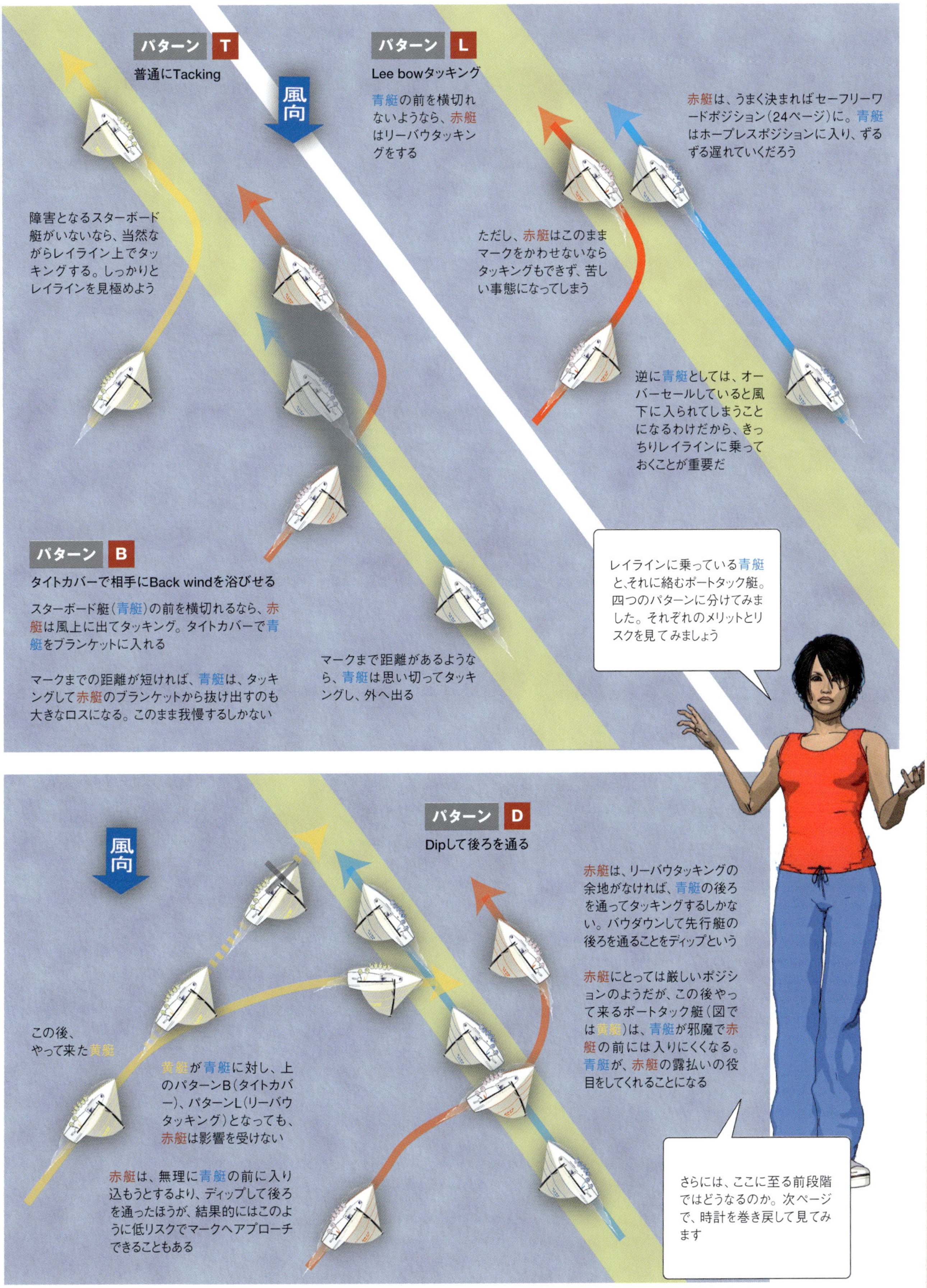
パターン T
普通にTacking
障害となるスターボード艇がいないなら、当然ながらレイライン上でタッキングする。しっかりとレイラインを見極めよう
風向
パターン L
Lee bowタッキング
青艇の前を横切れないようなら、赤艇はリーバウタッキングをする
赤艇は、うまく決まればセーフリーワードポジション（24ページ）に。青艇はホープレスポジションに入り、ずるずる遅れていくだろう
ただし、赤艇はこのままマークをかわせないならタッキングもできず、苦しい事態になってしまう
逆に青艇としては、オーバーセールしていると風下に入られてしまうことになるわけだから、きっちりレイラインに乗っておくことが重要だ
パターン B
タイトカバーで相手にBack windを浴びせる
スターボード艇（青艇）の前を横切れるなら、赤艇は風上に出てタッキング。タイトカバーで青艇をブランケットに入れる
マークまでの距離が短ければ、青艇は、タッキングして赤艇のブランケットから抜け出すのも大きなロスになる。このまま我慢するしかない
マークまで距離があるようなら、青艇は思い切ってタッキングし、外へ出る
レイラインに乗っている青艇と、それに絡むポートタック艇。四つのパターンに分けてみました。それぞれのメリットとリスクを見てみましょう
風向
パターン D
Dipして後ろを通る
赤艇は、リーバウタッキングの余地がなければ、青艇の後ろを通ってタッキングするしかない。バウダウンして先行艇の後ろを通ることをディップという
赤艇にとっては厳しいポジションのようだが、この後やって来るポートタック艇（図では黄艇）は、青艇が邪魔で赤艇の前には入りにくくなる。青艇が、赤艇の露払いの役目をしてくれることになる
この後、やって来た黄艇
黄艇が青艇に対し、上のパターンB（タイトカバー）、パターンL（リーバウタッキング）となっても、赤艇は影響を受けない
赤艇は、無理に青艇の前に入り込もうとするより、ディップして後ろを通ったほうが、結果的にはこのように低リスクでマークへアプローチできることもある
さらには、ここに至る前段階ではどうなるのか。次ページで、時計を巻き戻して見てみます

## レイライン手前での攻防

さて、レイラインに乗る際の攻防は前ページのようなパターンになるわけだが、その手前での攻防も重要なポイントになる。レイライン上での攻防シーンから、さらに時計を戻して見てみよう。

青艇は、セオリー通り、レイラインに足りなめのスターボードタックで風上マークに向かっている。そこへ、ポートタックの赤艇がやって来た（右上図）。

両艇はほぼ同じ高さにいるが、ここで赤艇はディップして青艇の後ろを通ってレイラインへ。このとき、青艇はどうするか？

ここでミートしたということは、両艇はほぼ同じ高さにいたということだ。となると、両艇はこの後、レイラインで再びミートする可能性が高い。

赤艇が後ろを通って行ったわけだから、その分、青艇はわずかにリードしているはずだ。風が左に振れれば、赤艇の前を通れるかもしれない。……が、今度はスターボードタック艇の赤艇が航路権を持っているので、ギリギリだと前を横切ることは難しくなる。青艇としては、リーバウタッキングをするのもリスクがあるし、結局は赤艇の後ろを通る羽目になるかもしれない。

ならば、青艇は赤艇が後ろを通って行った後、すぐにタッキング（右下図）、そのまま赤艇とともにレイラインに向かえば、確実に赤艇の前でレイラインに乗れる。

ここでの攻防は、基本的に右側にいる艇が有利な展開となる。

同じ高さ（風上に直角なはしご段）にいる相手とはいずれレイラインでミートするはずという原則から、この後、レイライン上で、どの艇とどういうミートになるか、レース海面を見渡せばだいたい想像がつくはずだ。

前ページのミートパターンに照らして、戦術を考えよう。

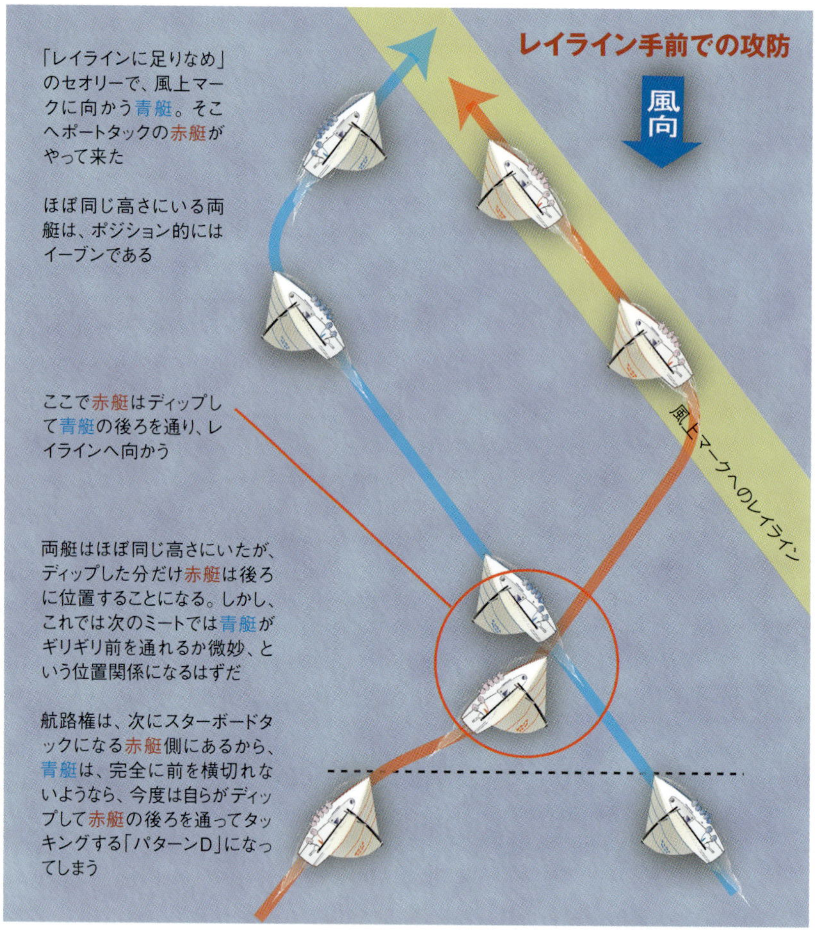

レイライン手前での攻防
「レイラインに足りなめ」のセオリーで、風上マークに向かう青艇。そこへポートタックの赤艇がやって来た
ほぼ同じ高さにいる両艇は、ポジション的にはイーブンである
風向
ここで赤艇はディップして青艇の後ろを通り、レイラインへ向かう
風上マークへのレイライン
両艇はほぼ同じ高さにいたが、ディップした分だけ赤艇は後ろに位置することになる。しかし、これでは次のミートでは青艇がギリギリ前を通れるか微妙、という位置関係になるはずだ
航路権は、次にスターボードタックになる赤艇側にあるから、青艇は、完全に前を横切れないようなら、今度は自らがディップして赤艇の後ろを通ってタッキングする「パターンD」になってしまう


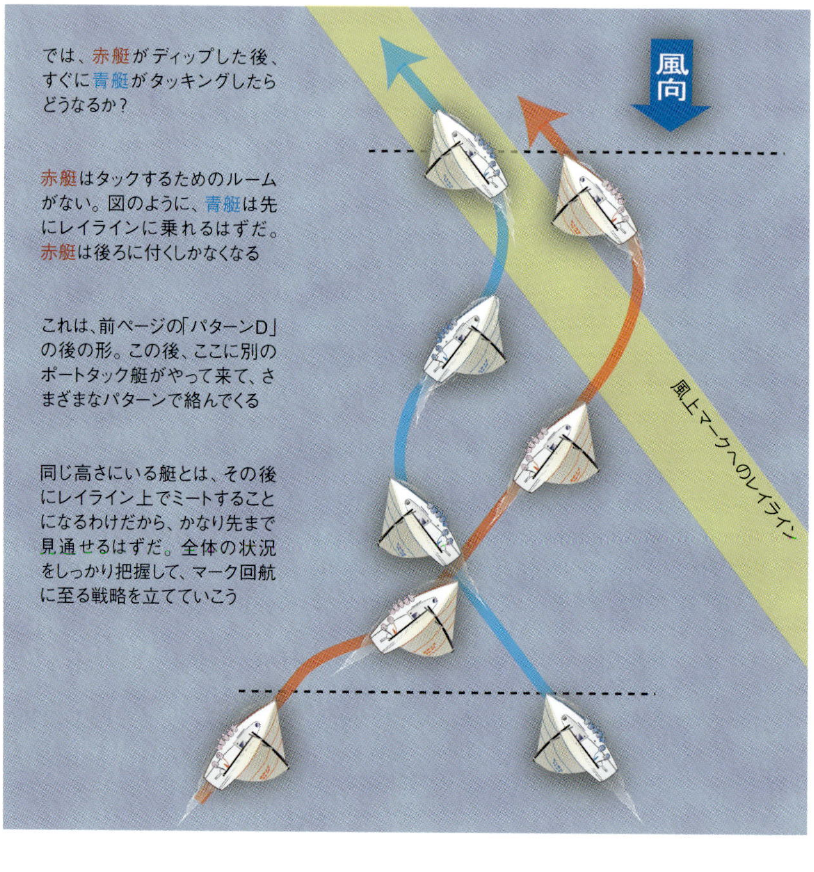

では、赤艇がディップした後、すぐに青艇がタッキングしたらどうなるか？
風向
赤艇はタックするためのルームがない。図のように、青艇は先にレイラインに乗れるはずだ。赤艇は後ろに付くしかなくなる
これは、前ページの「パターンD」の後の形。この後、ここに別のポートタック艇がやって来て、さまざまなパターンで絡んでくる
風上マークへのレイライン
同じ高さにいる艇とは、その後にレイライン上でミートすることになるわけだから、かなり先まで見通せるはずだ。全体の状況をしっかり把握して、マーク回航に至る戦略を立てていこう

# マーク回航

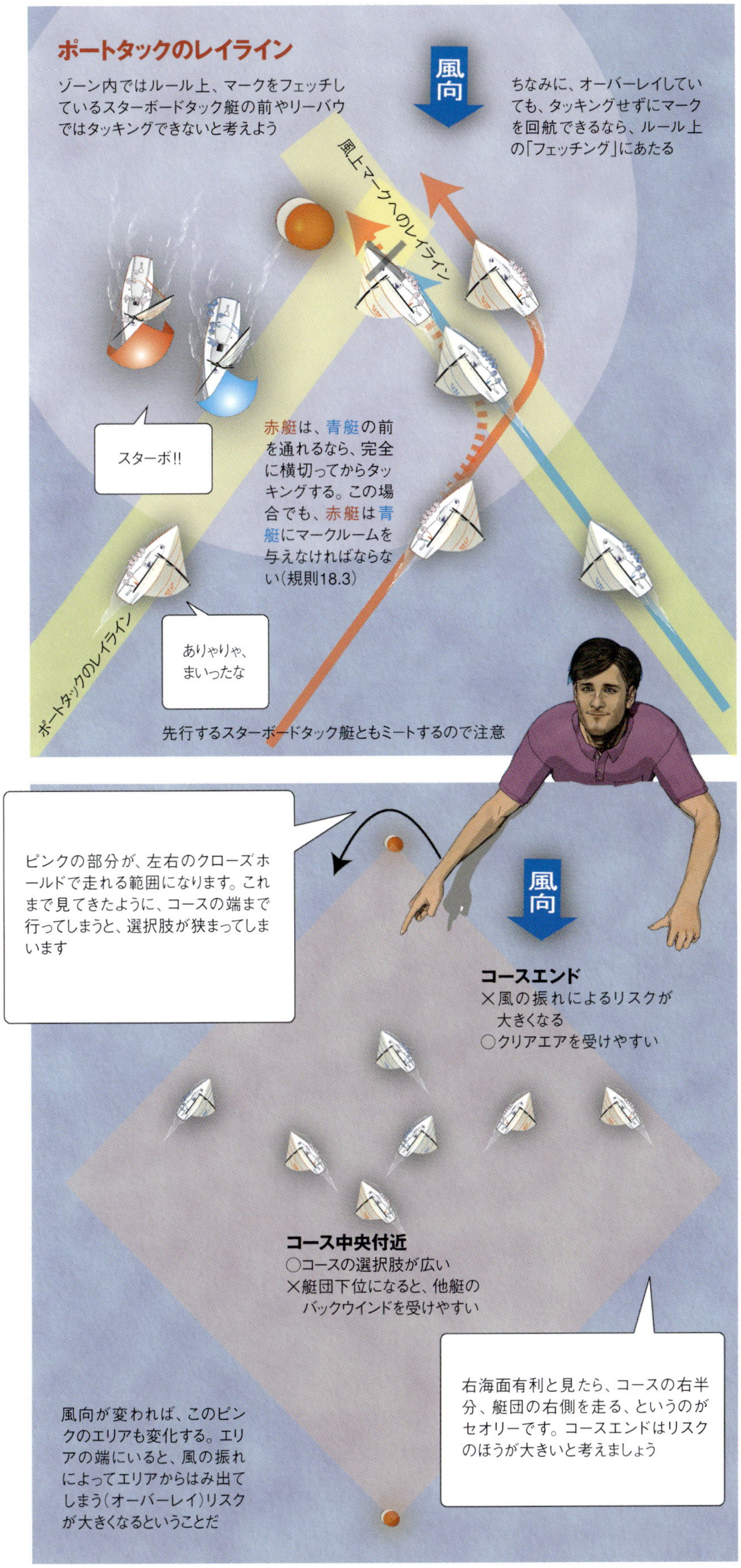
ポートタックのレイライン
ゾーン内ではルール上、マークをフェッチしているスターボードタック艇の前やリーバウではタッキングできないと考えよう
風向
ちなみに、オーバーレイしていても、タッキングせずにマークを回航できるなら、ルール上の「フェッチング」にあたる
風上マークへのレイライン
スターボ!!
赤艇は、青艇の前を通れるなら、完全に横切ってからタッキングする。この場合でも、赤艇は青艇にマークルームを与えなければならない(規則18.3)
ありゃりゃ、まいったな
ポートタックのレイライン
先行するスターボードタック艇ともミートするので注意
ピンクの部分が、左右のクローズホールドで走れる範囲になります。これまで見てきたように、コースの端まで行ってしまうと、選択肢が狭まってしまいます
風向
コースエンド
×風の振れによるリスクが大きくなる
○クリアエアを受けやすい
コース中央付近
○コースの選択肢が広い
×艇団下位になると、他艇のバックウインドを受けやすい
右海面有利と見たら、コースの右半分、艇団の右側を走る、というのがセオリーです。コースエンドはリスクのほうが大きいと考えましょう
風向が変われば、このピンクのエリアも変化する。エリアの端にいると、風の振れによってエリアからはみ出てしまう(オーバーレイ)リスクが大きくなるということだ

## ポートアプローチ

風上マークの遠くからレイラインに乗らないのが得策だとすると、対極は、マークぎりぎりのところでレイラインに乗ることが考えられる。つまり、ポートタックのレイラインの近くを走るケース。これが、ポートアプローチだ(左図)。

この場合も、スターボードタックのレイラインと同様、完全にレイラインに乗ってしまうとリスクが大きい。ポートタックのレイラインの場合、タッキングしなければマークを回れないから、なおさらだ。おまけに、マークを回航し終わってダウンウインド・レグを走る先行のスターボード艇ともミートするし、ゾーン内でのタッキングはルール上の制約も多いので注意しなければならない。

と、分かってはいるけれど、風の振れや他艇の戦術によって、こういうパターンになってしまうことも珍しくない。常にレイラインはどこなのかを意識しながら、風上マークを目指そう。

## コース全体の戦略

こうして見てくると、コースエンドを走るということが、いかにリスクが大きく、メリットが少ないかが分かる。右エンドにいれば、それ以上右には行けないし、左エンドなら、さらなる左への展開は考えられないのだから。

右海面有利といっても、右エンドまで出る必要はない。艇団の右側にいればいい、という意味になる。

これに対して、コースの中央付近にいれば、どちらに風が振れても対応しやすくなる。ただし、大きなフリートでは、コース中央付近は混み合って、先行艇の乱れた風の影響を受けやすくなる。スタートで出遅れた場合は、クリアな風を求めてどうしてもコースエンドに出てしまいがちだ。そうならないためにも、スタートから戦略と戦術を練って風上マークを目指そう。

# 風下マーク回航

**風上マークに続いて、風下マークの回航を考えよう。
ここでは、風上マークとはまた違った難しさがある。**

## ラウンディング・マニューバー

前項で解説した風上マークでは、クローズホールドでのアプローチであった。それ以上、風上には向かえないポイントがあるわけで、走るコースも限定された。

一方、風下マークの回航では、走ろうと思えばどのような角度にでも走れてしまう。どの位置からでも、マークを狙うことは可能だ。

しかし、最も高いVMGで走れる角度はやはり限られている。次章で詳しく説明するが、風下へ向かう場合、風を真後ろから受けて走るよりも、斜め横から風を受けたほうが、より早く風下マークへ到達することができる。

また、回航後には風上へ向かうことになるわけで、いかにスムースな航跡を描いてマークを回り、風上航につなげるかで、艇速や回航後の高さの差がついてしまう。

まずは、戦略的に有利な回航マニューバー（方向転換）はどのようなものになるのか説明していこう。

### 風下マーク回航でのマニューバー

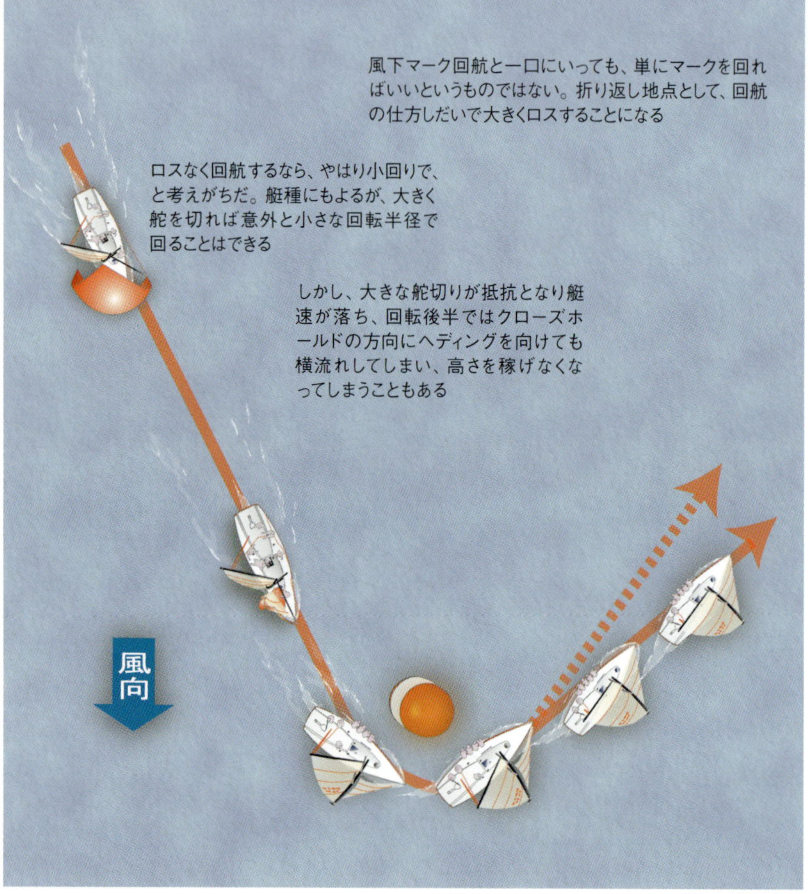
風下マーク回航と一口にいっても、単にマークを回ればいいというものではない。折り返し地点として、回航の仕方しだいで大きくロスすることになる
ロスなく回航するなら、やはり小回りで、と考えがちだ。艇種にもよるが、大きく舵を切れば意外と小さな回転半径で回ることはできる
しかし、大きな舵切りが抵抗となり艇速が落ち、回転後半ではクローズホールドの方向にヘディングを向けても横流れしてしまい、高さを稼げなくなってしまうこともある
風向

### 大きな回転弧で

無駄なく走るには、なるべく小回りしたほうがよさそうだ。左図は、風下マークをなるべく小さな回転弧で回ろうとした赤艇の航跡だ。

ヨットは、舵を切ればかなり小さな回転半径で回ることができる。しかし、それでは艇速は落ちてしまう。さらにはクローズホールドに入った時点でヨットは横流れをしてしまい、結局回転半径が大きくなってしまう場合もある。

艇種やコンディションにもよるが、スムースにマークを回り、クローズホールドに入るには、2〜3艇身の弧を描いて緩やかに、大きく回っていったほうがスピードの低下も少なく、回航後の高さのロスを最小限に抑えられる。

右ページの上図は、マークから1.5艇身ほど離れた地点を目指してアプローチし、大きな回転弧でマークを回っている。分かりやすいように、左の小回りした赤艇の航跡も重ねてみた。図は多少都合よく描いてはいるが、大きな回転弧で回ったほうが艇速も落ちず、高さも稼げていることが分かるだろう。

### 入り口と出口を意識しよう

ダウンウインドでのセーリングアングルは、比較的自由だ。となると、どうしてもマークを狙ってアプローチしがちになる。

右ページ下図の赤艇は、マークぎりぎりを狙ってアプローチ。しかしマークのすぐ横から舵を切り始め、回航する間に大きく膨らんでしまっている。

一方、高さ的に赤艇と同じ位置にい

た青艇は、よりマークから離れた地点を狙ってアプローチし、スムーズな回転弧を描いてマークのすぐ横をクローズホールドの全速力で駆け抜けていく。

マークを回り終わった時点の位置関係を見ると、青艇は赤艇の風上をキープしているのが分かる。青艇は、この後、左海面に展開したければいつでもタッキングできる。もちろん真っすぐ右に出たければ、そのまま走ればいい。

赤艇は青艇がタッキングするまではタッキングできないし、下手をすれば青艇のブランケットに入ってしまう。

青艇は逆転に成功したことになる。

風下マーク回航では、入り口と出口を意識してみよう。入り口はマークのすぐ横ではなく、マークから1.5〜2艇身離れた地点をイメージし、そこを狙ってアプローチする。……と、出口はマークのすぐ横で、そこをクローズホールドで切り上がっていくことができる。

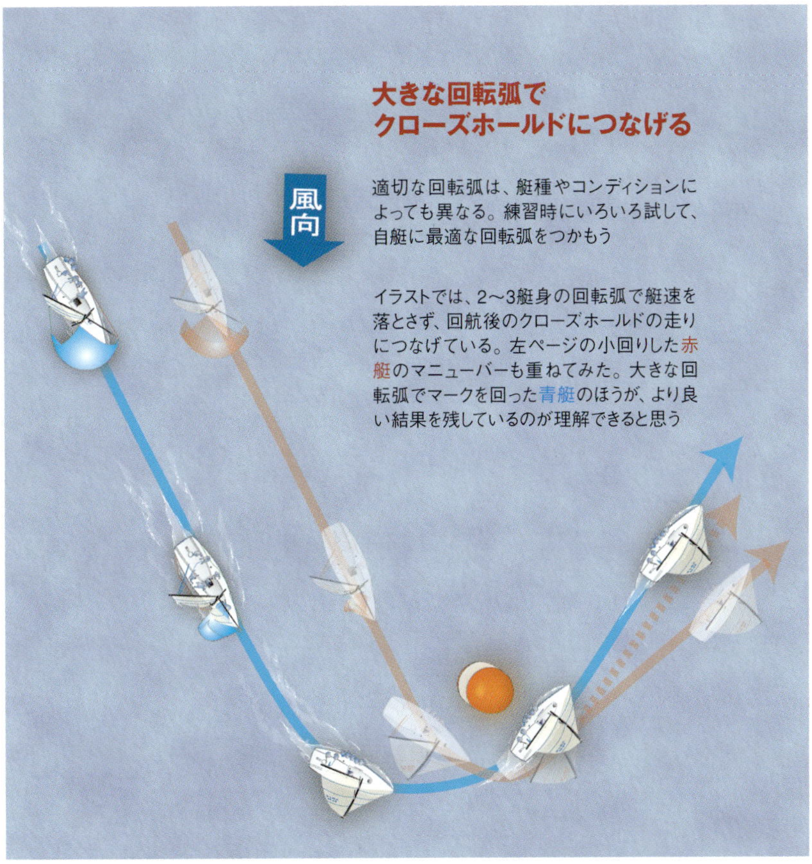
大きな回転弧で
クローズホールドにつなげる
風向
適切な回転弧は、艇種やコンディションによっても異なる。練習時にいろいろ試して、自艇に最適な回転弧をつかもう
イラストでは、2〜3艇身の回転弧で艇速を落とさず、回航後のクローズホールドの走りにつなげている。左ページの小回りした赤艇のマニューバーも重ねてみた。大きな回転弧でマークを回った青艇のほうが、より良い結果を残しているのが理解できると思う

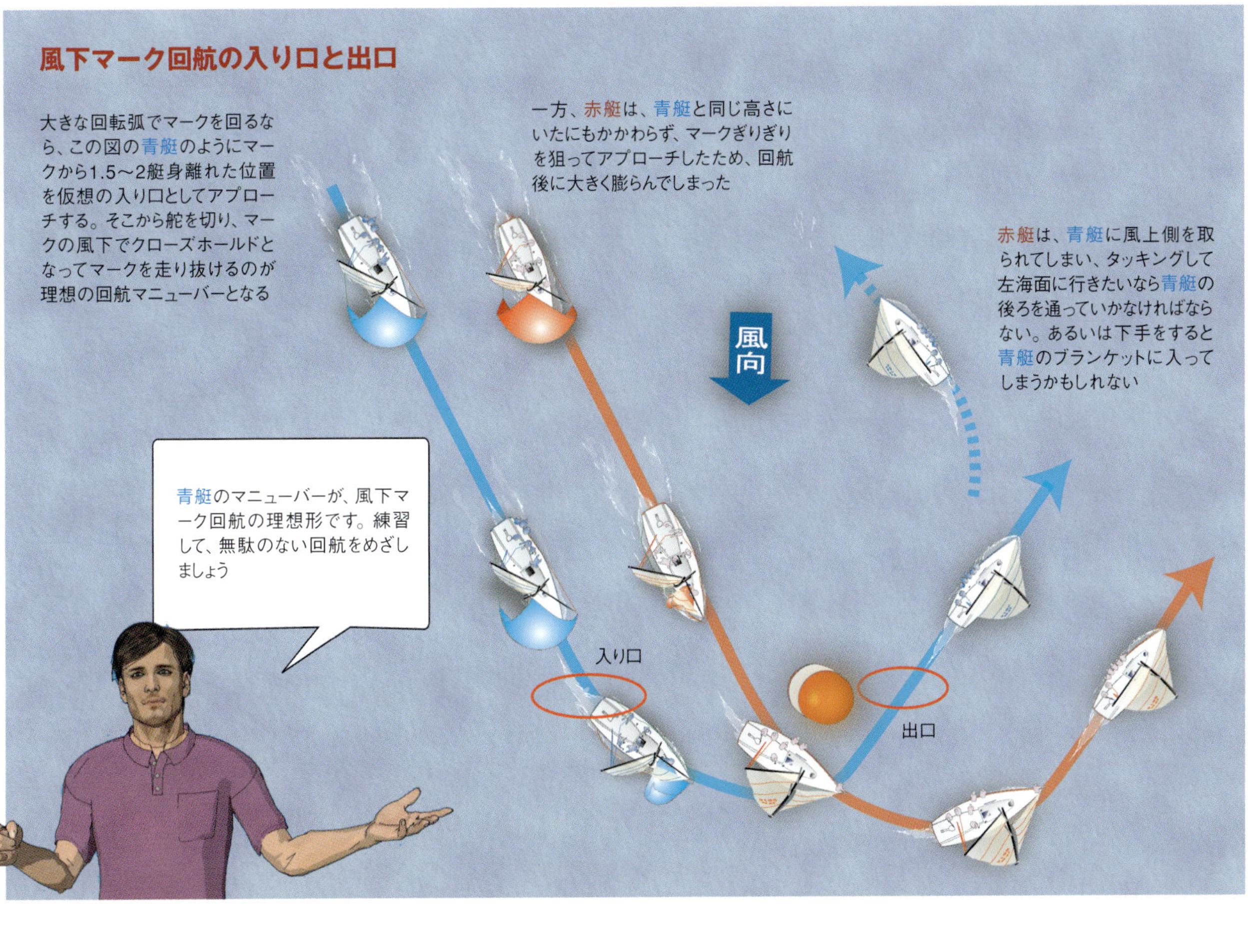
風下マーク回航の入り口と出口
大きな回転弧でマークを回るなら、この図の青艇のようにマークから1.5〜2艇身離れた位置を仮想の入り口としてアプローチする。そこから舵を切り、マークの風下でクローズホールドとなってマークを走り抜けるのが理想の回航マニューバーとなる
一方、赤艇は、青艇と同じ高さにいたにもかかわらず、マークぎりぎりを狙ってアプローチしたため、回航後に大きく膨らんでしまった
風向
赤艇は、青艇に風上側を取られてしまい、タッキングして左海面に行きたいなら青艇の後ろを通っていかなければならない。あるいは下手をすると青艇のブランケットに入ってしまうかもしれない
青艇のマニューバーが、風下マーク回航の理想形です。練習して、無駄のない回航をめざしましょう
入り口
出口

## ライバルを振り切る風下マーク回航術

63ページで説明したマーク回航時のルールを思い出してみよう。

ゾーンに入った時点でオーバーラップしているか否かで、その後の状況は変わってくる。先行艇としてはオーバーラップを切ることを考えよう。オーバーラップが切れないようなら（右図）、前ページで描いたように、入り口を広く取り、出口を狭くする。回航後のアップウインドになってから主導権を握ることも可能だ（下図）。

図で、赤艇側の立場なら、無理に内側に入らないほうがいい場合もあるということになる。

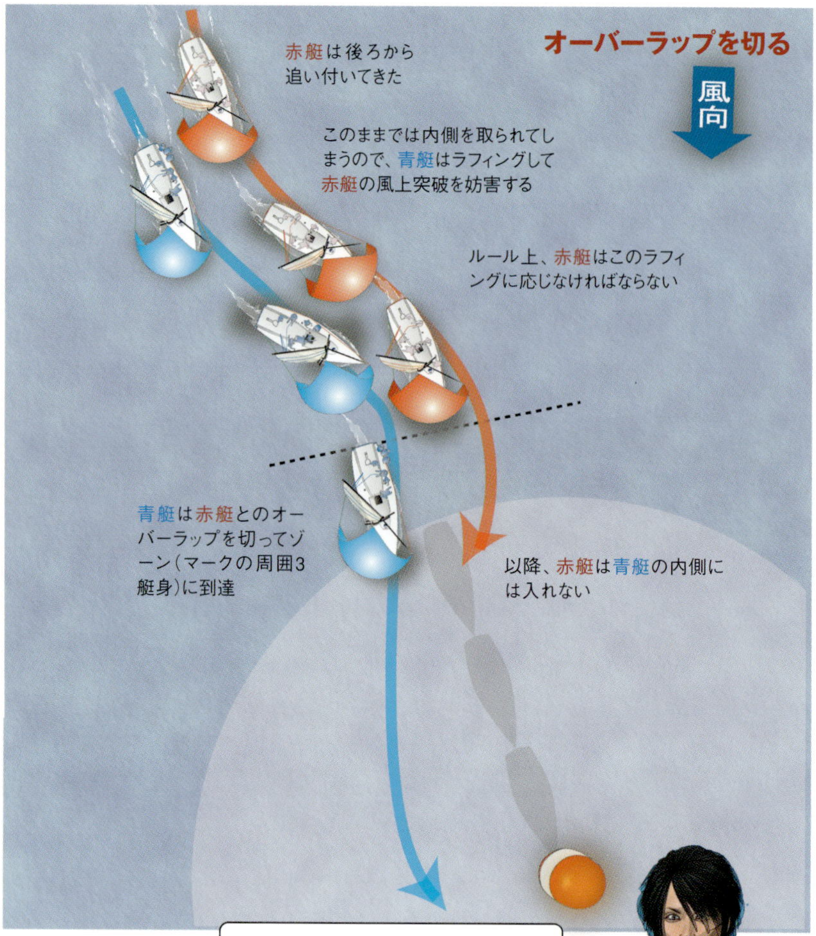

オーバーラップを切る
風向
赤艇は後ろから追い付いてきた
このままでは内側を取られてしまうので、青艇はラフィングして赤艇の風上突破を妨害する
ルール上、赤艇はこのラフィングに応じなければならない
青艇は赤艇とのオーバーラップを切ってゾーン（マークの周囲3艇身）に到達
以降、赤艇は青艇の内側には入れない


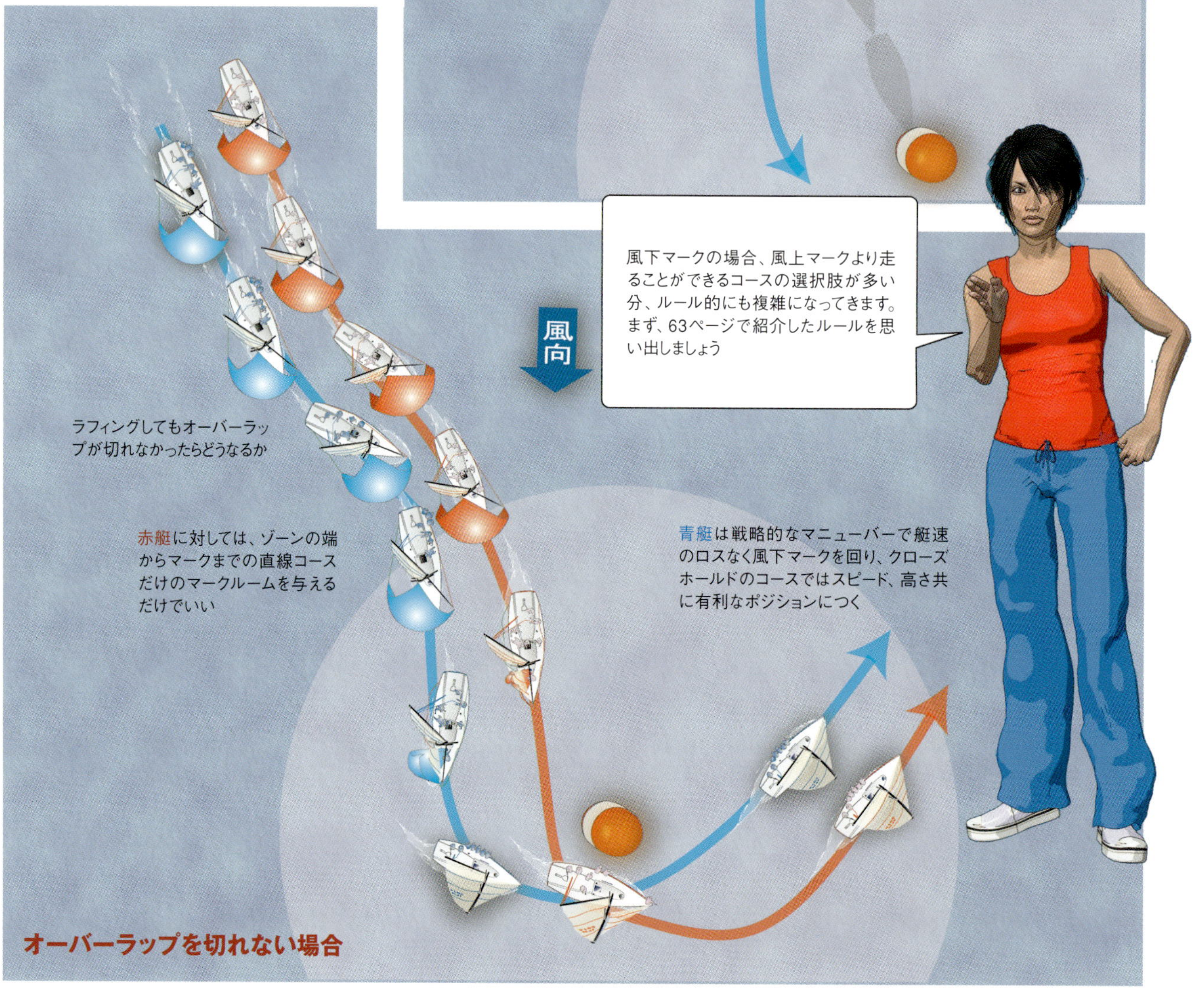

風下マークの場合、風上マークより走ることができるコースの選択肢が多い分、ルール的にも複雑になってきます。まず、63ページで紹介したルールを思い出しましょう
風向
ラフィングしてもオーバーラップが切れなかったらどうなるか
赤艇に対しては、ゾーンの端からマークまでの直線コースだけのマークルームを与えるだけでいい
青艇は戦略的なマニューバーで艇速のロスなく風下マークを回り、クローズホールドのコースではスピード、高さ共に有利なポジションにつく
オーバーラップを切れない場合

# マーク回航

スターボードタックでアプローチすれば、航路権もあるし、内側艇としてマークルームを得ることもできる。複数の艇団をけちらしてインを突き、クローズホールドで前に出ることも可能だ。

ただし、スターボードタックでのアプローチからジャイビングしてのマーク回航になるので、ボートハンドリングやデッキワークがうまくいかないと大きなロスになることもある。

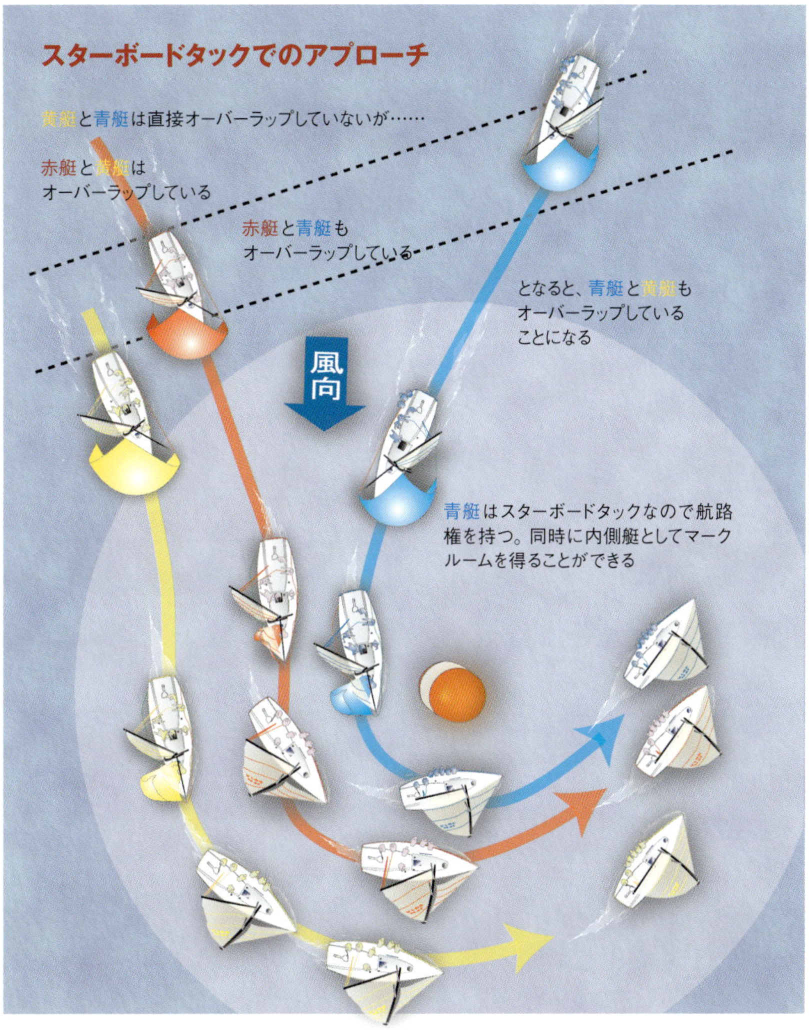

スターボードタックでのアプローチ
黄艇と青艇は直接オーバーラップしていないが……
赤艇と黄艇は
オーバーラップしている
赤艇と青艇も
オーバーラップしている
となると、青艇と黄艇も
オーバーラップしている
ことになる
風向
青艇はスターボードタックなので航路
権を持つ。同時に内側艇としてマーク
ルームを得ることができる


## スターボードラウンディング

ここまでは、いずれもマークを左舷に見て回航するポートラウンディングの話。マッチレースならスターボードラウンディングとなり、アプローチの際のポート／スターボの航路権が逆転するなど、また話は多少違ってくる。フリートレースでも、ゲートマーク方式（下図）を採用しているレースなら、スターボードラウンディングもアリになるわけで、それも直前までどちらを回るか分からないので難しくなる。

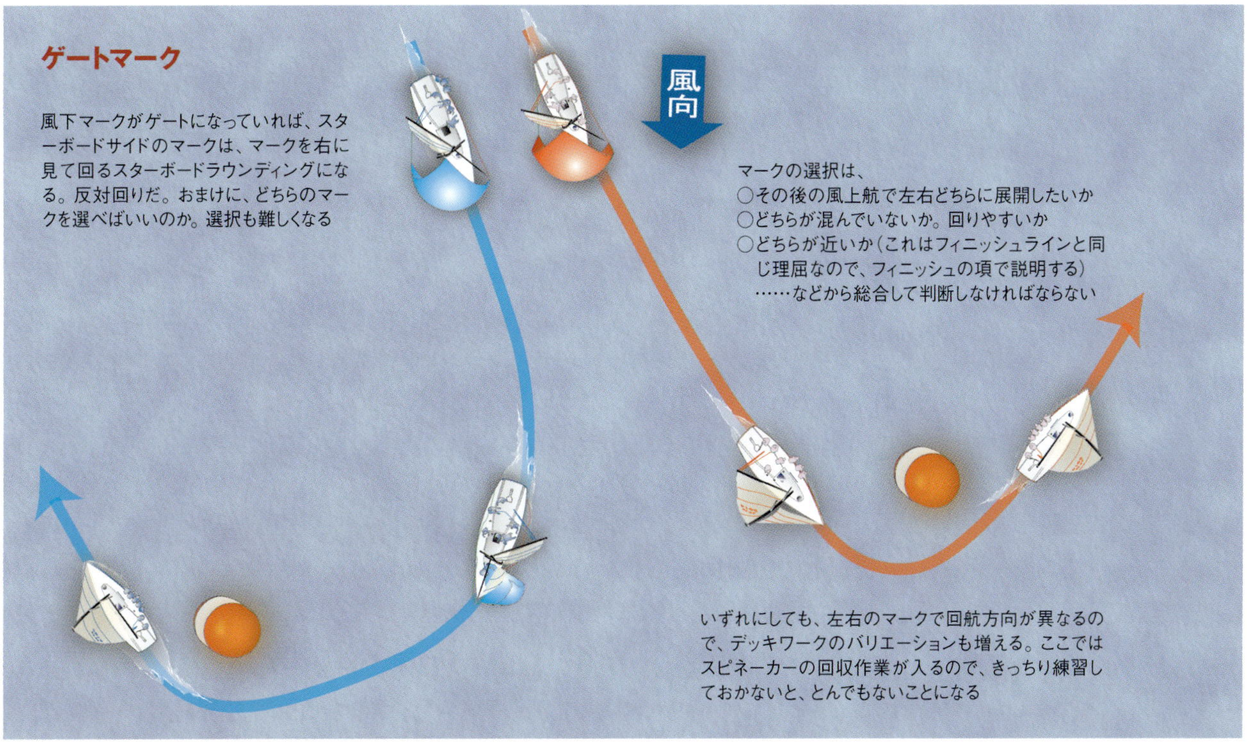

ゲートマーク
風下マークがゲートになっていれば、スターボードサイドのマークは、マークを右に見て回るスターボードラウンディングになる。反対回りだ。おまけに、どちらのマークを選べばいいのか。選択も難しくなる
風向
マークの選択は、
○その後の風上航で左右どちらに展開したいか
○どちらが混んでいないか。回りやすいか
○どちらが近いか（これはフィニッシュラインと同じ理屈なので、フィニッシュの項で説明する）
……などから総合して判断しなければならない
いずれにしても、左右のマークで回航方向が異なるので、デッキワークのバリエーションも増える。ここではスピネーカーの回収作業が入るので、きっちり練習しておかないと、とんでもないことになる

## スピネーカーダウン

スピネーカーを装備する艇種では、風下マーク回航でスピネーカーを取り込み、続く風上航でのクローズホールドに備えなければならない。

風上マーク回航でも、スピネーカーのホイスト(スピネーカーを展開すること)に失敗すれば艇速は伸びず、せっかく良い位置でマークを回ることができても、その後あっというまに後続艇に抜かれる羽目になるが、風下マークでスピネーカーの回収に失敗すると、さらにダメージは大きい。

スピネーカーが絡まったままでは風上に上れないのみならず、セールを海に落としてしまえば、そのまま風下マークを越えてさらに風下に流されていってしまうことにもなる。船底に潜り込んでしまえばセールは破けてしまうし、下手をすればそのままリタイアせざるを得ないことにもなる。

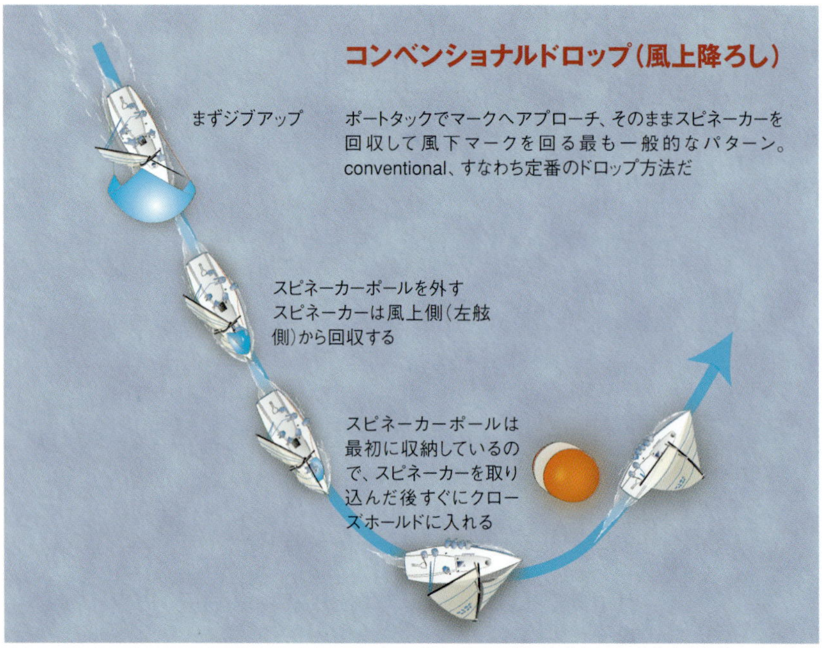

コンベンショナルドロップ(風上降ろし)
まずジブアップ
ポートタックでマークへアプローチ、そのままスピネーカーを回収して風下マークを回る最も一般的なパターン。conventional、すなわち定番のドロップ方法だ
スピネーカーポールを外す
スピネーカーは風上側(左舷側)から回収する
スピネーカーポールは最初に収納しているので、スピネーカーを取り込んだ後すぐにクローズホールドに入れる


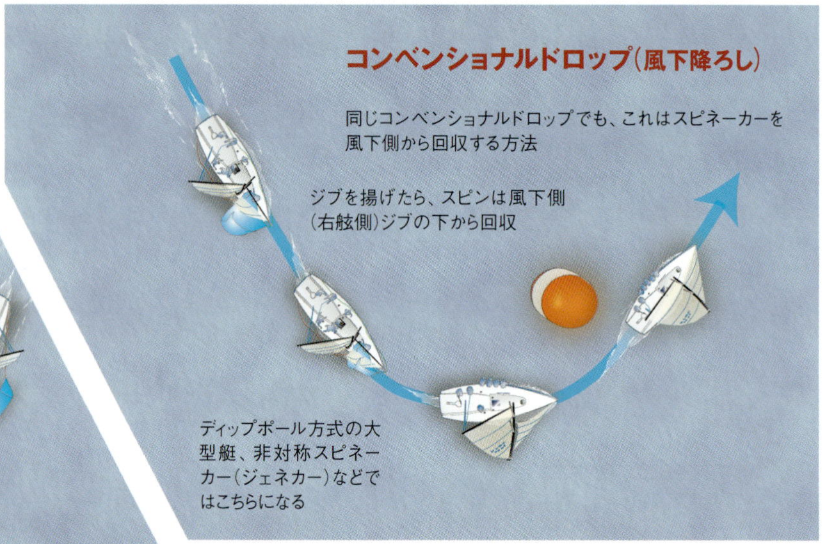

コンベンショナルドロップ(風下降ろし)
同じコンベンショナルドロップでも、これはスピネーカーを風下側から回収する方法
ジブを揚げたら、スピンは風下側(右舷側)ジブの下から回収
ディップポール方式の大型艇、非対称スピネーカー(ジェネカー)などではこちらになる


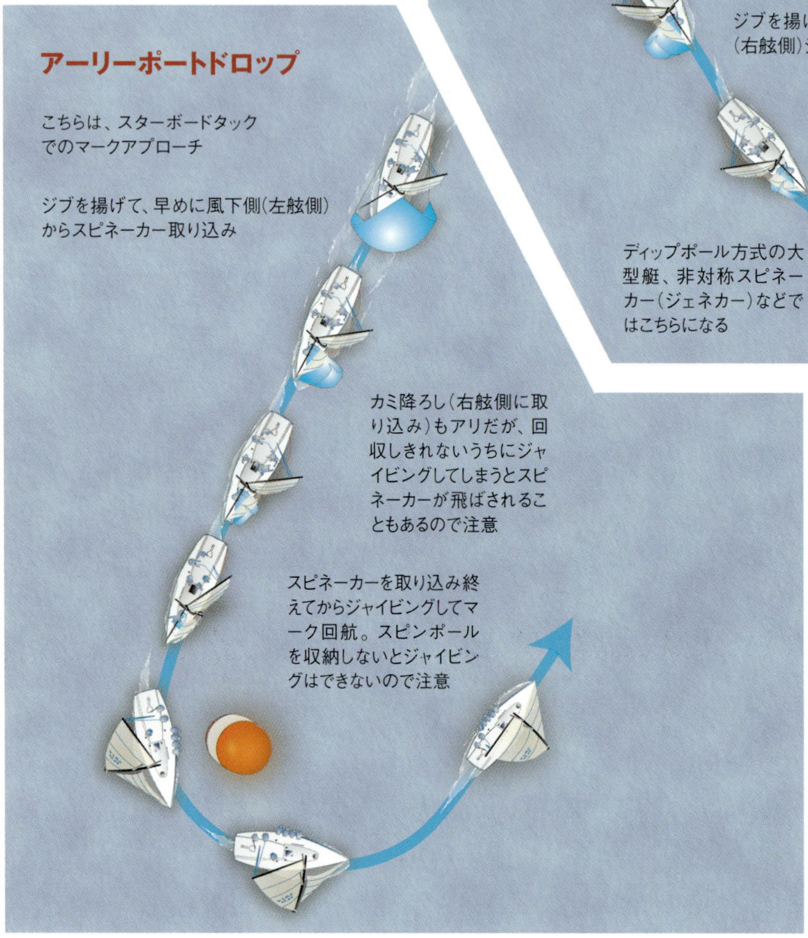

アーリーポートドロップ
こちらは、スターボードタックでのマークアプローチ
ジブを揚げて、早めに風下側(左舷側)からスピネーカー取り込み
カミ降ろし(右舷側に取り込み)もアリだが、回収しきれないうちにジャイビングしてしまうとスピネーカーが飛ばされることもあるので注意
スピネーカーを取り込み終えてからジャイビングしてマーク回航。スピンポールを収納しないとジャイビングはできないので注意


### バリエーションを覚えよう

スピネーカーダウンには、いくつかのバリエーションがある。左右のページで図示してみた。いずれもポートラウンディングの例だが、どちらのタックでアプローチするか？ どちらの舷からスピンを降ろすか？ と、バリエーションは多岐にわたる。しっかり練習して戦術達成に生かそう。

# マーク回航

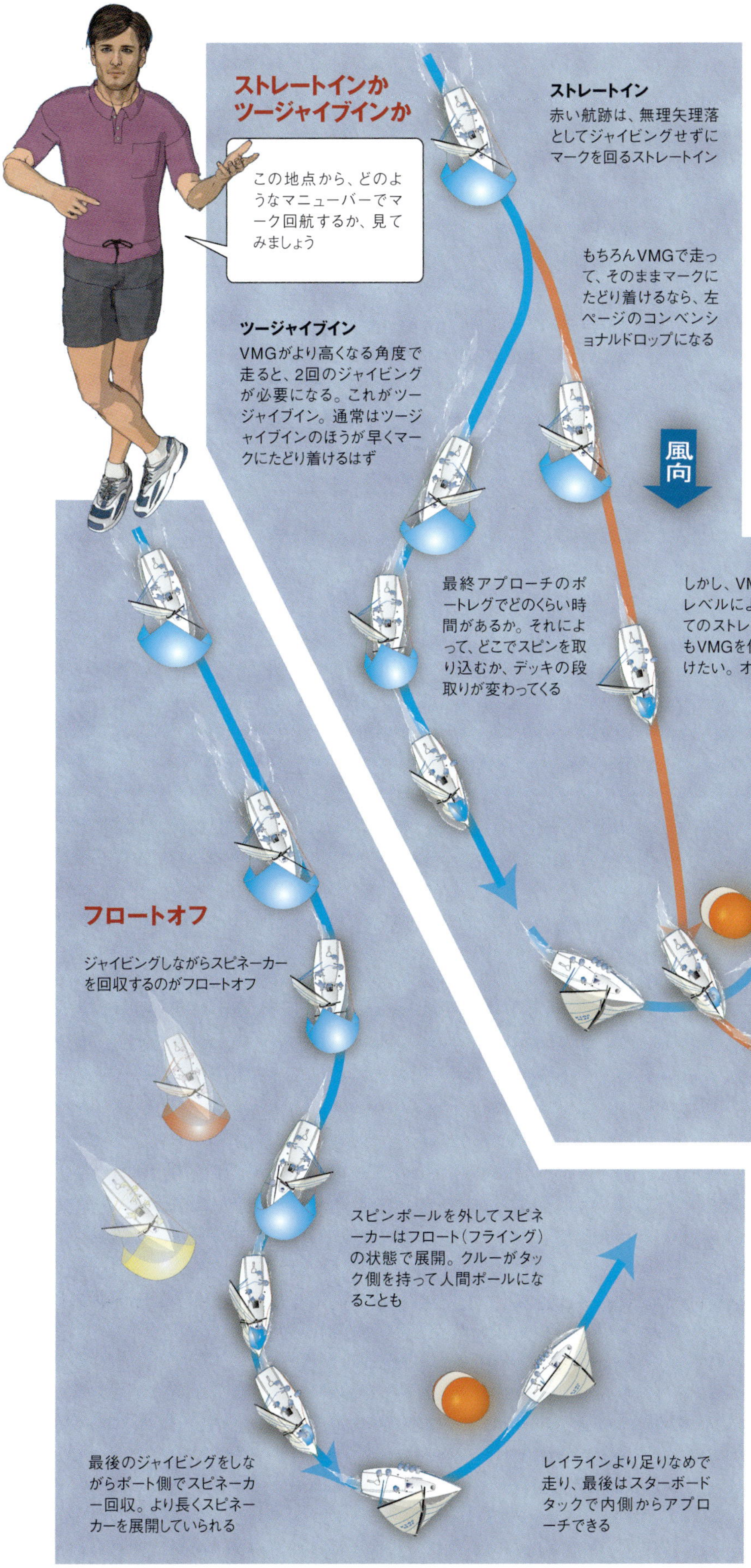
ストレートインか
ツージャイブインか
この地点から、どのようなマニューバーでマーク回航するか、見てみましょう
ストレートイン
赤い航跡は、無理矢理落としてジャイビングせずにマークを回るストレートイン
もちろんVMGで走って、そのままマークにたどり着けるなら、左ページのコンベンショナルドロップになる
ツージャイブイン
VMGがより高くなる角度で走ると、2回のジャイビングが必要になる。これがツージャイブイン。通常はツージャイブインのほうが早くマークにたどり着けるはず
風向
最終アプローチのポートレグでどのくらい時間があるか。それによって、どこでスピンを取り込むか、デッキの段取りが変わってくる
フロートオフ
ジャイビングしながらスピネーカーを回収するのがフロートオフ
スピンポールを外してスピネーカーはフロート（フライング）の状態で展開。クルーがタック側を持って人間ポールになることも
最後のジャイビングをしながらポート側でスピネーカー回収。より長くスピネーカーを展開していられる
レイラインより足りなめで走り、最後はスターボードタックで内側からアプローチできる

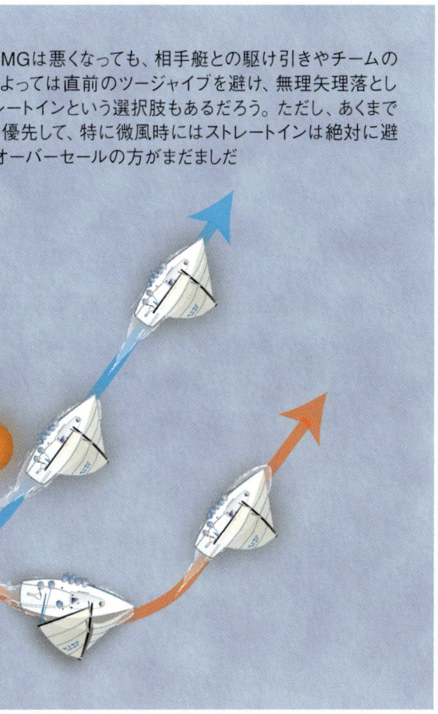
しかし、VMGは悪くなっても、相手艇との駆け引きやチームのレベルによっては直前のツージャイブを避け、無理矢理落としてのストレートインという選択肢もあるだろう。ただし、あくまでもVMGを優先して、特に微風時にはストレートインは絶対に避けたい。オーバーセールの方がまだましだ

## 意思の統一

左図のように、このままマークを回るのか（ストレートイン）、2回ジャイビングして回航か（ツージャイブイン）、など、舵を切るヘルムスマンやタクティシャンが立てる作戦が、実際にジャイビングやスピネーカーの取り込みを行うデッキクルーに伝わっていなければ船は動かない。

「ストレートインでポート（側）降ろし」とか「ツージャイブしてからポート降ろし」など、それぞれのコールを決めておこう。

さてここで、ヘルムスマンやタクティシャンなど、アフターガードはどのような戦術を立ててマークへのアプローチをすればいいのか？　風下航（ダウンウインド）での戦略と戦術について、次の章で解説していこう。セールの揚げ降ろしや、ジャイビング作業を行うトリマーやデッキクルーも、ここでの戦術の基本を頭に入れておくことで、後ろからの指示が出る前に行動に移す準備ができるというものだ。

# 第 4 章
## ダウンウインド（風下航）

# ダウンウインドのVMG

風上マークから風下マークへ。後ろから風を受けて走るのが、風下航（ダウンウインド）だ。
走らせ方に自由度があるダウンウインドを、どうすれば効率よく走れるか、じっくり考えていこう。

## アップウインドと同じこと、違うこと

第1章で、アップウインドでのVMGについて説明したが、ダウンウインドでも同様に、VMGという考え方が必要になる。そこから解説していこう。

### VMGマックスを目指す

ヨットは、風速のみならず、風向によっても艇速が変化する。

前から風を受けて走るより、後ろからの風のほうが艇速が増すであろうとなんとなく思ってしまうかもしれないが、実際には完全に後ろからの風（ランニング）よりも、斜め後ろからの風のほうが、より艇速が伸びる。右ページ上のグラフを見ていただきたい。これは、あるスポーツタイプの全長30ft艇の性能を、風速、風向ごとにグラフにしたものだ。ポーラーダイアグラム（20ページ参照）という。

ここでは、風速4kt時を表した内側の線に注目してほしい。青色の線は、スピネーカーを用いて走っている時の艇速をグラフ化したものだ。

真後ろから風を受けて走ると、艇速は2kt程度しか出ない。真風向140度で走れば、艇速は3.8ktに達する。しかし、単に艇速が増しただけでは意味はない。風下マークに向かっているわけだから、風下へ向かう速度成分（VMG）が重要になる。

グラフで見ると、真風向140度で走った場合はVMGが2.9ktとなり、真後ろから風を受けて走るよりも早く風下マークに到達できるであろう、ということが分かる。

そしてこのとき、VMGが最大になるであろうこともグラフから分かる。さらに、真風向120度まで上れば、艇速は5kt近くまで増すが、角度でゲインできないのでVMGは下がってしまう。

風上マークから風下マークへ向かうダウンウインドレグでは、その気になればヘディングをマークに向けて走ることは可能だ。しかし、ある程度の角度をつけて、VMGを稼ぎながら走ったほうが、結果的にはより早く風下マークに到着できるということだ。

こうして最大のVMGを目指して走ることを、「VMGで走る」などと表現する。

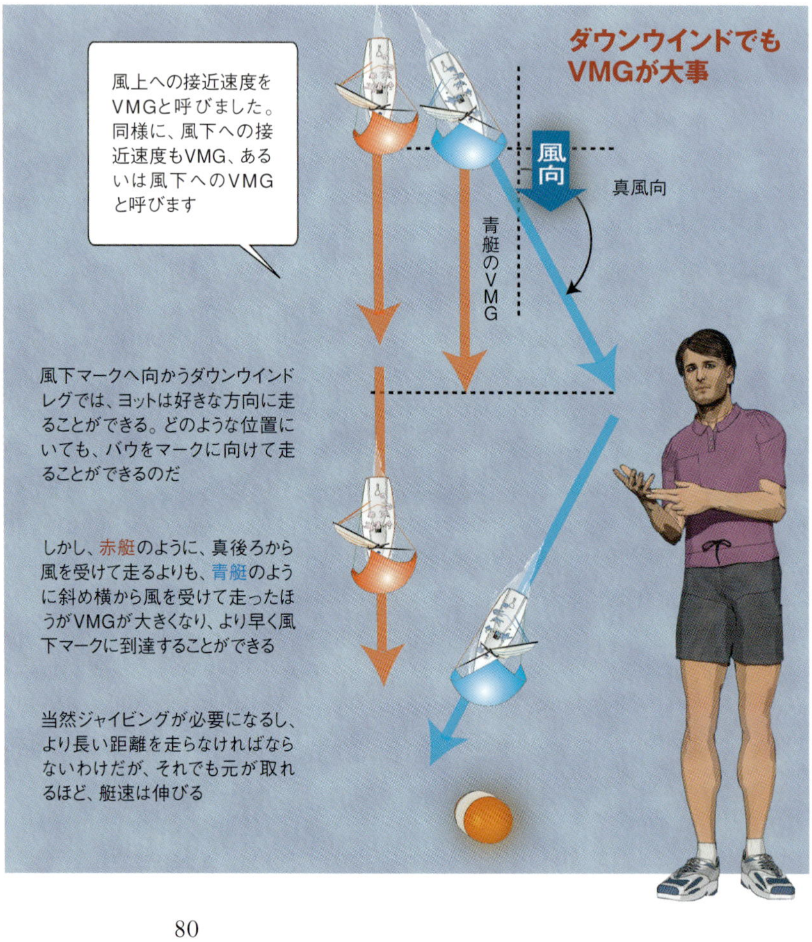

ダウンウインドでも
VMGが大事
風上への接近速度をVMGと呼びました。同様に、風下への接近速度もVMG、あるいは風下へのVMGと呼びます
風向
真風向
青艇のVMG
風下マークへ向かうダウンウインドレグでは、ヨットは好きな方向に走ることができる。どのような位置にいても、バウをマークに向けて走ることができるのだ
しかし、赤艇のように、真後ろから風を受けて走るよりも、青艇のように斜め横から風を受けて走ったほうがVMGが大きくなり、より早く風下マークに到達することができる
当然ジャイビングが必要になるし、より長い距離を走らなければならないわけだが、それでも元が取れるほど、艇速は伸びる

## 適正なセーリングアングルは？

それでは、風下マークに向かう場合、どの程度上らせて走ると効率よく走ることができるのか？

最も高いVMGが出る角度（セーリングアングル）は、艇種によって異なるし、同じ艇種でも風速によって異なってくる。

一般的に、風速が低いほど上らせて走ると、見かけの風はより増し、艇速は伸びる。強風になれば、その分風下に落として走る（＝高さをかせげる＝走る距離が短くなる）ことができるようになる。

右のポーラーダイアグラムを見ると、この艇は、真風速が4ktの時には、真風向140度で走るとVMGは最も高くなり、真風速14ktの外側の線を見ると、真風向160度まで落とした場合にVMGは最大になることが分かる。

## 見かけの風

右下図は、この時の見かけの風を表したものだ。実際に吹いている風に、ヨットが走ることによって生じた風が合成されて見かけの風となる。この見かけの風を、走るヨットの上で実際に感じることになる。

真後ろから風を受けている場合と比べ、上らせることで見かけの風速は増し、また横へ回る。真風速4ktの例では、VMGが最大になる真風向140度の走りでは、見かけの風は約74度と、真横より前から吹いているように感じるはずだ。しかし、これでも、ヨットは最も効率よく風下マークへ向かって進んでいることになる。

クローズホールドでも、風速や波の有無でセールトリムも変わり、上り角度も違ってきたが、ダウンウインドではその変化がより大きくなる。まずは、この風速によるセーリングアングルの違いについて、頭に入れておこう。

### ポーラーダイアグラム

内側の線が、この艇の真風速4ktでの性能を表している。真風向140°で走れば、艇速は4kt近く出る。風下へ向かう速度成分（VMG）が最も高くなるこの角度が、この艇にとって真風速4kt時のベストアングルということになる

一方、外側の線が真風速14ktの時のもの。真風向160°と、真風速4ktの時と比べて、より落として走った方が、より高いVMGを得ることができる、ということが分かる

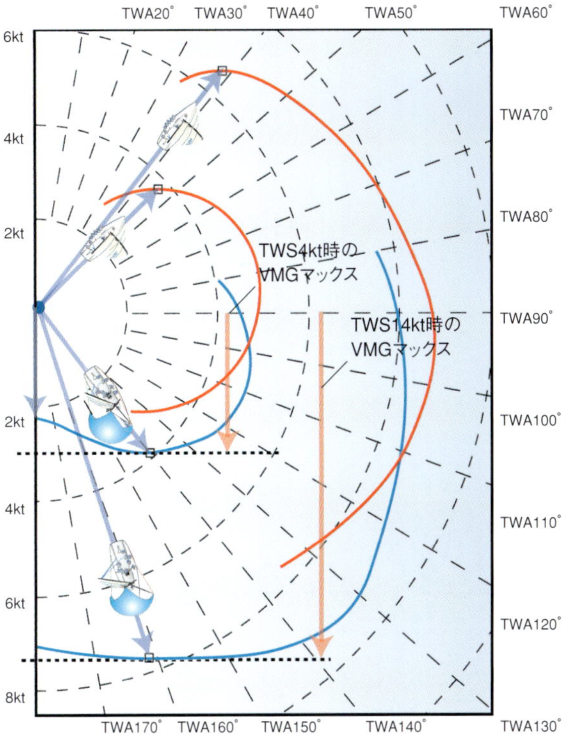
TWA20°
TWA30°
TWA40°
TWA50°
TWA60°
TWA70°
TWA80°
TWA90°
TWA100°
TWA110°
TWA120°
TWA130°
TWA140°
TWA150°
TWA160°
TWA170°
6kt
4kt
2kt
2kt
4kt
6kt
8kt
TWS4kt時の
VMGマックス
TWS14kt時の
VMGマックス

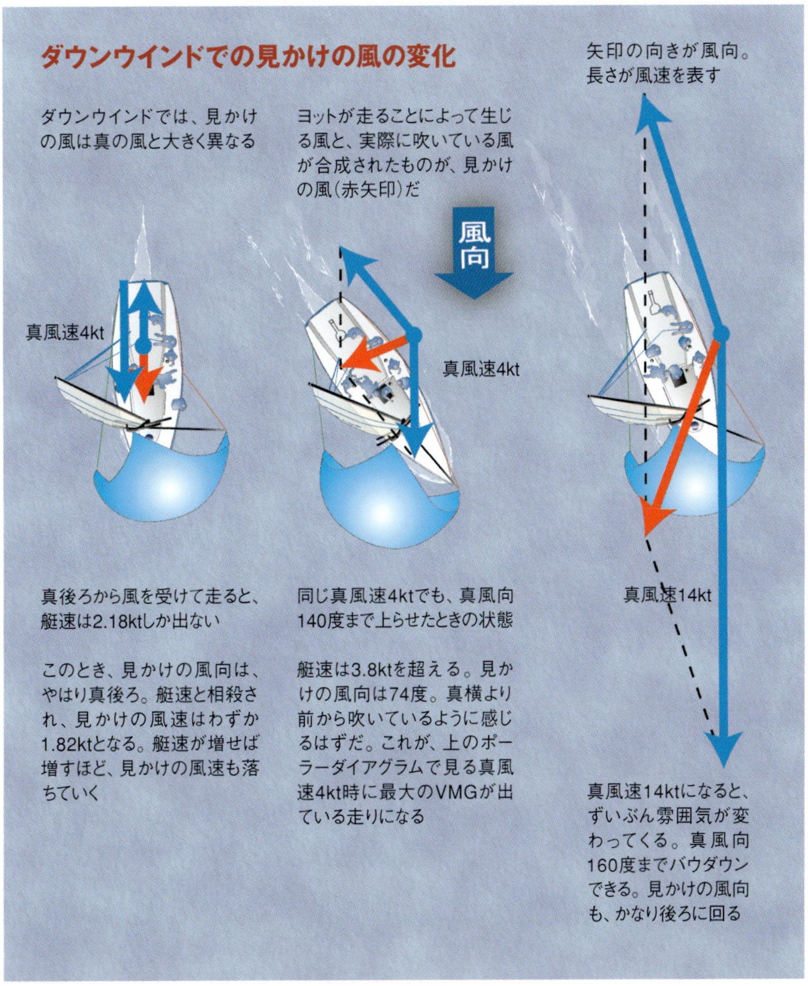
ダウンウインドでの見かけの風の変化
矢印の向きが風向。
長さが風速を表す
ダウンウインドでは、見かけの風は真の風と大きく異なる
ヨットが走ることによって生じる風と、実際に吹いている風が合成されたものが、見かけの風（赤矢印）だ
風向
真風速4kt
真風速4kt
真風速14kt
真後ろから風を受けて走ると、艇速は2.18ktしか出ない
このとき、見かけの風向は、やはり真後ろ。艇速と相殺され、見かけの風速はわずか1.82ktとなる。艇速が増せば増すほど、見かけの風速も落ちていく
同じ真風速4ktでも、真風向140度まで上らせたときの状態
艇速は3.8ktを超える。見かけの風向は74度。真横より前から吹いているように感じるはずだ。これが、上のポーラーダイアグラムで見る真風速4kt時に最大のVMGが出ている走りになる
真風速14ktになると、ずいぶん雰囲気が変わってくる。真風向160度までバウダウンできる。見かけの風向も、かなり後ろに回る

## 風下航のターゲットスピード

最大VMGが得られるセーリングアングルは、設計者から得られるデータでだいたい分かる。しかしこれは真の風に対する角度であり、実際の艇上では見かけの風向しか分からない。艇速が変化しただけでも見かけの風向風速が変化してしまうわけで、セーリングアングルを一定に保って最大VMGを維持し続けるのはなかなか難しい。

そこで、ターゲット・ボートスピードという概念を使って走ることになる。考え方は、クローズホールドでも同じだ(左図)。

まず、真風速を基準とし、その時のターゲットとなる艇速(ターゲット・ボートスピード)を決める。

艇速がターゲットに達していないなら、多少上らせてみる。見かけの風速は増し、艇速が上がるはずだ。

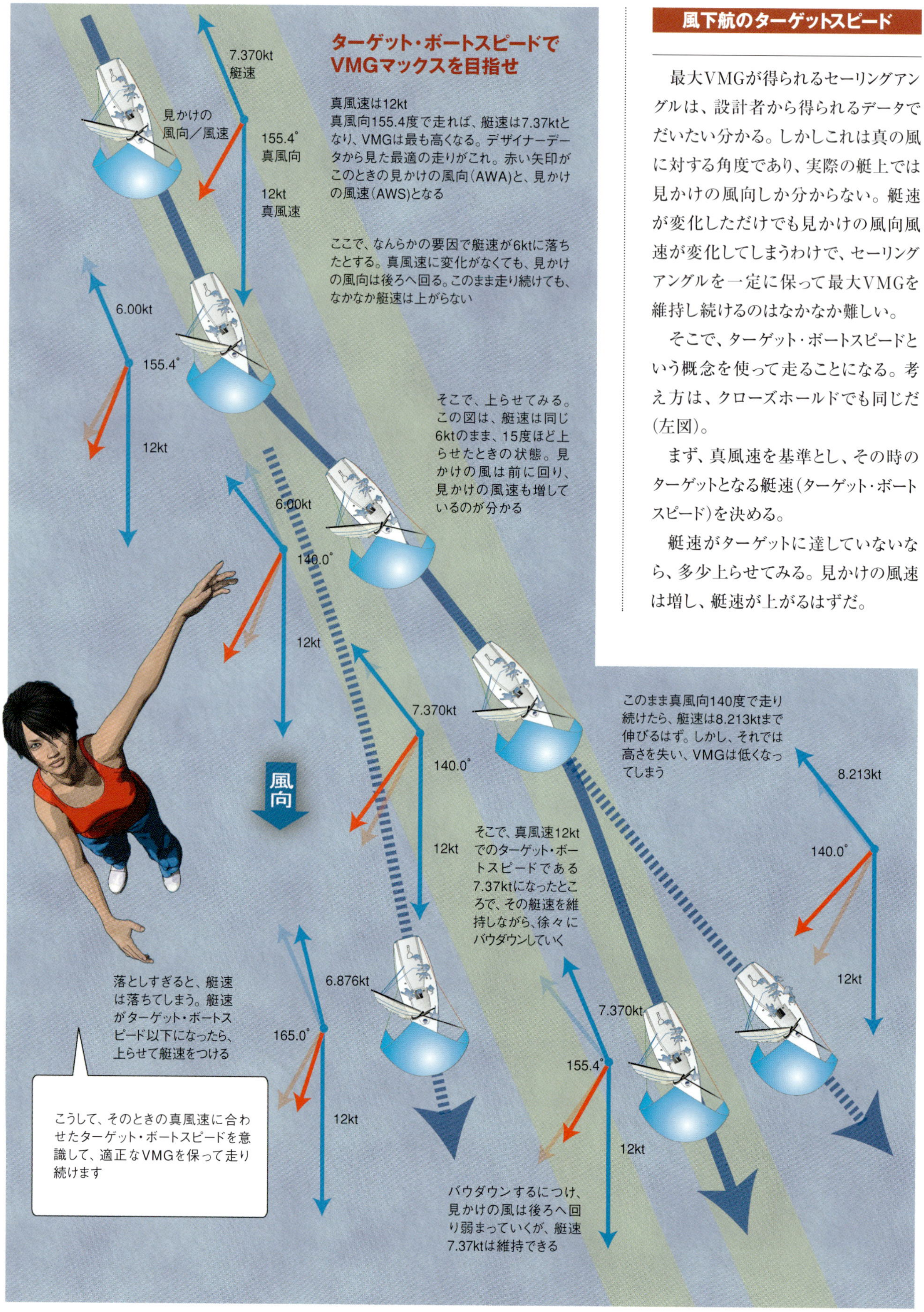
ターゲット・ボートスピードで
VMGマックスを目指せ
真風速は12kt
真風向155.4度で走れば、艇速は7.37ktとなり、VMGは最も高くなる。デザイナーデータから見た最適の走りがこれ。赤い矢印がこのときの見かけの風向(AWA)と、見かけの風速(AWS)となる
7.370kt
艇速
見かけの
風向／風速
155.4˚
真風向
12kt
真風速
ここで、なんらかの要因で艇速が6ktに落ちたとする。真風速に変化がなくても、見かけの風向は後ろへ回る。このまま走り続けても、なかなか艇速は上がらない
6.00kt
155.4˚
12kt
そこで、上らせてみる。この図は、艇速は同じ6ktのまま、15度ほど上らせたときの状態。見かけの風は前に回り、見かけの風速も増しているのが分かる
6.00kt
140.0˚
12kt
風向
7.370kt
140.0˚
12kt
このまま真風向140度で走り続けたら、艇速は8.213ktまで伸びるはず。しかし、それでは高さを失い、VMGは低くなってしまう
8.213kt
140.0˚
12kt
そこで、真風速12ktでのターゲット・ボートスピードである7.37ktになったところで、その艇速を維持しながら、徐々にバウダウンしていく
落としすぎると、艇速は落ちてしまう。艇速がターゲット・ボートスピード以下になったら、上らせて艇速をつける
6.876kt
165.0˚
12kt
こうして、そのときの真風速に合わせたターゲット・ボートスピードを意識して、適正なVMGを保って走り続けます
7.370kt
155.4˚
12kt
バウダウンするにつけ、見かけの風は後ろへ回り弱まっていくが、艇速7.37ktは維持できる

# ダウンウインド

ターゲット・ボートスピードに達したところで、ゆっくりバウダウンする。ターゲット・ボートスピードを維持した状態で、角度を稼いでいく。風下マークへ向かっているわけだから、なるべく落として走りたい。ここではバウダウンが、角度を稼ぐことになる。

落としすぎるとボートスピードが落ちる、艇速が落ちたらまた上らせて加速する、この繰り返しだ。

クローズホールドでも、このターゲット・ボートスピードという概念を使ってセーリングするが、ダウンウインドではバウダウン、バウアップの角度はより大きくなる。

右のようなターゲット・ボートスピード表を作り、デッキ上の見やすいところに張っておこう。

**ターゲット・ボートスピード表（例）**

| Beat | | | | Run | | |
|---|---|---|---|---|---|---|
| TWA | AWA | Vb | TWS | Vb | AWA | TWA |
| 45 | 23 | 3.78 | 4 | 3.81 | 73 | 140 |
| 43 | 23 | 5.19 | 6 | 5.31 | 82 | 143 |
| 40 | 22 | 5.95 | 8 | 6.25 | 98 | 149 |
| 38 | 23 | 6.21 | 10 | 6.82 | 115 | 153 |
| 37 | 23 | 6.33 | 12 | 7.37 | 125 | 155 |
| 37 | 24 | 6.40 | 14 | 7.67 | 141 | 162 |
| 37 | 24 | 6.46 | 16 | 9.47 | 115 | 147 |
| 37 | 26 | 6.52 | 20 | 11.95 | 116 | 148 |
| 39 | 29 | 6.54 | 25 | 15.34 | 121 | 152 |
| 41 | 32 | 6.53 | 30 | 18.75 | 126 | 155 |

真風速

そのときのターゲットスピード

艇種ごとに、このような表を作りデッキに張っておく。真風速（TWS）12ktなら、ダウンウインド（Run）のターゲット・ボートスピード（V）は7.37kt、というように読む。

数値は艇種ごとに変わる。同じ艇種でも、セールやリグのセッティングでも多少数値は変わってくる

## スピードメーターがない場合のダウンウインド

ディンギーや小型のキールボートなど、スピードメーターや風速計がない場合はどうするか？　風速計があったとしても、真風速が計算表示されなければターゲット・ボートスピードは決められない。その場合は、感覚に頼ってVMGが最大となるセーリングアングルを模索する。

### ・舵に伝わるヘルムの感じ

舵を真っ直ぐにした状態で、ヨットは風上に向かおうとしているのか、風下に向かおうとしているのかを感じてみよう。風上に向かおうとする性向がウエザーヘルムだ。ウエザーヘルムを感じたら、バウダウンして高さを稼ぐ。逆にヘルムが軽くなったらバウアップしてスピードをつける。

### ・ヒール（艇体の傾き）の感じ

ヒールするようならバウダウン。これはウエザーヘルムが出てくるということでもある。

ヒールがなくなったらバウアップ。バウアップすれば、加速してヒールするようになるはず。これでヒールを一定に保つ。

### ・肌で風を感じる

顔に当たる風の勢いを感じよう。風が感じなくなったらバウアップして加速。バウアップすれば風を感じてくるはずだ。ここでバウダウンし高さを稼ぐ。

### ・波を切る音

艇速が増せば、当然ながら波を切る音が大きくなる。艇速が増したらバウダウンのサインだ。

### ・スピンシートのたるみ具合

微風時、スピネーカーから風が抜ければスピンシートは緩む。シートにかかるテンションは、トリマーが一番感じているはずだ。

ここでヘルムスマンに向けてコールする。それを聞いて、ヘルムスマンはバウアップして加速する。見かけの風は増し、スピントリマーはシートに手応えを感じるはずだ。ここで「プレッシャー」とコールする。このコールを受けて、ヘルムスマンはバウダウンして高さを稼いでいく。

手応えがなくなったら「ノー・プレッシャー」とコールし、再びバウアップして加速。これを繰り返す。

基本的には左ページと同じ理屈で、艇速が落ちたら上って加速し、スピードに乗ったところでバウダウンし高さを稼ぐ。ここに挙げた感覚的な差異を意識しながら同型艇と走り合わせの練習を行い、風速や海面状況に合わせた適正なセーリングアングルをつかんでいこう。

また、強風下では、角度やスピードどころか、ブローチングでヨットがひっくり返らないような注意も必要になる。乗員の体重移動なども含め、全員で風下マークを目指そう。

## ここでも、はしご段

VMGが最大になる角度で走り、ジャイビングを繰り返しながら風下マークを目指す。――となると、やはり位置関係はアップウインドと同様に、真風向に直角の「はしご段」が基準となる。風向に直角なはしご段の上にいる艇は、イーブンな位置関係にある。

### 周期的に振れる風

アップウインド同様、よりバウアップできるようになる風振れをリフト、よりバウダウンできるようになる振れをヘッダーという。

アップウインドでの解説を思い出していただきたい（11ページ）。風向の変化が周期的に起きるような状況のとき、ヘッダーの風振れではタッキングするのがセオリーだった。タッキングすることで、リフトの風の中を走ることができる。周期的な風振れということは、しばらくしたら振れ戻るということ。つまり、次には再びヘッダーが来るわけで、そうしたらまたタッキングして、リフトの風のなかを走る。これで、リフト、リフトと走って、風上マークまでより短い距離で到達できた。

ダウンウインドでも同様のことがいえる。しかしアップウインドとは逆に、リフトしたらジャイビングしてヘッダーのなかを走る。風下マークを目指すのだから、よりバウダウンできるヘッダーのなかを走るということだ。風が周期的に変化しているなら、次のシフトはまたリフトになるはず。そこでジャイビングすれば、再びヘッダーのなかを走ることができる。

ただし、これまで見てきたように、ダウンウインドでは風速の変化や艇速の変化で見かけの風向、風速が大きく変化する。真風向の変化はアップウインドよりも分かりにくいかもしれない。風向変化を常に意識して走ろう。

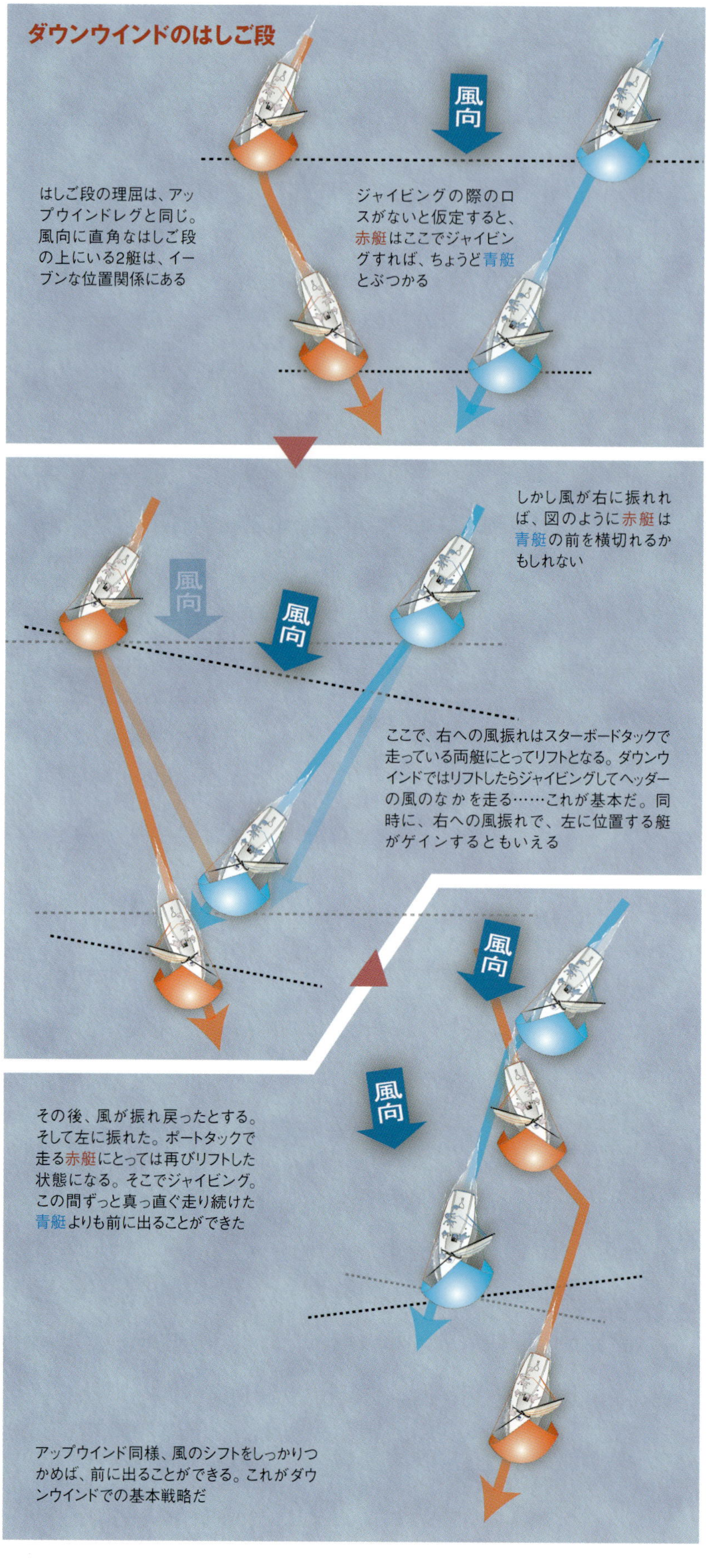

ダウンウインドのはしご段
風向
はしご段の理屈は、アップウインドレグと同じ。風向に直角なはしご段の上にいる2艇は、イーブンな位置関係にある
ジャイビングの際のロスがないと仮定すると、赤艇はここでジャイビングすれば、ちょうど青艇とぶつかる
風向
風向
しかし風が右に振れれば、図のように赤艇は青艇の前を横切れるかもしれない
ここで、右への風振れはスターボードタックで走っている両艇にとってリフトとなる。ダウンウインドではリフトしたらジャイビングしてヘッダーの風のなかを走る……これが基本だ。同時に、右への風振れで、左に位置する艇がゲインするともいえる
風向
風向
その後、風が振れ戻ったとする。そして左に振れた。ポートタックで走る赤艇にとっては再びリフトした状態になる。そこでジャイビング。この間ずっと真っ直ぐ走り続けた青艇よりも前に出ることができた
アップウインド同様、風のシフトをしっかりつかめば、前に出ることができる。これがダウンウインドでの基本戦略だ

# ダウンウインド

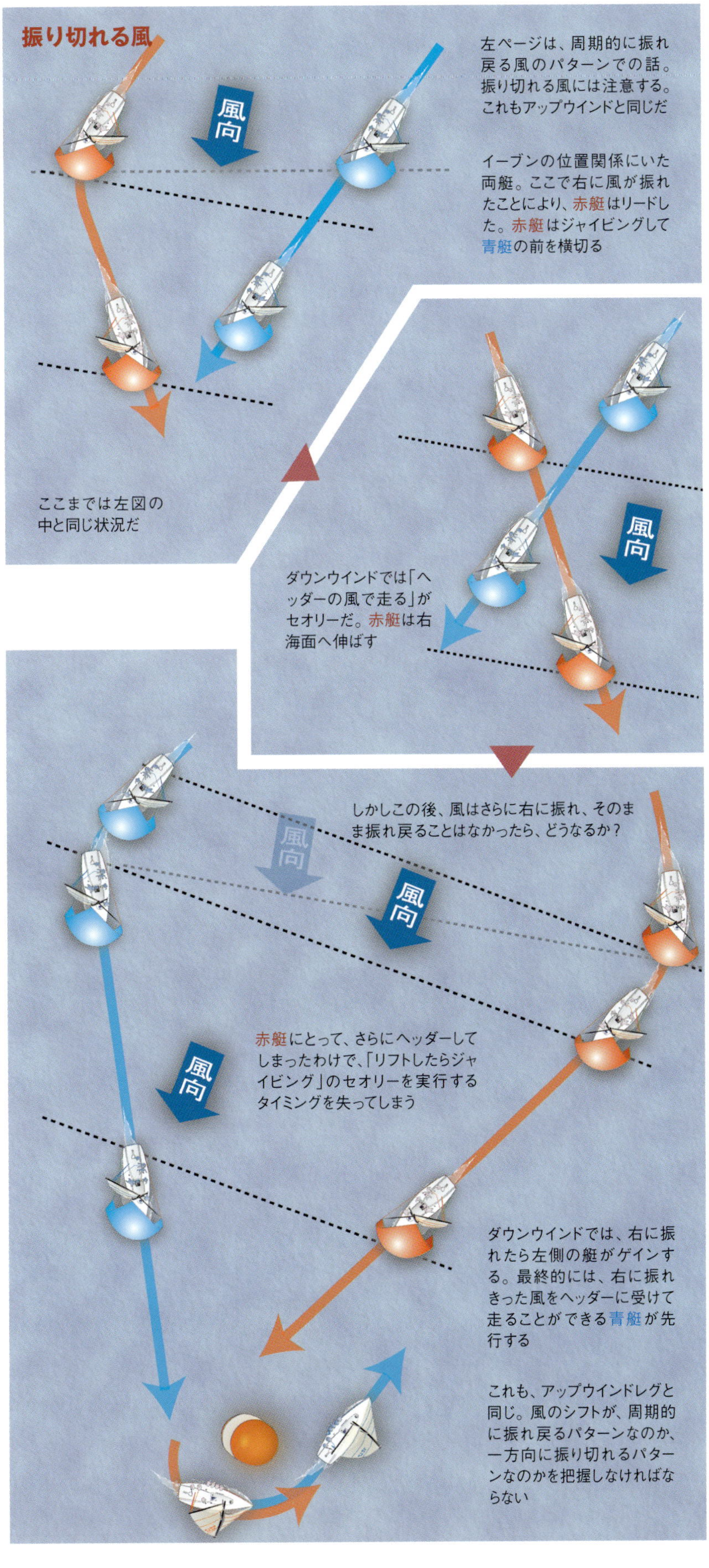
振り切れる風
左ページは、周期的に振れ戻る風のパターンでの話。振り切れる風には注意する。これもアップウインドと同じだ
風向
イーブンの位置関係にいた両艇。ここで右に風が振れたことにより、赤艇はリードした。赤艇はジャイビングして青艇の前を横切る
ここまでは左図の中と同じ状況だ
風向
ダウンウインドでは「ヘッダーの風で走る」がセオリーだ。赤艇は右海面へ伸ばす
しかしこの後、風はさらに右に振れ、そのまま振れ戻ることはなかったら、どうなるか？
風向
風向
赤艇にとって、さらにヘッダーしてしまったわけで、「リフトしたらジャイビング」のセオリーを実行するタイミングを失ってしまう
風向
ダウンウインドでは、右に振れたら左側の艇がゲインする。最終的には、右に振れきった風をヘッダーに受けて走ることができる青艇が先行する
これも、アップウインドレグと同じ。風のシフトが、周期的に振れ戻るパターンなのか、一方向に振り切れるパターンなのかを把握しなければならない

## 振り切れる風

周期的に振れては振れ戻るパターンの風と、一方向に振り切れる風では対応が異なる、というのもアップウインドと同じだ。

コース中央からどちらかのエンドへ向かって走っている場合と、エンド側からコース中央に向かって戻っている場合に分けて考えてみよう。

左図では、赤、青の両艇は右海面からコース中央へ戻るべく走っている。ここでいう「右海面」とは、艇上から見ると左側ということになるが、あくまでも風上マークが上にある状態での右側を「右海面」という。

ここで風が右へ振れた。両艇にとってリフトのシフトだ。赤艇はここでセオリー通り、ジャイビング。右へのシフトをヘッダーで受けて、青艇の前を横切ることができた。

赤艇は、このまま右海面に伸ばす。右へ伸ばすということは、どこかでジャイビングしてコース中央へ戻らなければならない。振れ戻る風ならば、次の振れは赤艇にとってリフトになる。そこでジャイビングすれば、さらに青艇に対してリードを広げられるはずだ。

しかし、ここでさらに風は右に振れたとしよう。赤艇にとってはヘッダーの振れ。ここでジャイビングすると、リフトのなかを走ることになる。

対して、スターボードタックで左海面に出た青艇にとって、右に振れるということはリフトのシフトとなる。右に振れきったところでジャイビングすれば、最もバウを落とせるヘッダーの風のなかで風下マークに到達できることになる。

周期的に振れ戻る風のパターンか、一方向へ振り切れるパターンか。しっかり把握することで、大逆転のチャンスとなる。

これらをふまえて、次はダウンウインドでの戦術について、さらに解説していこう。

## コースエンドは<br>やっぱり危険

アップウインドで注意しなければならないのは、不用意にコースエンドに近づかないことだった。レイラインをオーバーしてしまうリスクが高くなるからだ（68ページ）。

ダウンウインドでも同様。コースエンドでレイラインに到達したら、もうそこでジャイビングするしかなくなり、戦術的、戦略的な選択肢が狭くなってしまうことに変わりはない。レイラインを意識して走ろう。

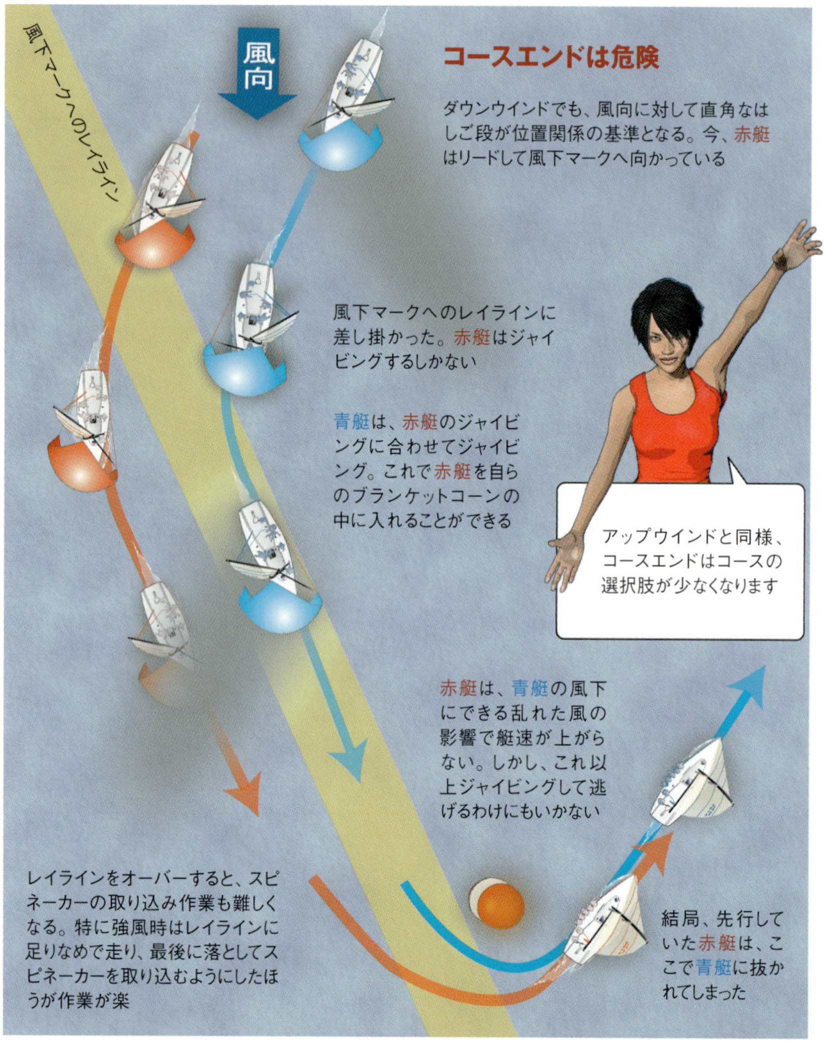
風下マークへのレイライン
風向
コースエンドは危険
ダウンウインドでも、風向に対して直角なはしご段が位置関係の基準となる。今、赤艇はリードして風下マークへ向かっている
風下マークへのレイラインに差し掛かった。赤艇はジャイビングするしかない
青艇は、赤艇のジャイビングに合わせてジャイビング。これで赤艇を自らのブランケットコーンの中に入れることができる
アップウインドと同様、コースエンドはコースの選択肢が少なくなります
赤艇は、青艇の風下にできる乱れた風の影響で艇速が上がらない。しかし、これ以上ジャイビングして逃げるわけにもいかない
レイラインをオーバーすると、スピネーカーの取り込み作業も難しくなる。特に強風時はレイラインに足りなめで走り、最後に落としてスピネーカーを取り込むようにしたほうが作業が楽
結局、先行していた赤艇は、ここで青艇に抜かれてしまった

## 風上マーク回航

ダウンウインドでのジャイビングアングルは、アップウインドでのタッキングアングルよりも狭くなることが多い。右ページの図を見れば分かるように、わずかな風の振れで、コース選択可能な海面はさらに狭くなる。ジャイビングなしで風下マークまで到達できる一本コースになってしまうことさえある。となると、長いレグから先に走るのが基本になる。

右中図のように、風が右に振れている場合、風上マークを回ってそのままスターボードタックで走っていると、すぐにレイラインに到達してしまう。ここでジャイビングせざるを得ず、そうなるとその後の風の振れには対応できなくなってしまう。

そこで、ジャイブセットだ。

風上マーク回航でスピネーカーを揚げながらジャイビングし、マーク回航直後、そのままポートタックで走ることを、ジャイブセットという。これで、マーク回航後すぐに、距離が長いほうのポートタックのレグから先に走ることができる。

ベアアウェイしてそのままスピネーカーを展開するベアアウェイセットとはスピネーカーセットの段取りが異なるので、どちらのセットにするかは、アップウインドの間に決めておかなければならない。

風向の変化のみならず、右海面と左海面との風速差、潮の違いなどでもダウンウインドの全体戦略は変わってくる。そしてそれは、マーク回航前に、ある程度判断しておかなければならないのだ。

### 高木 裕のワンポイント・アドバイス

**ブローをよく見て、コースを決める**

ダウンウインド・レグでは、ブローのなかを走るのが基本だ。もちろん風上航でも同様だが、特に微風のダウンウインドでは、少しでも強い風を受けることで、より落として走ることができ、大きな差を付けられる。

神奈川県・葉山で行われたニッポンカップ、クリス・ディクソンとのマッチでのこと。1～4kt程度の微風下で、我々はディクソンより5艇身遅れて風上マークを回航した。即ジャイブのコースで良いブローを拾えると思い、ジャイビング。ディクソンはそのままのコースをとった。2分後、ジャイビングした両艇がミートしたときには、我々が5艇身リードする大逆転。風上マーク回航後のわずかな時間で、10艇身も挽回したことになる。

このように、微風の風下航ではブローのなかを走ることで、あっという間にクローズホールド以上にゲインできるのだ。

# ダウンウインド

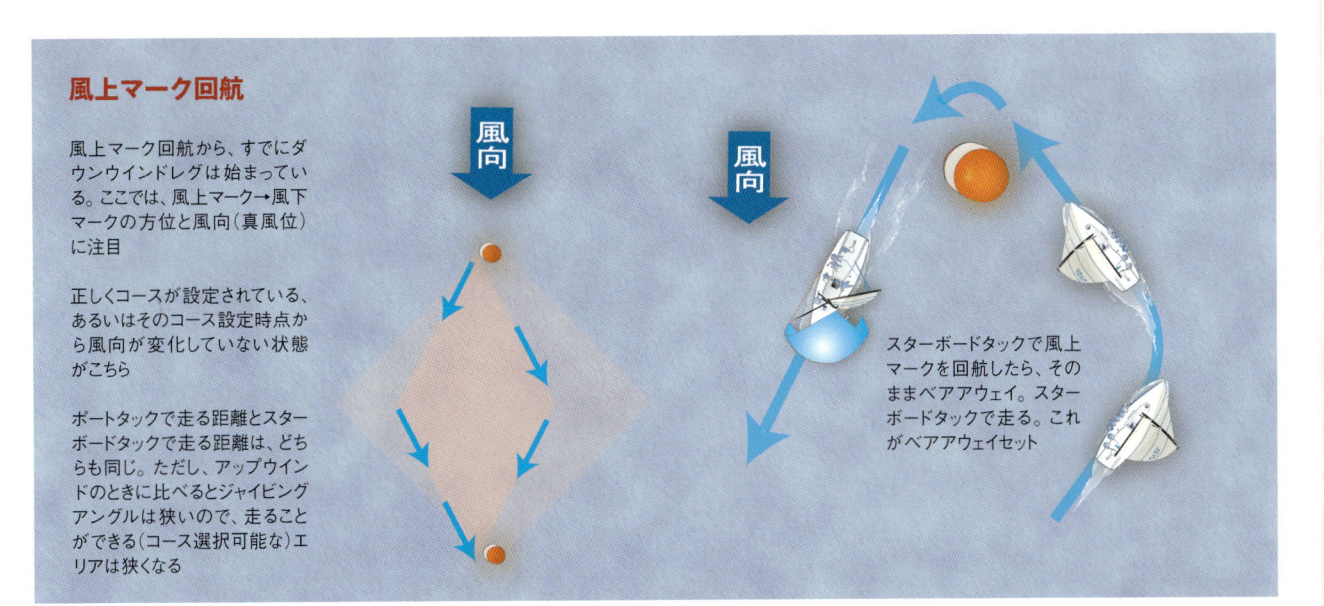

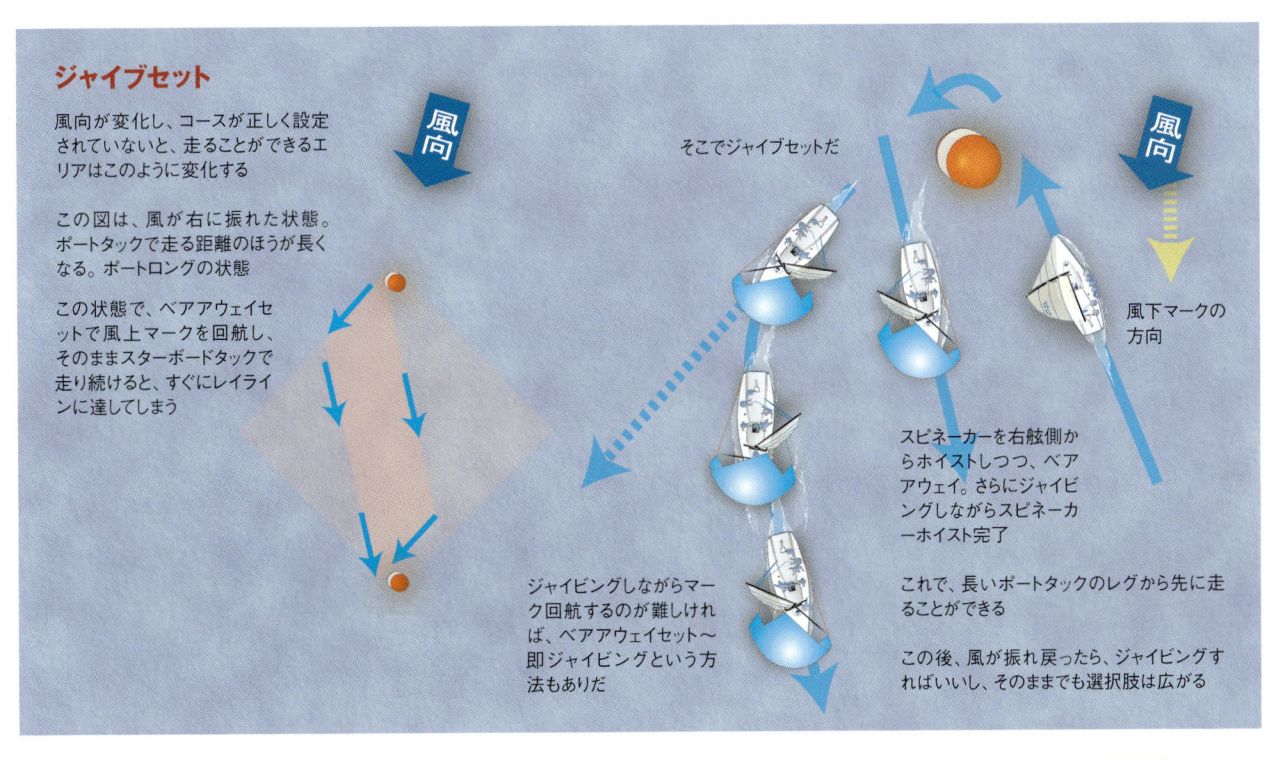

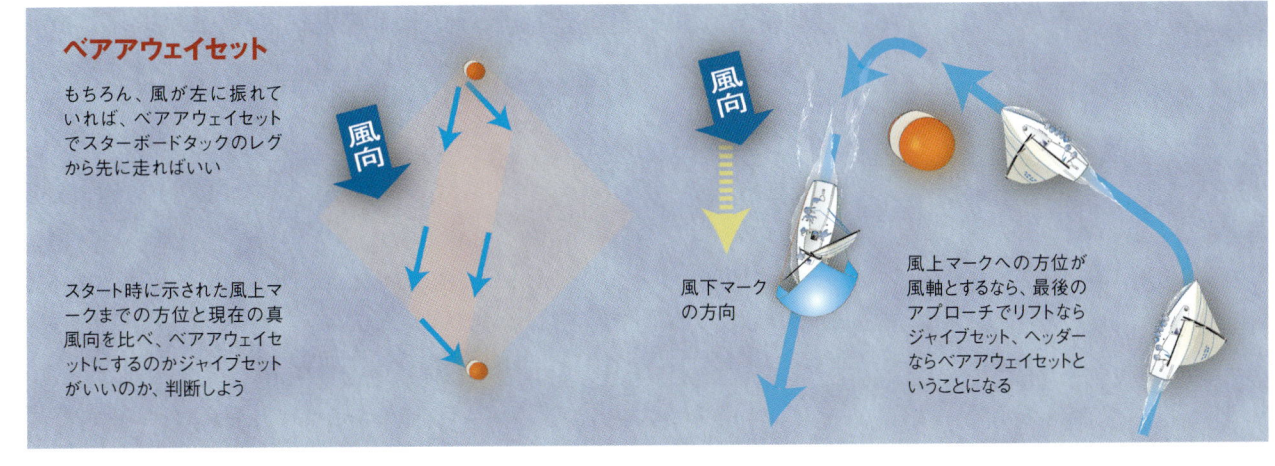

## 風上マーク回航

風上マーク回航から、すでにダウンウインドレグは始まっている。ここでは、風上マーク→風下マークの方位と風向（真風位）に注目

正しくコースが設定されている、あるいはそのコース設定時点から風向が変化していない状態がこちら

ポートタックで走る距離とスターボードタックで走る距離は、どちらも同じ。ただし、アップウインドのときに比べるとジャイビングアングルは狭いので、走ることができる（コース選択可能な）エリアは狭くなる

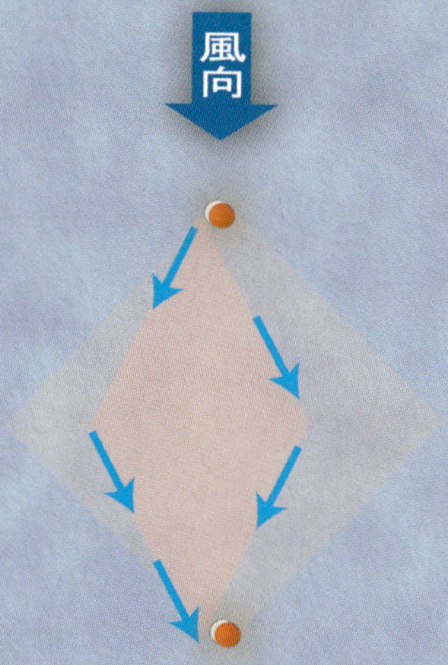
風向

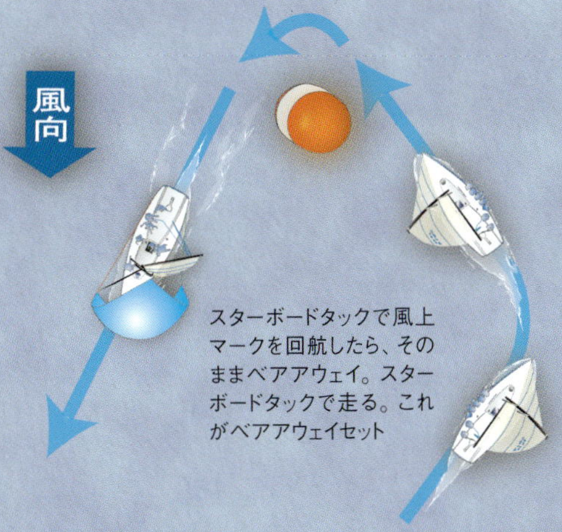
風向
スターボードタックで風上マークを回航したら、そのままベアアウェイ。スターボードタックで走る。これがベアアウェイセット

## ジャイブセット

風向が変化し、コースが正しく設定されていないと、走ることができるエリアはこのように変化する

この図は、風が右に振れた状態。ポートタックで走る距離のほうが長くなる。ポートロングの状態

この状態で、ベアアウェイセットで風上マークを回航し、そのままスターボードタックで走り続けると、すぐにレイラインに達してしまう

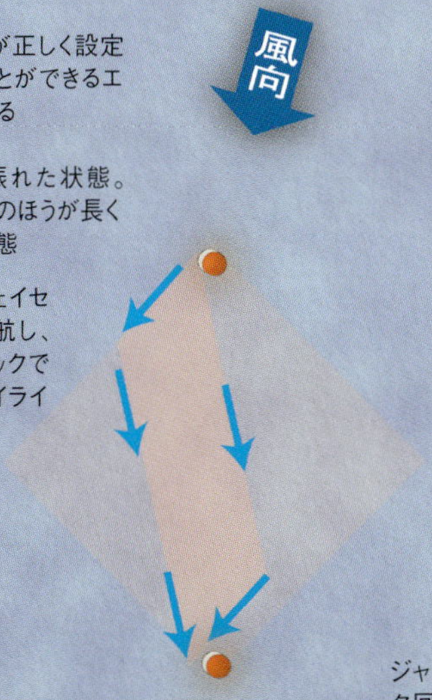
風向

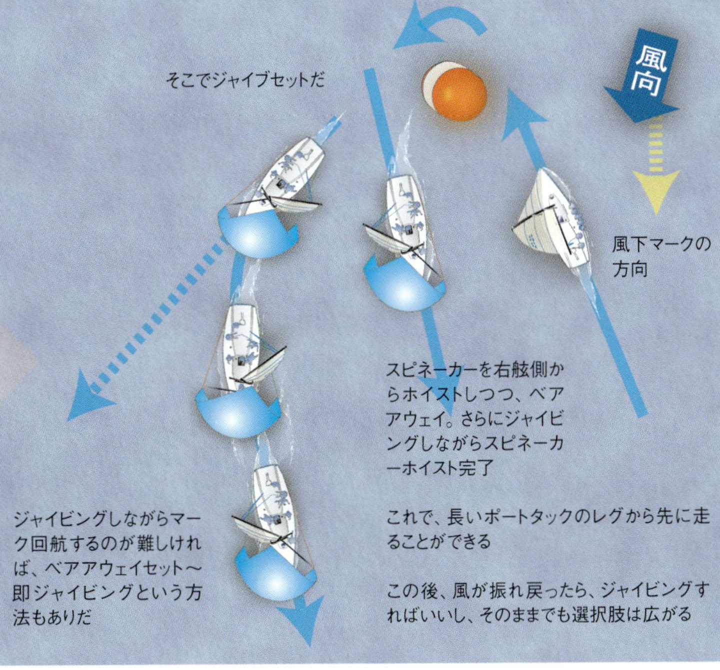
そこでジャイブセットだ
風向
風下マークの方向
スピネーカーを右舷側からホイストしつつ、ベアアウェイ。さらにジャイビングしながらスピネーカーホイスト完了
ジャイビングしながらマーク回航するのが難しければ、ベアアウェイセット～即ジャイビングという方法もありだ
これで、長いポートタックのレグから先に走ることができる
この後、風が振れ戻ったら、ジャイビングすればいいし、そのままでも選択肢は広がる

## ベアアウェイセット

もちろん、風が左に振れていれば、ベアアウェイセットでスターボードタックのレグから先に走ればいい

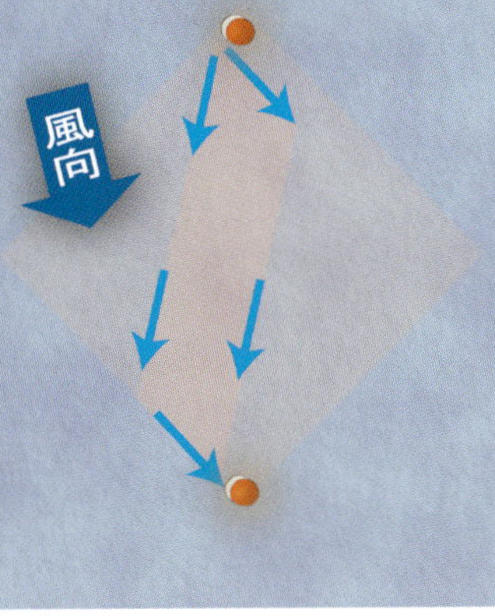
風向

スタート時に示された風上マークまでの方位と現在の真風向を比べ、ベアアウェイセットにするのかジャイブセットがいいのか、判断しよう

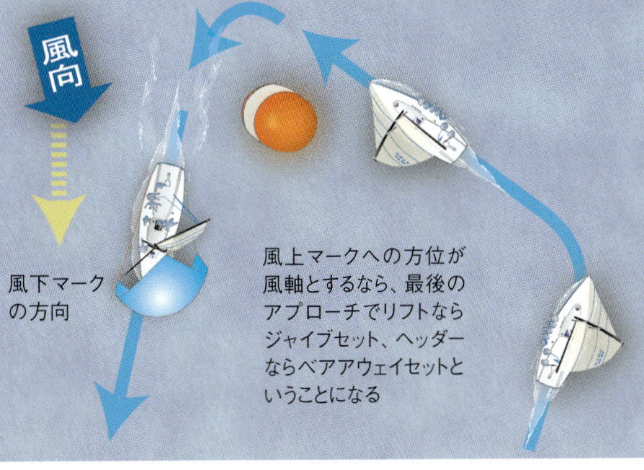
風向
風下マークの方向
風上マークへの方位が風軸とするなら、最後のアプローチでリフトならジャイブセット、ヘッダーならベアアウェイセットということになる

## ダウンウインドでのカバーリング

カバーリングとは、先行艇がそのリードをいかにして守るか、ということである。風の振れで逆転されないよう、相手にチャンスを与えないようにするための戦術だ。

アップウインドでのカバーリングについては、ルーズカバーとタイトカバーがある、と第1章（38ページ）で解説した。

アップウインドでは、先行艇は自らのブランケットコーンに後続艇を入れることができる。これがタイトカバーだ。

ダウンウインドでは、逆に後続艇が先行艇をブランケットコーンに入れることができる。ということは、先行艇は後続艇に追い抜くチャンスを与えないように、後続艇のブランケットコーンに入らない位置でカバーリングすることになる（左図）。

ブランケットコーンは、見かけの風向に沿って生じる。特にダウンウインドでは、真の風と見かけの風は大きく異なるので注意が必要だ。ちょうど真下《ましも》に位置すれば、ブランケットコーンに入ってしまうことはない。そして、その位置ならば、その後は風がどち

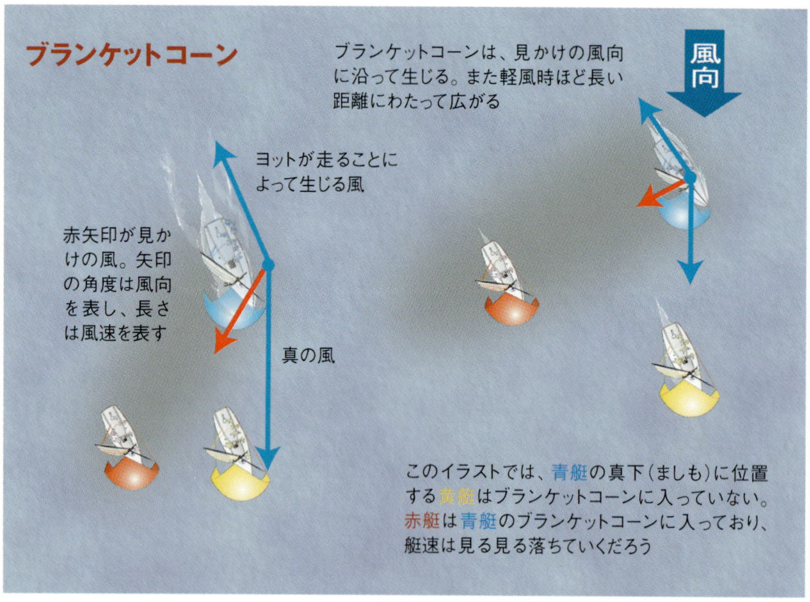
ブランケットコーン
ブランケットコーンは、見かけの風向に沿って生じる。また軽風時ほど長い距離にわたって広がる
風向
ヨットが走ることによって生じる風
赤矢印が見かけの風。矢印の角度は風向を表し、長さは風速を表す
真の風
このイラストでは、青艇の真下（ましも）に位置する黄艇はブランケットコーンに入っていない。赤艇は青艇のブランケットコーンに入っており、艇速は見る見る落ちていくだろう

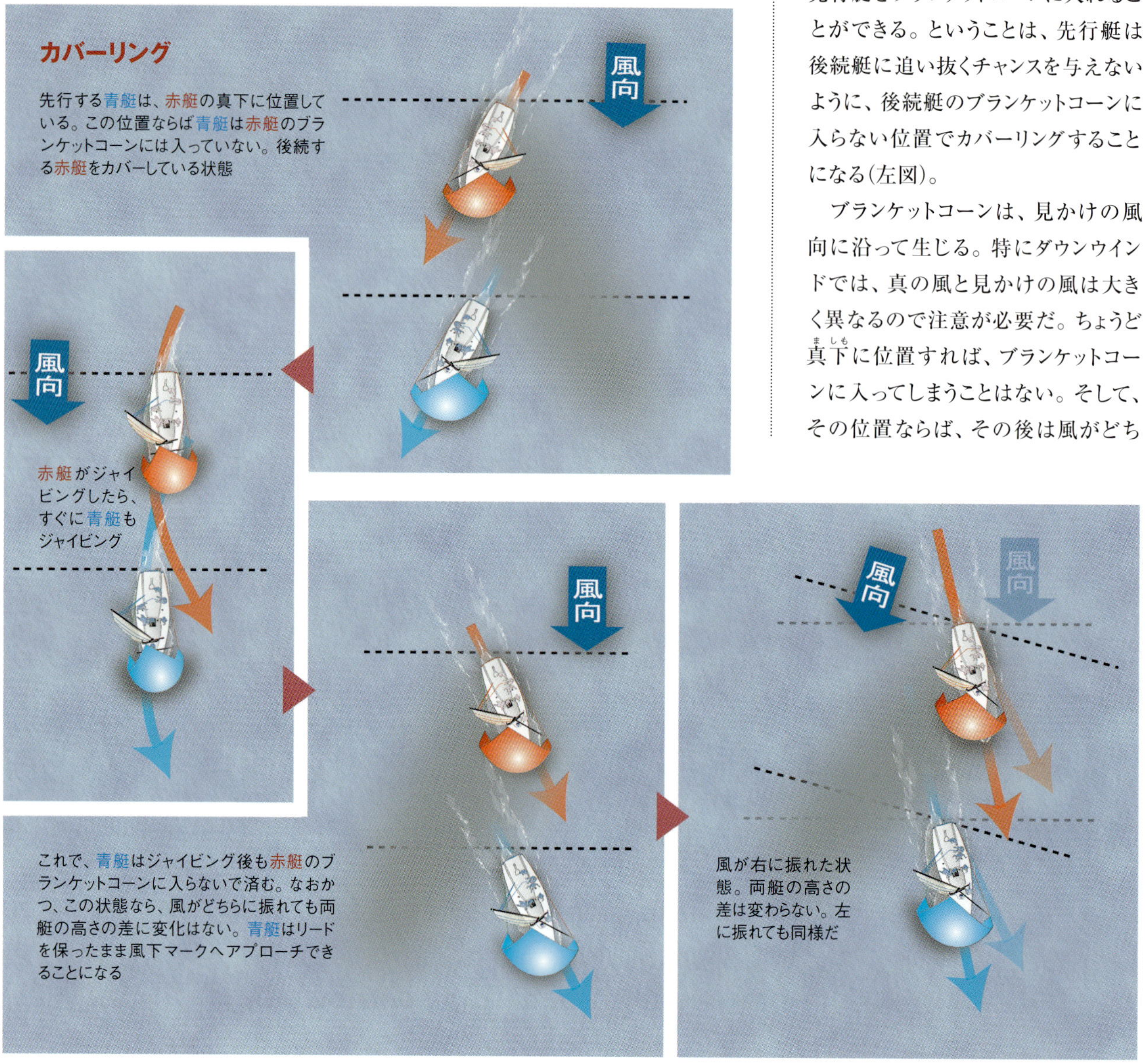
カバーリング
先行する青艇は、赤艇の真下に位置している。この位置ならば青艇は赤艇のブランケットコーンには入っていない。後続する赤艇をカバーしている状態
風向
風向
赤艇がジャイビングしたら、すぐに青艇もジャイビング
風向
風向
風向
これで、青艇はジャイビング後も赤艇のブランケットコーンに入らないで済む。なおかつ、この状態なら、風がどちらに振れても両艇の高さの差に変化はない。青艇はリードを保ったまま風下マークへアプローチできることになる
風が右に振れた状態。両艇の高さの差は変わらない。左に振れても同様だ

らに振れても、（はしご段の）高さの違いは起きない。

後続艇の真下に位置する、またはマークと後続艇との間に位置する。これで、どちらに風が振れても逆転されるリスクは少なくなる（左ページの図）。

逆に、両艇がフェースを分けて、左右に大きく分かれてしまうと、どうなるか。右図は、赤艇がジャイビングしたあと、青艇がそのままカバーリングを怠って左海面に伸ばしてしまった例を描いたものだ。

この後、風が左に振れたとする。赤艇にとってはリフトのシフトになる。ここで赤艇はジャイビング。すると、赤艇はこのシフトで大きくゲインすることができ、次のミートでは青艇に追いつき、青艇の前を横切れるかもしれない。

もちろん、風が逆に振れれば青艇はリードを広げることができたかもしれない。しかし、赤艇に次のシフトをつかむ自由を与えてしまったことに変わりはない。

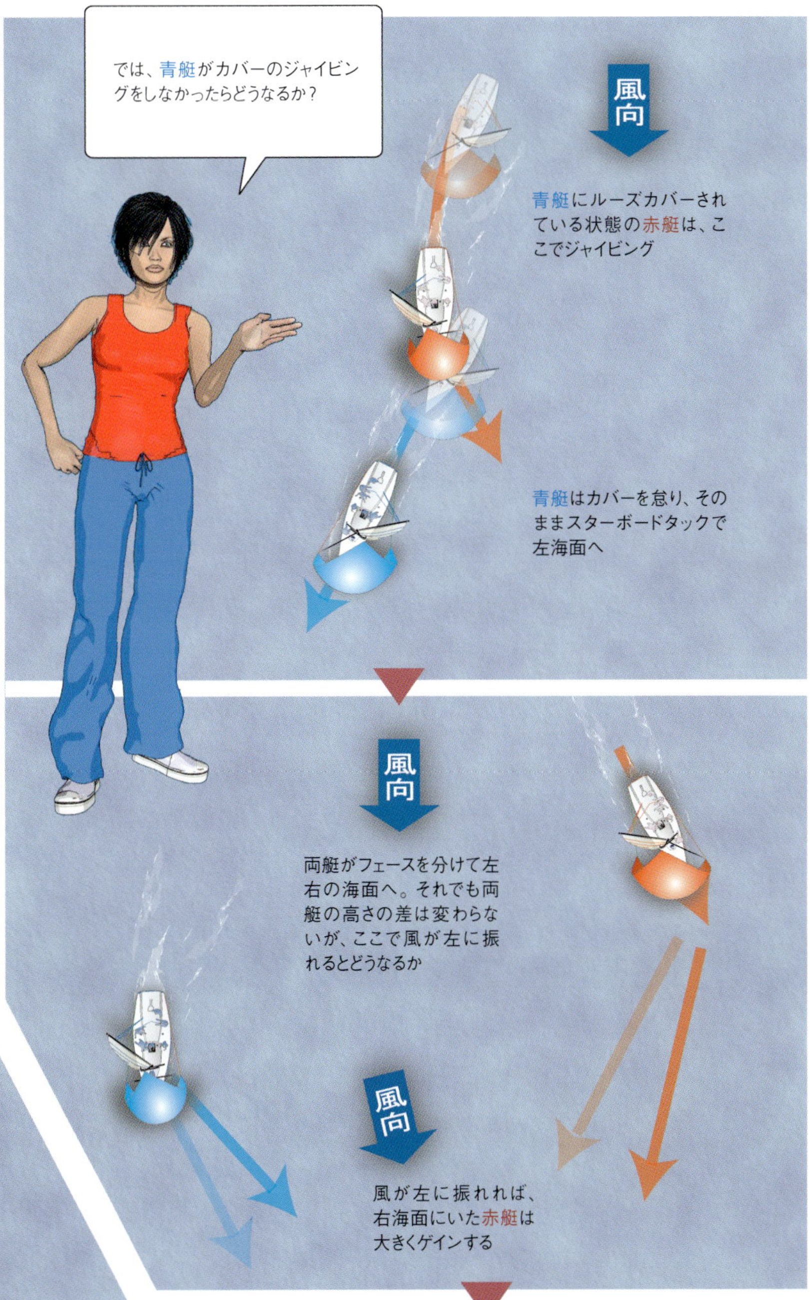
では、青艇がカバーのジャイビングをしなかったらどうなるか？
風向
青艇にルーズカバーされている状態の赤艇は、ここでジャイビング
青艇はカバーを怠り、そのままスターボードタックで左海面へ
風向
両艇がフェースを分けて左右の海面へ。それでも両艇の高さの差は変わらないが、ここで風が左に振れるとどうなるか
風向
風が左に振れれば、右海面にいた赤艇は大きくゲインする

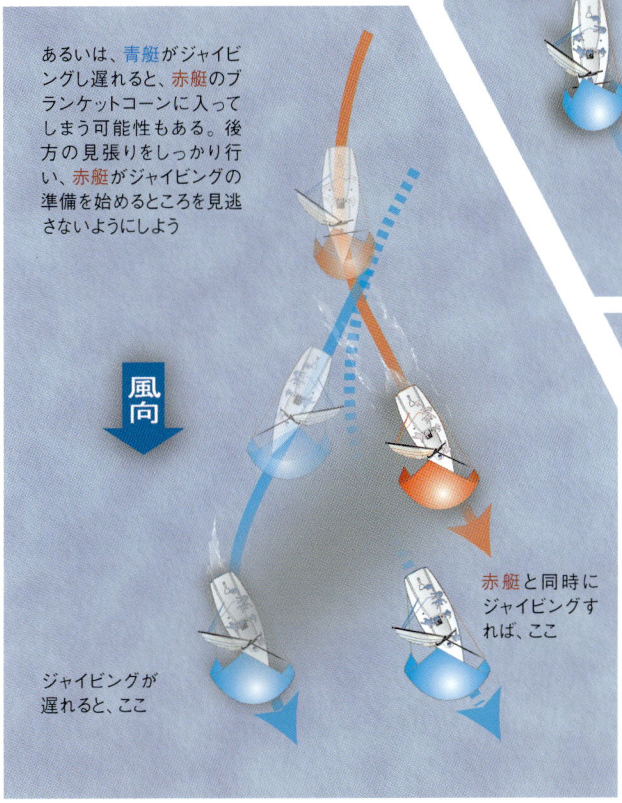
あるいは、青艇がジャイビングし遅れると、赤艇のブランケットコーンに入ってしまう可能性もある。後方の見張りをしっかり行い、赤艇がジャイビングの準備を始めるところを見逃さないようにしよう
風向
赤艇と同時にジャイビングすれば、ここ
ジャイビングが遅れると、ここ

風向
リードしていた青艇だが、ここで逆転。赤艇が先行する
もちろん、風が逆に振れれば、青艇はリードを広げることができたかもしれないが、カバーを怠ったために、赤艇に逆転のチャンスを与えてしまった

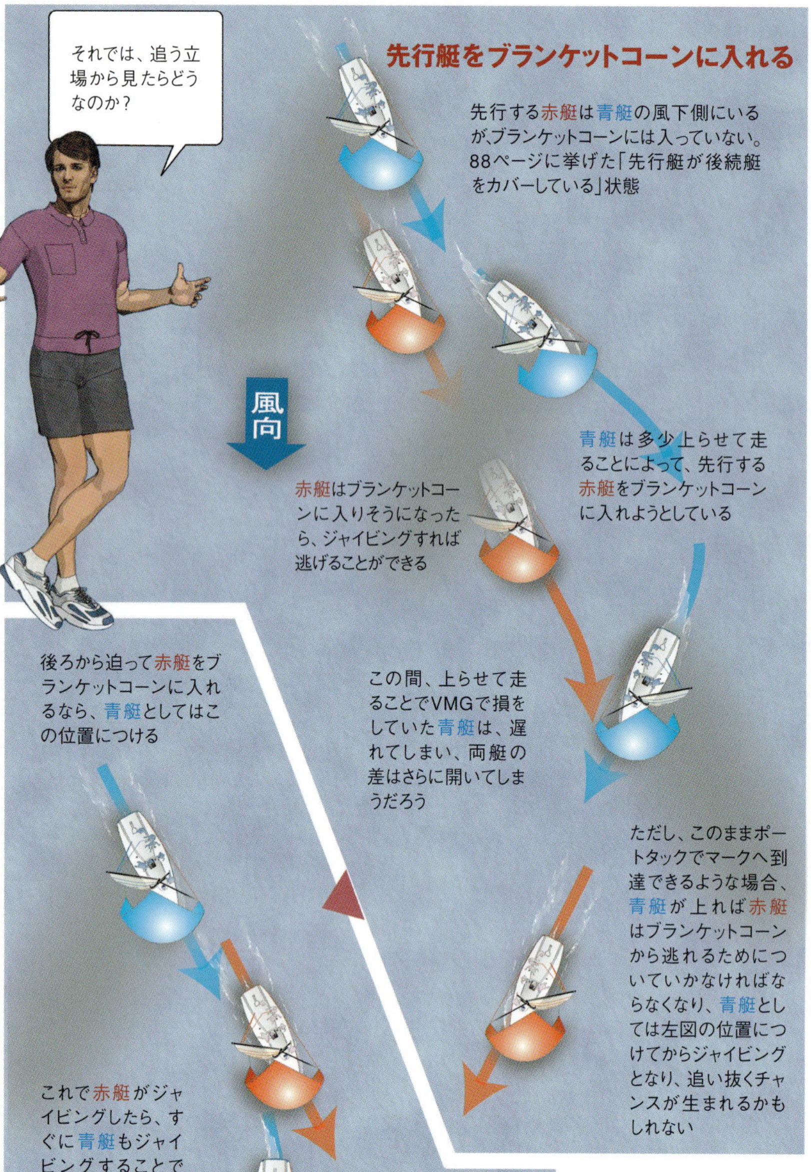

それでは、追う立場から見たらどうなのか？
先行艇をブランケットコーンに入れる
先行する赤艇は青艇の風下側にいるが、ブランケットコーンには入っていない。88ページに挙げた「先行艇が後続艇をカバーしている」状態
風向
青艇は多少上らせて走ることによって、先行する赤艇をブランケットコーンに入れようとしている
赤艇はブランケットコーンに入りそうになったら、ジャイビングすれば逃げることができる
後ろから迫って赤艇をブランケットコーンに入れるなら、青艇としてはこの位置につける
この間、上らせて走ることでVMGで損をしていた青艇は、遅れてしまい、両艇の差はさらに開いてしまうだろう
ただし、このままポートタックでマークへ到達できるような場合、青艇が上れば赤艇はブランケットコーンから逃れるためについていかなければならなくなり、青艇としては左図の位置につけてからジャイビングとなり、追い抜くチャンスが生まれるかもしれない


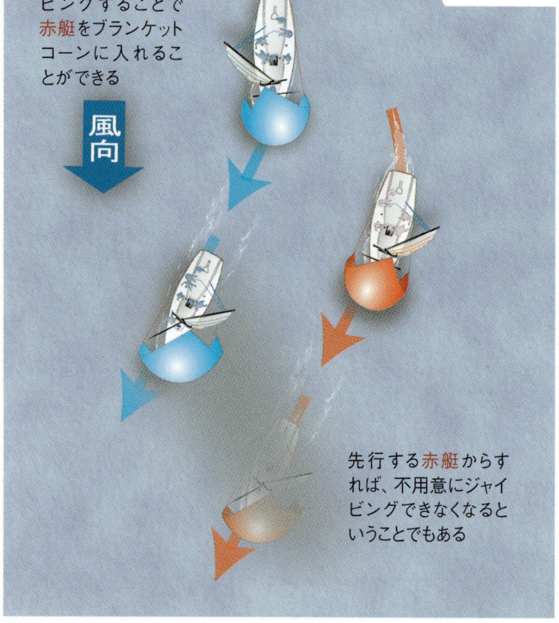

これで赤艇がジャイビングしたら、すぐに青艇もジャイビングすることで赤艇をブランケットコーンに入れることができる
風向
先行する赤艇からすれば、不用意にジャイビングできなくなるということでもある


## 先行艇をつかまえる

それでは、後続艇としては、いかにして先行艇をつかまえるのか。

左図のように、高めに走って先行艇をブランケットコーンに入れようとしても、なかなかうまくいかない。逆に、先行艇をジャイビングさせたければ、この方法でうまくいくかもしれないが。

先行艇をブランケットコーンに入れたければ、左下図の位置につける。先行艇がジャイビングしたら、すぐにジャイビングすることで、相手をブランケットコーンに入れることができる。

また、着順勝負のワンデザインクラスと異なり、ハンディキャップでタイムを競う場合、必ずしも先行艇を抜き去る必要がない場合もある。後ろに位置していても、修正時間で勝っているケースがあるからだ。

アップウインドなら、後続艇はタイトカバーされるなどして、好きな海面を走れなくなり、別の艇に時間差で負けることもあるかもしれない。しかし、ダウンウインドなら、後方にいてもブランケットを受けることはない。そのままフィニッシュすれば修正時間で勝てるなら、後ろからでも先行艇をカバーしていることになる。

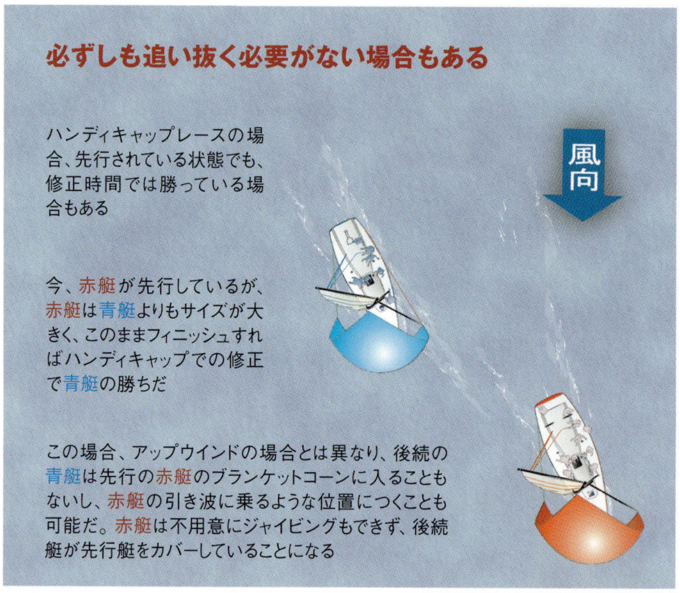

必ずしも追い抜く必要がない場合もある
ハンディキャップレースの場合、先行されている状態でも、修正時間では勝っている場合もある
風向
今、赤艇が先行しているが、赤艇は青艇よりもサイズが大きく、このままフィニッシュすればハンディキャップでの修正で青艇の勝ちだ
この場合、アップウインドの場合とは異なり、後続の青艇は先行の赤艇のブランケットコーンに入ることもないし、赤艇の引き波に乗るような位置につくことも可能だ。赤艇は不用意にジャイビングもできず、後続艇が先行艇をカバーしていることになる

## リーチング

クローズホールド以外の走りを「フリー」というが、これまで見てきたように、風下マークを目指すダウンウインド・レグでは、VMGが最大になるセーリングアングルで走るため、マークを直接狙うことはできなかった。フリー(自由)というわけでもない。そのため、この連載では「ダウンウインド」という言葉を使ってきた。

さて、VMGが最大になるセーリングアングルより、さらに高い位置に目的地がある場合は、目的地を直接狙うことができる。これがリーチングだ(右図)。

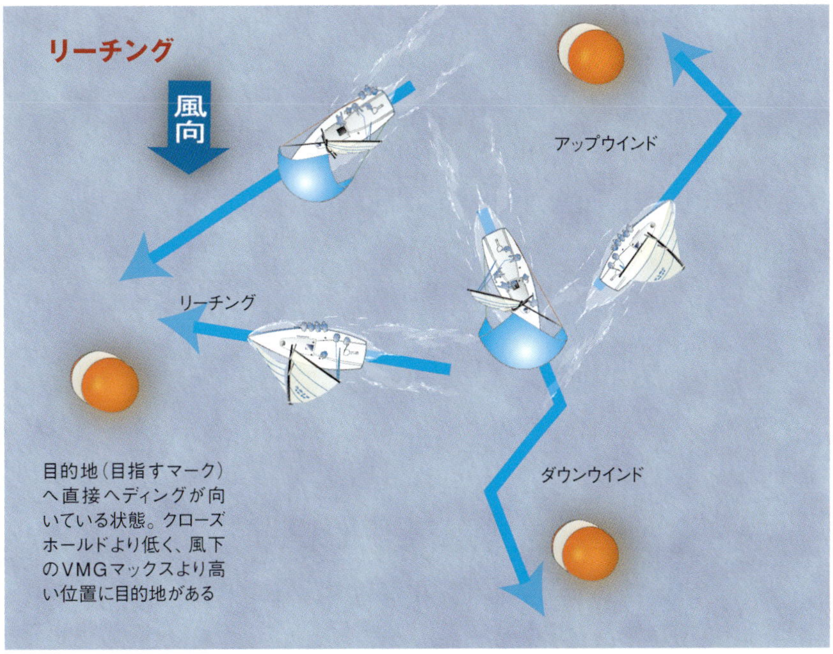
リーチング
風向
アップウインド
リーチング
ダウンウインド
目的地(目指すマーク)へ直接ヘディングが向いている状態。クローズホールドより低く、風下のVMGマックスより高い位置に目的地がある

### VMCを考える

リーチングのレグでは、戦略的なコースの選択肢はほとんどない。スピード勝負になってしまうことが多く、面白みがないということで、最近のブイ回りのレースでは採用されていない。

ただし島回りレースなど、長距離を走る外洋レースではリーチングレグが多くなる。この場合、ひと晩なり丸2日なりと走る時間が長いので、その間、風向・風速は変化し、艇団が広い範囲に散らばれば、それなりに戦略的な展開も増えてくる。

ここでは、目的地へのVMC(velocity made good on course)という考え方も重要になってくる。

VMCとは目的地への接近速度だ。右中図のように、目指すマークまで真風向が50度の場合、10度落として走れば、高さは失うが艇速はぐっと増すので、マークにはより近づくことができる。この後、風が右に振れても左に振れても、VMCマックスで前に出た赤艇が有利になる。

外洋レースにおける戦略、戦術となると、また深遠だ。このくらいにしておいて、次はいよいよフィニッシュについて考えていこう。

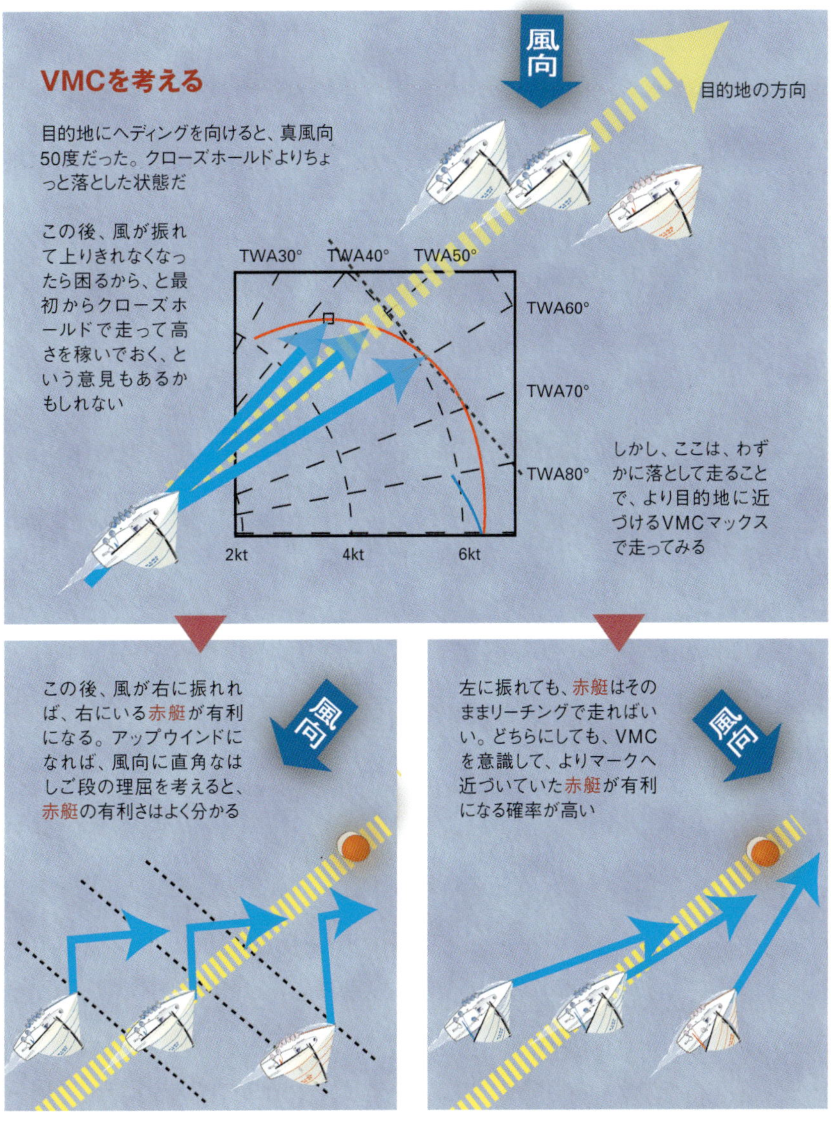
VMCを考える
風向
目的地の方向
目的地にヘディングを向けると、真風向50度だった。クローズホールドよりちょっと落とした状態だ
この後、風が振れて上りきれなくなったら困るから、と最初からクローズホールドで走って高さを稼いでおく、という意見もあるかもしれない
TWA30°
TWA40°
TWA50°
TWA60°
TWA70°
TWA80°
2kt
4kt
6kt
しかし、ここは、わずかに落として走ることで、より目的地に近づけるVMCマックスで走ってみる
この後、風が右に振れれば、右にいる赤艇が有利になる。アップウインドになれば、風向に直角なはしご段の理屈を考えると、赤艇の有利さはよく分かる
風向
左に振れても、赤艇はそのままリーチングで走ればいい。どちらにしても、VMCを意識して、よりマークへ近づいていた赤艇が有利になる確率が高い
風向

第 5 章
フィニッシュ

# フィニッシュでの攻防

レースコースを帆走し、いよいよフィニッシュへ。有終の美を飾るために、
フィニッシュラインでの戦術について考えてみよう。

## フィニッシュライン

ヨットレースの最後を締めくくるのがフィニッシュだ。フィニッシュラインを切ることで、レースは終わる。

フィニッシュラインもスタートラインと同様、海上に線が引かれているわけではない。フィニッシュラインについて、その設置例から見ていこう。

### 風上(かみ)か、風下(しも)か

フィニッシュラインにもさまざまな形態がある。これも帆走指示書に明記されるが、一般的なものを三つ挙げてみた(下図)。

以前、スタートラインの項(46ページ)で説明したものと似ている。一般的には、風向に直角に設けられた、マークと本部船との間の仮想の線がフィニッシュラインとなる。

通常は風上マークの付近にアウターマークを打ち(あるいは風上マークをアウターエンドとすることもある)、本部船がスタート地点から移動してきてアンカリングし、マークと本部船との見通し線がフィニッシュラインになることが多い。

この場合はアップウインドレグの最後、レースエリアの風上でフィニッシュするので「風上(かみ)フィニッシュ」と呼ぶ。場合によってはスタートラインをそのまま、あるいはスタートラインより間隔を短くして、風下マークの近くにフィニッシュラインを設ける場合もある。こちらは風下でのフィニッシュとなるので「風下(しも)フィニッシュ」と呼ばれる。

風下フィニッシュなら、次のレースのスタートがすぐに行える。そこで、その日の第1レースは風下フィニッシュ、最終レースは風上フィニッシュ、ということもある。

いずれにしても、帆走指示書をよく

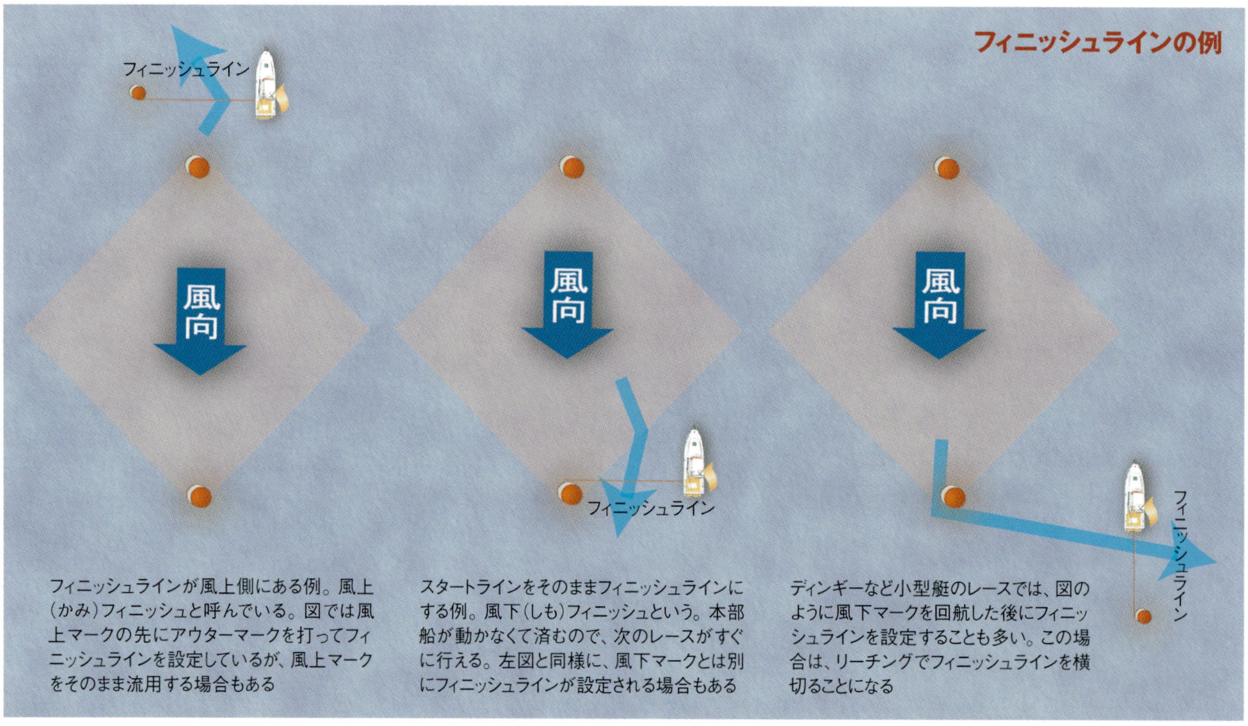


フィニッシュラインが風上側にある例。風上(かみ)フィニッシュと呼んでいる。図では風上マークの先にアウターマークを打ってフィニッシュラインを設定しているが、風上マークをそのまま流用する場合もある

スタートラインをそのままフィニッシュラインにする例。風下(しも)フィニッシュという。本部船が動かなくて済むので、次のレースがすぐに行える。左図と同様に、風下マークとは別にフィニッシュラインが設定される場合もある

ディンギーなど小型艇のレースでは、図のように風下マークを回航した後にフィニッシュラインを設定することも多い。この場合は、リーチングでフィニッシュラインを横切ることになる

# フィニッシュ

読んで、しっかり確認しておこう。

## ルール上のフィニッシュ

ヨットは、フィニッシュラインを横切ることでフィニッシュとなる。正確には、「艇体、または正常な位置にある乗員もしくは装備の一部が、フィニッシュラインを横切った瞬間」のことだ。

フィニッシュ後は、フィニッシュラインを完全に横切る必要はない。どこか一部がフィニッシュラインを横切った後、ヨットがフィニッシュラインから離れ、マークと接触する可能性がなくなった時点で、フィニッシュラインをクリアしたことになり、その時点でレース中ではなくなる（このあたりは、102ページでさらに詳しく解説する）。

## スタートラインとの違い

風上フィニッシュの右図を見ると、スタートの状況とよく似ている。大きな違いは、フィニッシュマークには他の回航マークと同様、RRS（セーリング競技規則）の第2章C節「マークおよび障害物において」が適用されるということ。

たとえば、下図のように、スタート時には、青艇はオーバーラップしている赤艇にマークルームを与える必要はなかった（54ページ参照）。

しかし、フィニッシュマークは、ほかの回航マークと同じ扱いになるので、ゾーン（マークの周囲3艇身の区域）に到達した時点でオーバーラップしていた赤艇は、本部船と青艇との間に入るルームを得ることができる。たとえ赤艇がオーバーセールしていても、ベアアウェイしてフィニッシュすることができる。

マークルームについては62ージで解説したので、そちらを参照していただきたい。

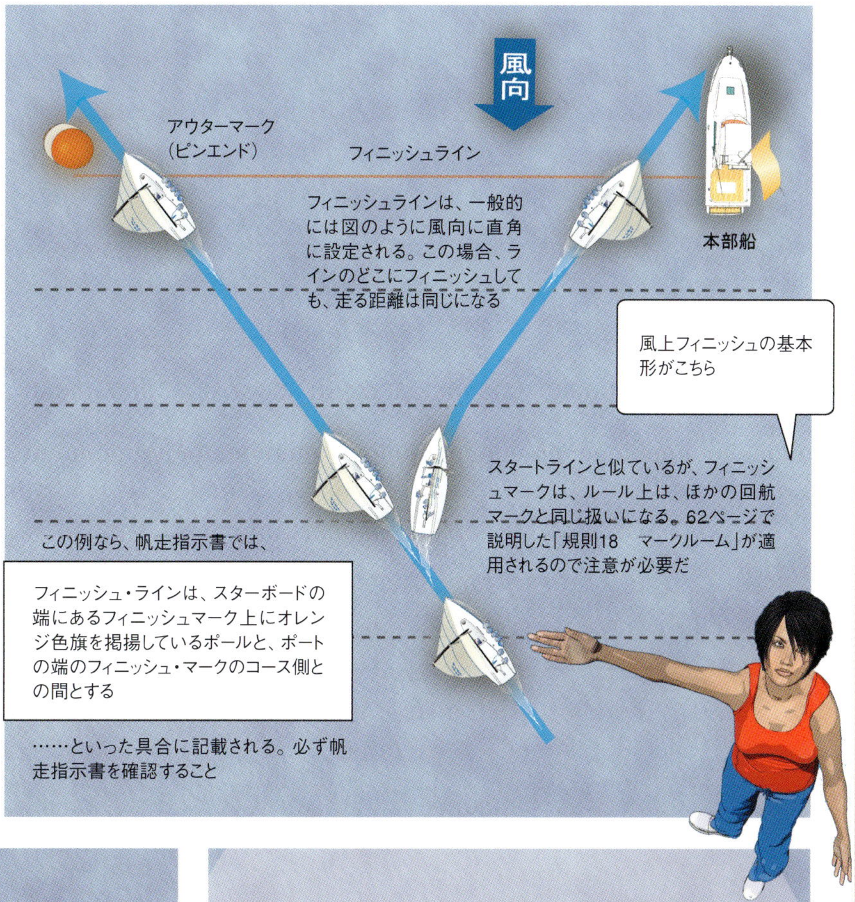

風向
アウターマーク（ピンエンド）
フィニッシュライン
フィニッシュラインは、一般的には図のように風向に直角に設定される。この場合、ラインのどこにフィニッシュしても、走る距離は同じになる
本部船
風上フィニッシュの基本形がこちら
スタートラインと似ているが、フィニッシュマークは、ルール上は、ほかの回航マークと同じ扱いになる。62ページで説明した「規則18　マークルーム」が適用されるので注意が必要だ
この例なら、帆走指示書では、
フィニッシュ・ラインは、スターボードの端にあるフィニッシュマーク上にオレンジ色旗を掲揚しているポールと、ポートの端のフィニッシュ・マークのコース側との間とする
……といった具合に記載される。必ず帆走指示書を確認すること


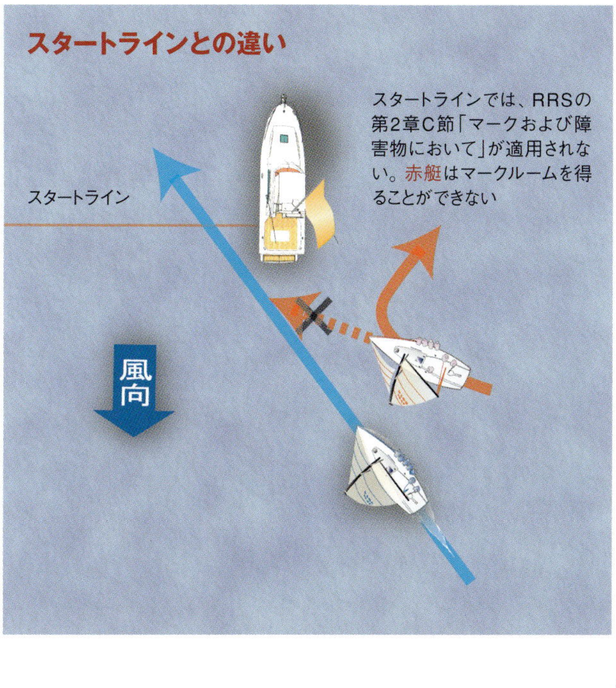

スタートラインとの違い
スタートラインでは、RRSの第2章C節「マークおよび障害物において」が適用されない。赤艇はマークルームを得ることができない
スタートライン
風向


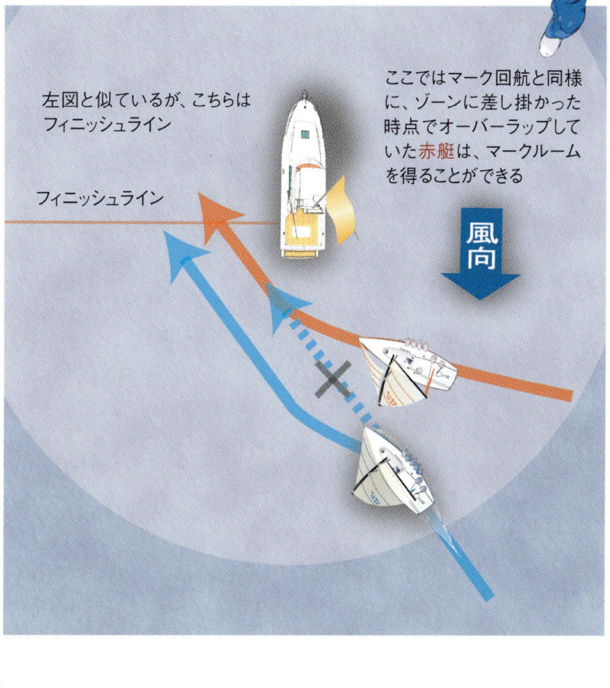

左図と似ているが、こちらはフィニッシュライン
ここではマーク回航と同様に、ゾーンに差し掛かった時点でオーバーラップしていた赤艇は、マークルームを得ることができる
フィニッシュライン
風向

## 有利なエンド

スタートラインと同じように、風向に対して直角にフィニッシュラインが設定できていれば、ライン上のどこにフィニッシュしても走る距離は同じだ。しかし実際には、どちらかにずれている場合が多くなる。

### 「近いサイド」と「遠いサイド」

フィニッシュラインと風向がずれていれば、「近いサイド」と「遠いサイド」が生じる(右図)。理屈はスタートラインと同じだ。

スタートでは、全艇一斉にスタートするわけだから、マークもしっかり設置することができる。もしスターティングシークエンスに入った後でも風が大きく振れれば、スタートが延期される場合もある。

しかし、フィニッシュマークは、一度設置したら全艇がフィニッシュするまで変更することはできない。最初にフィニッシュした艇と、後からフィニッシュした艇とで不公平になるからだ。

となると、トップ艇がフィニッシュした後で風が振れてしまうこともある。レース運営艇がどんなにきちんとフィニッシュラインを設定しても、その後の気象変化でラインが傾いてしまう可能性は、スタートラインよりは大きくなる。

スタートと異なり、全艇同時にフィニッシュラインを横切るわけではないので、フィニッシュラインはスタートラインより短く設定されることが多い。その分、風に対する高さの差は小さくなるが、それでも高さの差は生じるし、あるいはフィニッシュ順位を正確に判断するため、意図的に本部艇側を「近いサイド」にすることもある。

レース参加者としては、フィニッシュラインの傾きをしっかり見分けて、「近いサイド」にフィニッシュしよう。

### 近いサイドを見分ける方法

スタートの場合は、スタート前にス

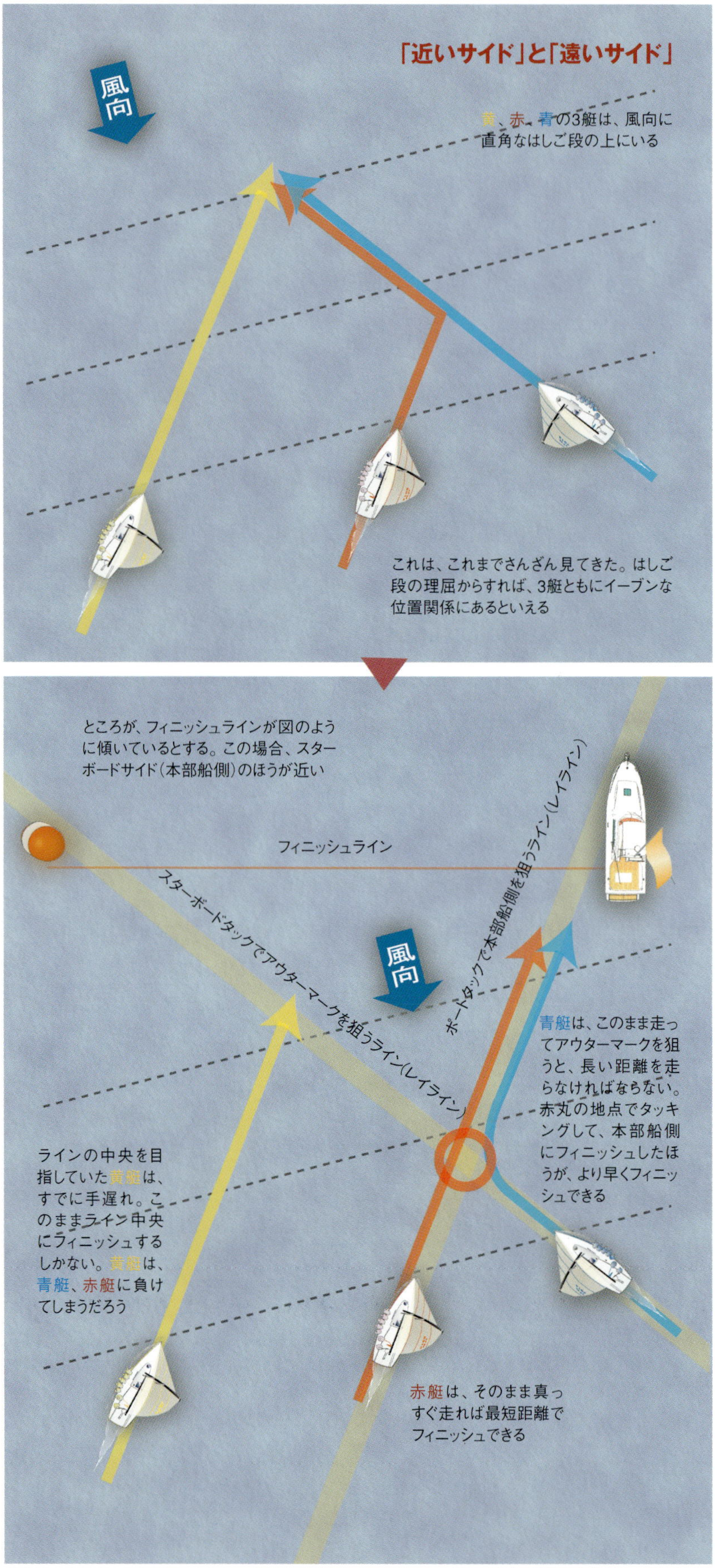

「近いサイド」と「遠いサイド」
風向
黄、赤、青の3艇は、風向に
直角なはしご段の上にいる
これは、これまでさんざん見てきた。はしご
段の理屈からすれば、3艇ともにイーブンな
位置関係にあるといえる
ところが、フィニッシュラインが図のよう
に傾いているとする。この場合、スター
ボードサイド(本部船側)のほうが近い
フィニッシュライン
スターボードタックでアウターマークを狙うライン(レイライン)
ポートタックで本部船側を狙うライン(レイライン)
風向
青艇は、このまま走ってアウターマークを狙うと、長い距離を走らなければならない。赤丸の地点でタッキングして、本部船側にフィニッシュしたほうが、より早くフィニッシュできる
ラインの中央を目指していた黄艇は、すでに手遅れ。このままライン中央にフィニッシュするしかない。黄艇は、青艇、赤艇に負けてしまうだろう
赤艇は、そのまま真っすぐ走れば最短距離でフィニッシュできる

# フィニッシュ

タートラインを流したり、風向とラインの角度を測ったりと、ラインの傾きを調べる時間があった。しかしフィニッシュでは、艇上から、遠くのフィニッシュラインの傾きを判断しなければならない。図では俯瞰で見ているから分かりやすいが、水面から、それも遠くから見た目では判断が難しい。

最も確実なのは、下図の赤丸の位置から見ること。この地点で、本部船とアウターマークとのどちらが近いかを確認するのはたやすいはずだ。

これは、スターボードタックで左エンドへのレイラインを走る、あるいはポートタックで右エンドへのレイラインを走ればいい、ということになる。

仮に、この赤丸の地点をフィニッシュラインへのエントリーポイントと名付けよう。

エントリーポイントを中心として、下図のように四つのゾーンに分けて考えると分かりやすい。

ゾーン2にいる艇は、本部船側が近いとすると、すでにオーバーセールしている。逆にゾーン3にいる艇は、アウターマーク側が近ければ、すでにオーバーセールだ。ゾーン4にいれば、どちらのサイドでも狙うことができる。

さて次に、ゾーン4の中で競っている場合、エントリーポイントに到達する前に、フィニッシュラインの左右どちらのエンドが近いのかを判断する必要が出てくる。

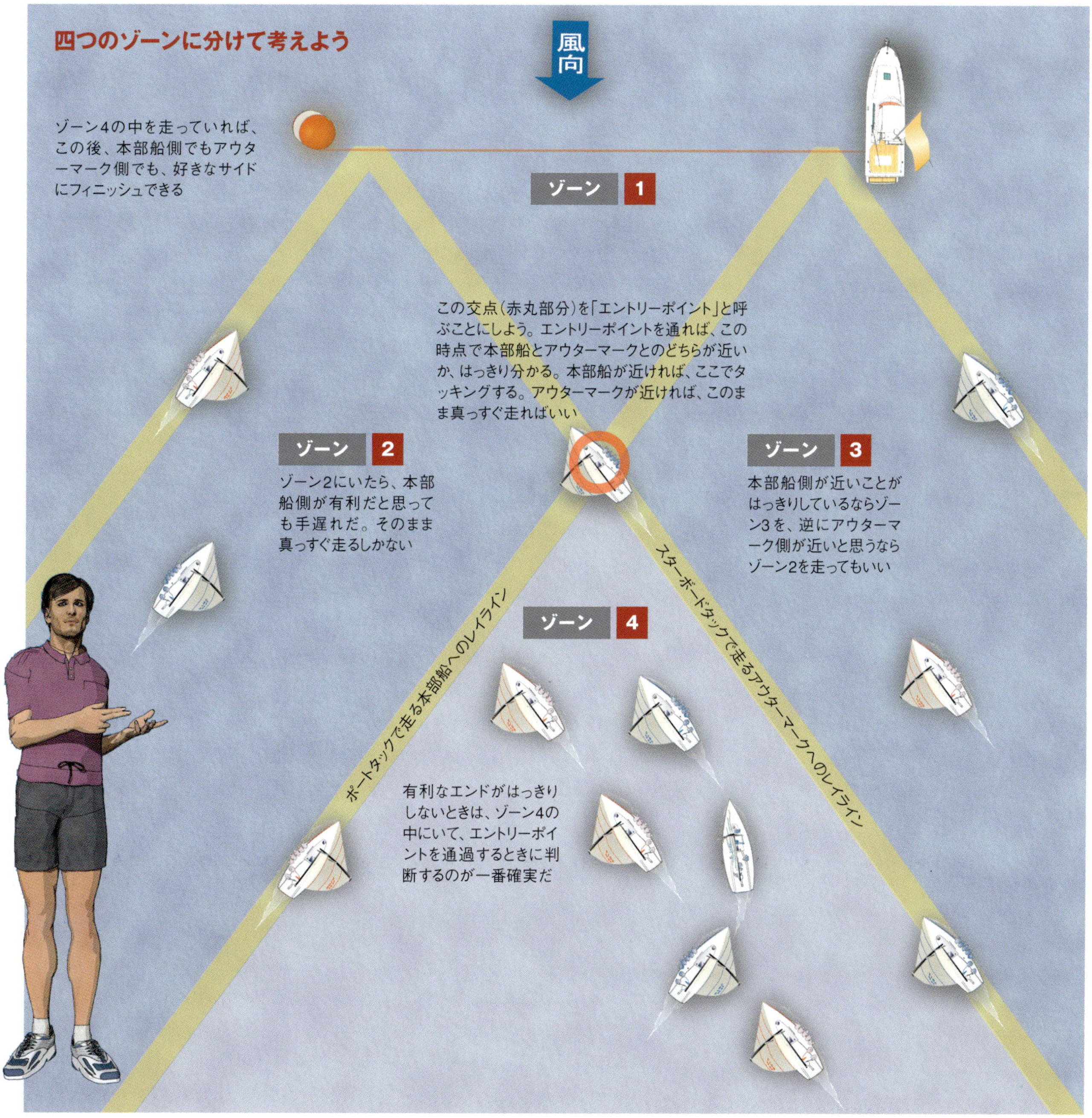
四つのゾーンに分けて考えよう
風向
ゾーン4の中を走っていれば、この後、本部船側でもアウターマーク側でも、好きなサイドにフィニッシュできる
ゾーン 1
この交点（赤丸部分）を「エントリーポイント」と呼ぶことにしよう。エントリーポイントを通れば、この時点で本部船とアウターマークとのどちらが近いか、はっきり分かる。本部船が近ければ、ここでタッキングする。アウターマークが近ければ、このまま真っすぐ走ればいい
ゾーン 2
ゾーン2にいたら、本部船側が有利だと思っても手遅れだ。そのまま真っすぐ走るしかない
ゾーン 3
本部船側が近いことがはっきりしているならゾーン3を、逆にアウターマーク側が近いと思うならゾーン2を走ってもいい
ゾーン 4
ポートタックで走る本部船へのレイライン
スターボードタックで走るアウターマークへのレイライン
有利なエンドがはっきりしないときは、ゾーン4の中にいて、エントリーポイントを通過するときに判断するのが一番確実だ

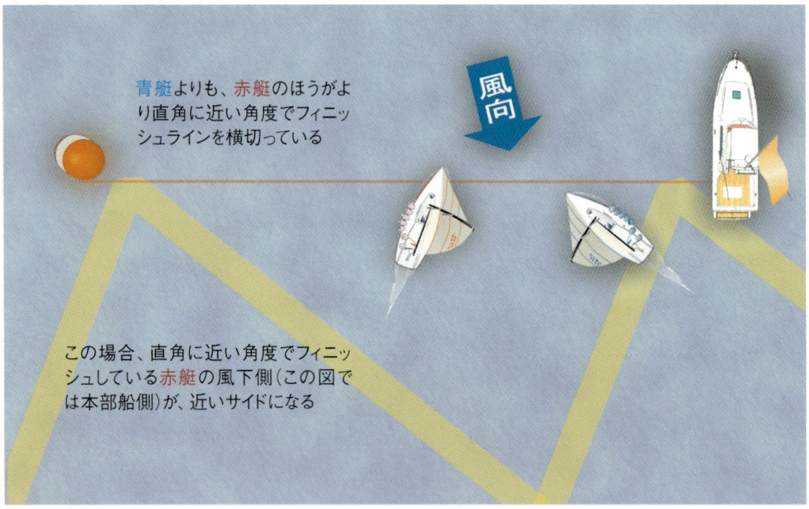
青艇よりも、赤艇のほうがより直角に近い角度でフィニッシュラインを横切っている
風向
この場合、直角に近い角度でフィニッシュしている赤艇の風下側(この図では本部船側)が、近いサイドになる

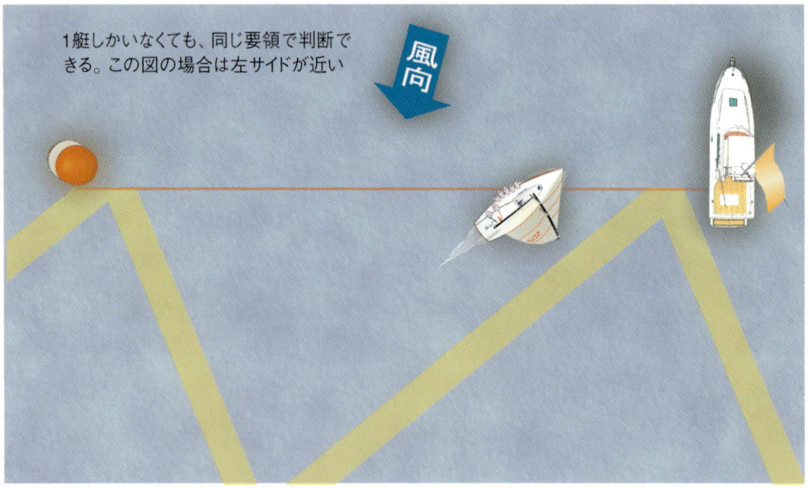
1艇しかいなくても、同じ要領で判断できる。この図の場合は左サイドが近い
風向

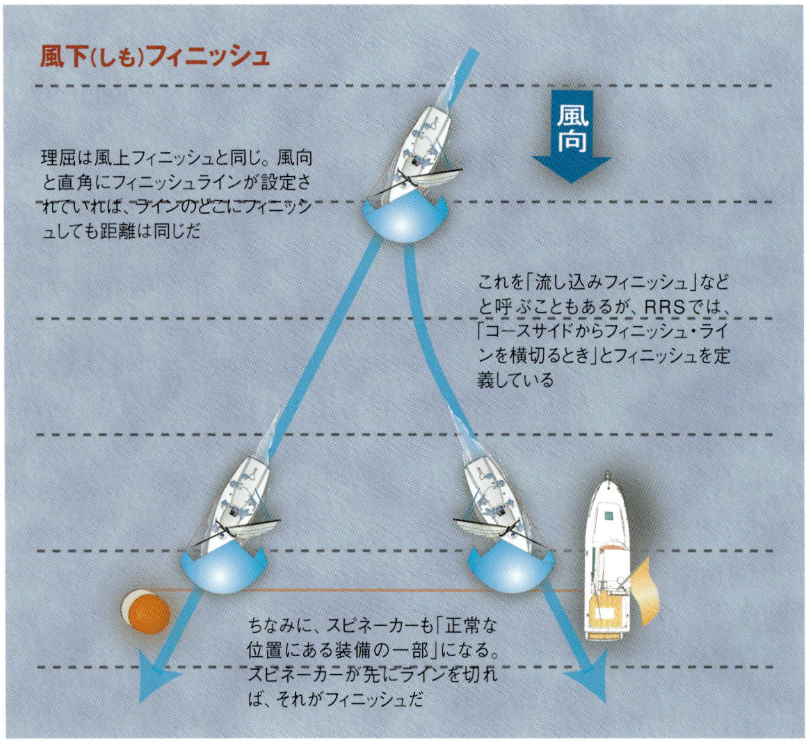
風下(しも)フィニッシュ
風向
理屈は風上フィニッシュと同じ。風向と直角にフィニッシュラインが設定されていれば、ラインのどこにフィニッシュしても距離は同じだ
これを「流し込みフィニッシュ」などと呼ぶこともあるが、RRSでは、「コースサイドからフィニッシュ・ラインを横切るとき」とフィニッシュを定義している
ちなみに、スピネーカーも「正常な位置にある装備の一部」になる。スピネーカーが先にラインを切れば、それがフィニッシュだ

### 先行艇の動向を見る

エントリーポイントに到達する前に、フィニッシュラインのどちらのサイドが近いのかを見分けるにはどうすればいいか。

これが、なかなか分かりにくい。片方はマーク、片方は本部船と、大きさがまったく異なるので遠近感も狂ってしまう。

先行艇がいるなら、その艇がどちらのサイドにフィニッシュしているかを見る。おそらく近いサイドにフィニッシュしているだろうから、多くの艇がフィニッシュしているサイドが、近いサイドであろう、という消極的な判断はできる。

左図のように、フィニッシュラインを横切っているヨットの角度を見る方法もある。左右別々のタックでフィニッシュしている2艇がいれば、比べやすい。より直角に近い角度でフィニッシュしている艇の風下側が、近いサイドということになる。

1艇しかいなくても同様に、ラインを横切る角度から推測できる。

## 風下(しも)フィニッシュ

風下側にフィニッシュラインがある場合は、当然ながらダウンウインドでのフィニッシュとなる。

### 近いサイドにフィニッシュ

ダウンウインドでも、ヨットはVMGが最も高くなる状態を維持して角度をつけて走るため、ジャイビングをしながら風下マークを目指した(80ページ参照)。

となると、ここでも風向に直角のはしご段がポジション(高さ)の基準になる。そしてフィニッシュラインが傾いていると、近いサイドと遠いサイドが生じる。理屈は風上フィニッシュと同じ。強風下でジャイビングアングルが狭くなれば、前ページの各ゾーンも狭くなるので、余計に注意が必要になる。

ただし、クローズホールドでは、それ以上は上れない範囲が広いが、ダウンウインドの場合は無理やり落として走ることもできる。あるいは、上らせることで艇速がぐっとアップすることもある。

艇種や風域によっては、VMGマックスで風下を目指すよりも、上らせてスピードをつけ、近いサイドを目指したほうが早くラインを切れるかもしれない。

### マーク回航と同じ点と違う点

風上フィニッシュと同様、ゾーン（マークの周囲3艇身の区域）に到達した時点でオーバーラップしていれば、内側艇はマークルームを得ることができる。ダウンウインドではタックが異なっていてもオーバーラップは成り立つので、特に注意が必要だ。マーク回航時のルールについては、62ページを参照してほしい。

さて、スタート時、あるいはマーク回航時は、必ずしも先にマークを回ればいいというものでもなかった。無理に先に出ようとして、マーク回航後に不利なポジションを強いられるより、後から回ってでもその後の展開を有利にする、というようなことも視野に入れて戦術を練る必要があった（75ページ参照）。

しかし、フィニッシュでは、フィニッシュラインを切ればそれで勝負がつく。「その後の展開」を考える必要がない。1cmでもいいから、先にラインを切ったほうが勝ちになる。つまり、なんとしてでも前に出るべきだ。

また、ハンディキャップレースの場合、目先の艇との勝負はすでについていることが多い。問題は、すでにフィニッシュした艇、あるいは後ろを走っている艇との時間差争いになる。この場合は、目先の相手とつまらない駆け引きをしていないで、1秒でも先にフィニッシュすることを考えよう。

さてそれでは、そんなフィニッシュ時の戦術について解説していこう。

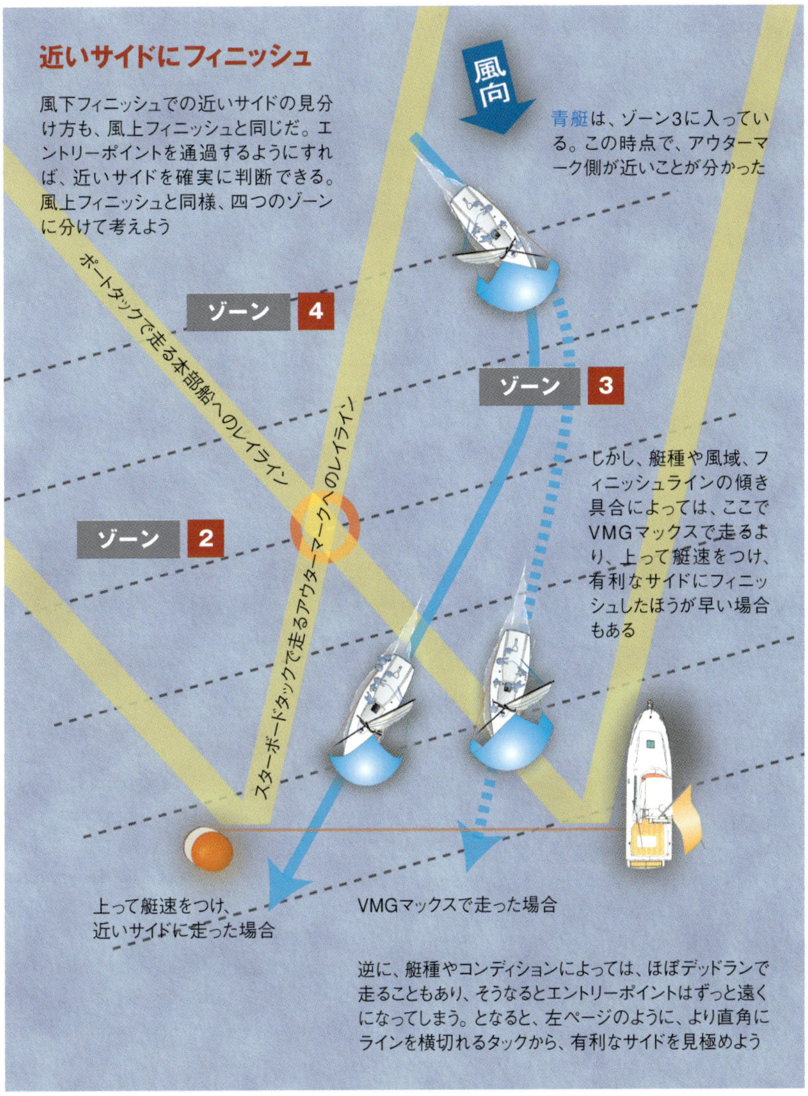
近いサイドにフィニッシュ
風下フィニッシュでの近いサイドの見分け方も、風上フィニッシュと同じだ。エントリーポイントを通過するようにすれば、近いサイドを確実に判断できる。風上フィニッシュと同様、四つのゾーンに分けて考えよう
風向
青艇は、ゾーン3に入っている。この時点で、アウターマーク側が近いことが分かった
ゾーン 4
ゾーン 3
ゾーン 2
ポートタックで走る本部船へのレイライン
スターボードタックで走るアウターマークへのレイライン
しかし、艇種や風域、フィニッシュラインの傾き具合によっては、ここでVMGマックスで走るより、上って艇速をつけ、有利なサイドにフィニッシュしたほうが早い場合もある
上って艇速をつけ、近いサイドに走った場合
VMGマックスで走った場合
逆に、艇種やコンディションによっては、ほぼデッドランで走ることもあり、そうなるとエントリーポイントはずっと遠くになってしまう。となると、左ページのように、より直角にラインを横切れるタックから、有利なサイドを見極めよう

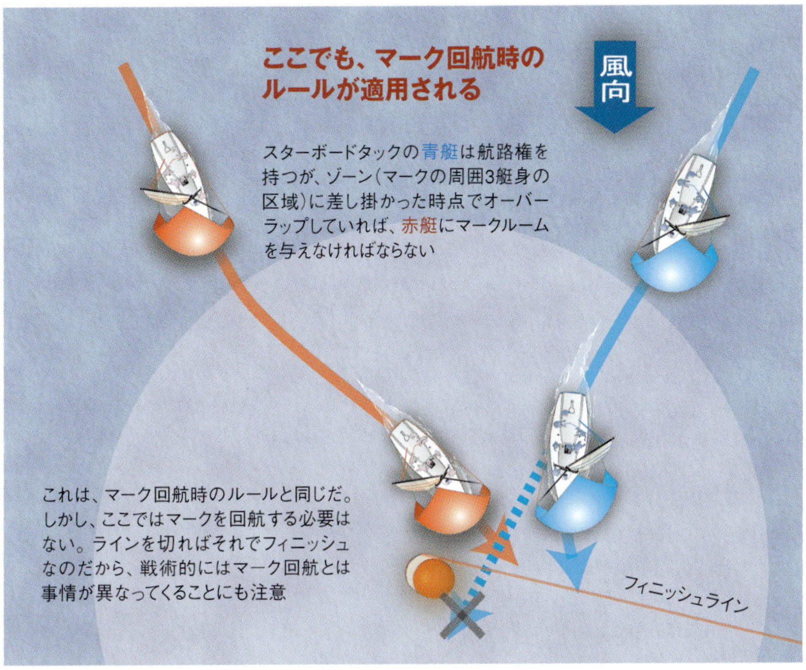
ここでも、マーク回航時のルールが適用される
風向
スターボードタックの青艇は航路権を持つが、ゾーン（マークの周囲3艇身の区域）に差し掛かった時点でオーバーラップしていれば、赤艇にマークルームを与えなければならない
これは、マーク回航時のルールと同じだ。しかし、ここではマークを回航する必要はない。ラインを切ればそれでフィニッシュなのだから、戦術的にはマーク回航とは事情が異なってくることにも注意
フィニッシュライン

## フィニッシュライン際での タクティクス

フィニッシュラインが風向と直角に設定されていない場合、近いサイドと遠いサイドができる。これはこれまでに説明した。当然ながら、近いサイドを狙ってフィニッシュしたい。

とはいえ、相手がいる場合、そうもいかないこともある。あるいは、ライバル艇を押しのけて、近いサイドにフィニッシュしたいという場合もある。それには、どうしたらいいのか。

### 近いサイドが有利なサイド

スタートラインでの戦略、戦術を思い出してみよう。

ラインのどこからスタートするかを決めるには、ラインの有利、不利以外にも、その後、風上マークまでどのようなコース取りをするかという戦略も重要だった。たとえばスタート後、右海面に展開したければ、たとえスタートラインが風下有利でも必ずしも風下サイドからスタートするとは限らなかった。

しかし、フィニッシュラインでは事情が変わってくる。

フィニッシュ後には戦略もなにもないわけだから、その後のことは考えずに、とにかく近いサイドを狙ってフィニッシュすればいい。

右図では、赤、青の両艇は同じはしご段の上にいるので、イーブンなポジションにいるといえる。フィニッシュラインが風向と直角に設定してあれば、両艇ともフィニッシュラインまでの距離は同じだ。

しかし、図のようにフィニッシュラインが傾いていたら、青艇のほうがフィニッシュラインまでの距離は短くなる。赤艇はタッキングすればいいわけだが、すでに手遅れ。タッキングしても青艇の前は横切れない。赤、青の両艇はそれまでイーブンな位置関係にあったにもかかわらず、有利なサイドにいるスターボードタックの青艇が先にフィニッシュすることになるだろう。

それでは、有利なサイドをキープするにはどうしたらいいのだろうか。

### 有利なサイドをキープする

フィニッシュライン手前では、スターボードタックで左エンドを狙うレイラインとポートタックで右エンドを狙うレイラインで区切られる四つのゾーンに分けて考えたことを思い出していただきたい(右ページの上図)。

赤、青の両艇はどちらのエンドにもフィニッシュできるゾーン4で作戦を展開している。ここで、エントリーポイント(赤丸)を通過すれば、どちらのサイドが近いかはっきりする。しかし、ここでは赤艇はタッキングして青艇の前を横

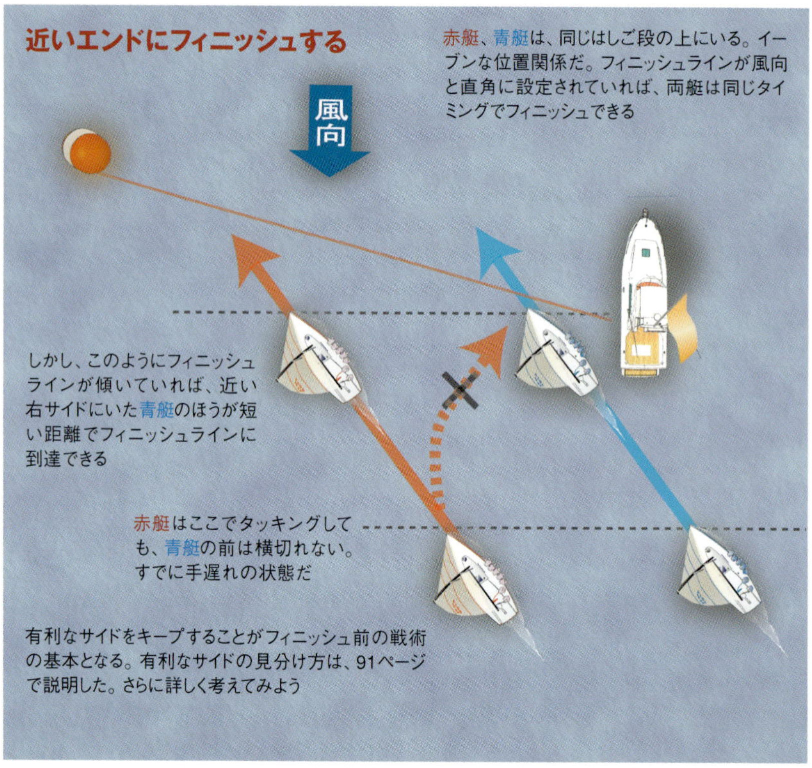

近いエンドにフィニッシュする
赤艇、青艇は、同じはしご段の上にいる。イーブンな位置関係だ。フィニッシュラインが風向と直角に設定されていれば、両艇は同じタイミングでフィニッシュできる
風向
しかし、このようにフィニッシュラインが傾いていれば、近い右サイドにいた青艇のほうが短い距離でフィニッシュラインに到達できる
赤艇はここでタッキングしても、青艇の前は横切れない。すでに手遅れの状態だ
有利なサイドをキープすることがフィニッシュ前の戦術の基本となる。有利なサイドの見分け方は、91ページで説明した。さらに詳しく考えてみよう


**高木 裕のワンポイント・アドバイス**

#### やっぱりレイラインは重要

フィニッシュラインでも重要になってくるのがレイラインだ。レイラインの読みを間違えればオーバーセールしてしまい、タクティクスも何もなくなってしまう。

以前、ハワイでのレースでナビゲーターとして共に乗り組んだニュージーランドのトム・シュナッケンベルグは、コンピューターとベアリングコンパスを使い、実に的確にレイラインを読んでいた。

左海面がいいことが多く、となると最後はフィニッシュラインに向けて非常に長いポートタックのアプローチとなる。難しい状況だったが、彼は完璧にレイラインを読み、常に20～200mのスターボードタックを残す完璧なアプローチラインを指示してくれた。練習と経験を積むことで、彼のように完璧にレイラインを読み切ることができるようになるのである。

切るわけにはいかない。この図の赤艇は、青艇より1/2艇身ほど先行しているが、タッキングしてミートするときは青艇がスターボードタック、赤艇はポートタックになるからだ。

本部船側が有利と見た青艇は、エントリーポイントへのレイラインを越えて赤艇を連れ出してからタッキング。赤艇もそれを見てすぐにタッキングする。

両艇、1回ずつタッキングをしたところで、風に対する高さでは赤艇が前にいるはずだが、ラインは右サイドの本部船側が近いので、青艇が先にフィニッシュできるだろう。

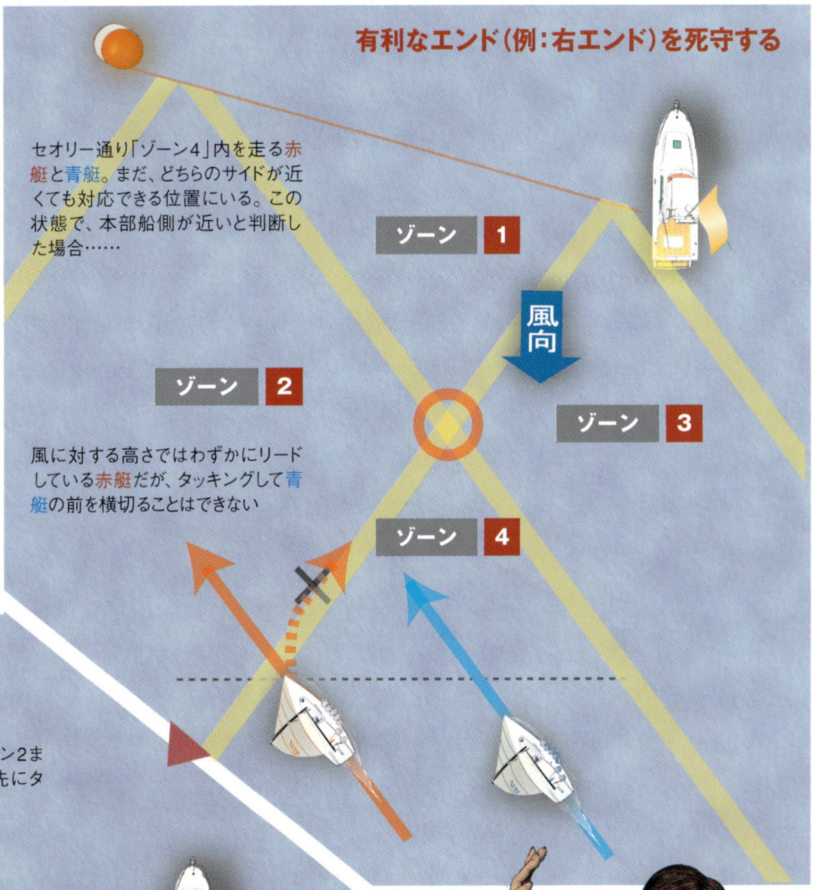
有利なエンド（例：右エンド）を死守する
セオリー通り「ゾーン4」内を走る赤艇と青艇。まだ、どちらのサイドが近くても対応できる位置にいる。この状態で、本部船側が近いと判断した場合……
ゾーン 1
風向
ゾーン 2
ゾーン 3
風に対する高さではわずかにリードしている赤艇だが、タッキングして青艇の前を横切ることはできない
ゾーン 4

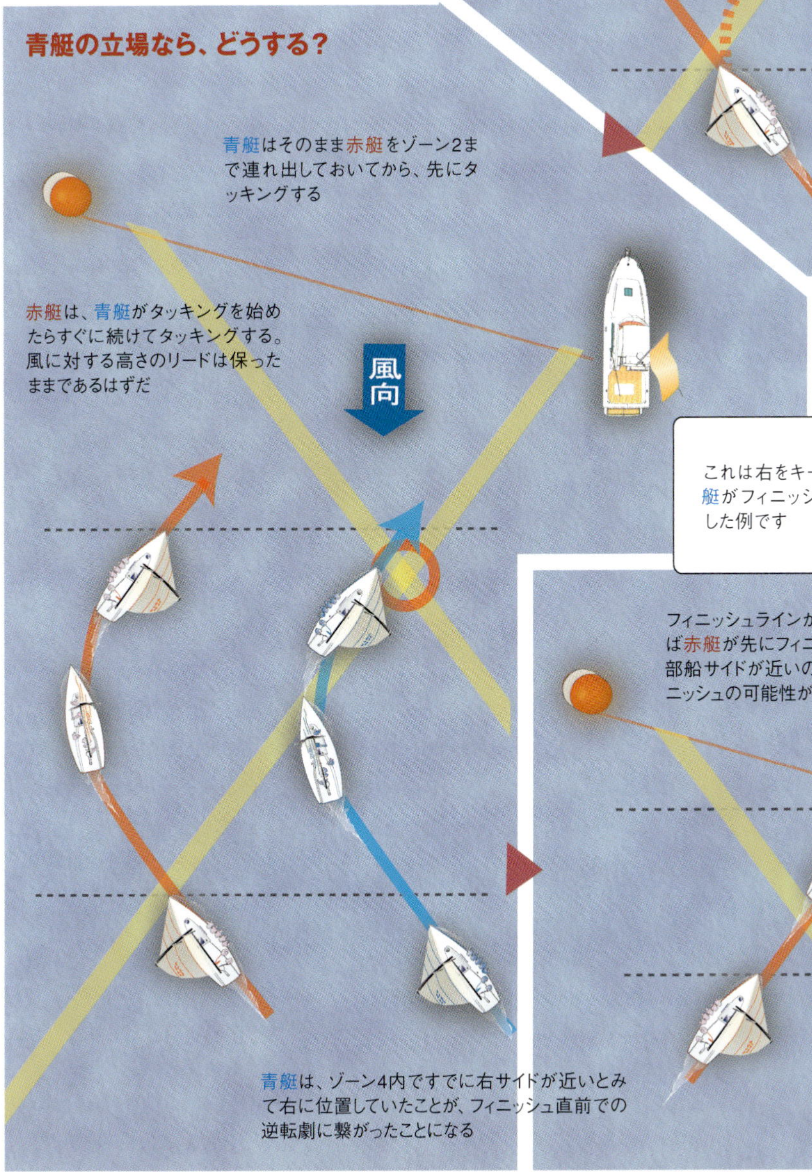
青艇の立場なら、どうする？
青艇はそのまま赤艇をゾーン2まで連れ出しておいてから、先にタッキングする
赤艇は、青艇がタッキングを始めたらすぐに続けてタッキングする。風に対する高さのリードは保ったままであるはずだ
風向
青艇は、ゾーン4内ですでに右サイドが近いとみて右に位置していたことが、フィニッシュ直前での逆転劇に繋がったことになる

これは右をキープした青艇がフィニッシュで逆転した例です

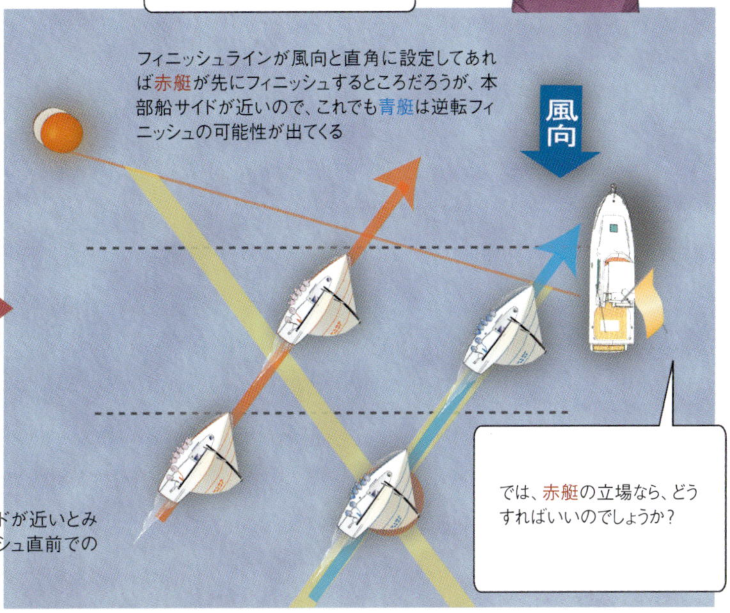
フィニッシュラインが風向と直角に設定してあれば赤艇が先にフィニッシュするところだろうが、本部船サイドが近いので、これでも青艇は逆転フィニッシュの可能性が出てくる
風向
では、赤艇の立場なら、どうすればいいのでしょうか？

## 赤艇の立場なら、どうする？

前ページと同じ状況で、右エンドが近いとみたとき、赤艇はどうすればいいのか？

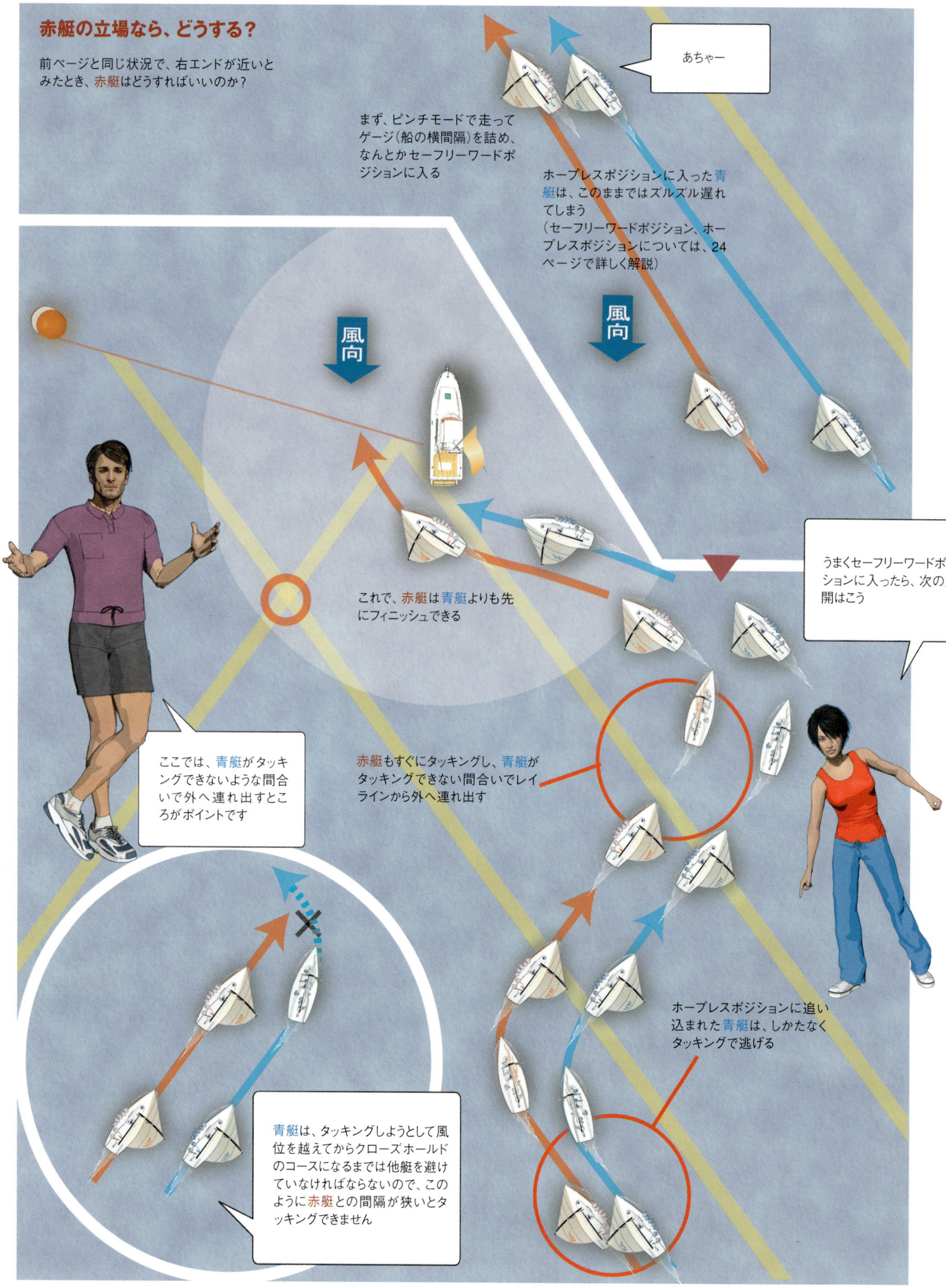
あちゃー
まず、ピンチモードで走ってゲージ（船の横間隔）を詰め、なんとかセーフリーワードポジションに入る
ホープレスポジションに入った青艇は、このままではズルズル遅れてしまう（セーフリーワードポジション、ホープレスポジションについては、24ページで詳しく解説）
風向
風向
うまくセーフリーワードポジションに入ったら、次の展開はこう
これで、赤艇は青艇よりも先にフィニッシュできる
ここでは、青艇がタッキングできないような間合いで外へ連れ出すところがポイントです
赤艇もすぐにタッキングし、青艇がタッキングできない間合いでレイラインから外へ連れ出す
ホープレスポジションに追い込まれた青艇は、しかたなくタッキングで逃げる
青艇は、タッキングしようとして風位を越えてからクローズホールドのコースになるまでは他艇を避けていなければならないので、このように赤艇との間隔が狭いとタッキングできません

## 起死回生の逆転を狙う

99ページの状況で、赤艇の立場ならどうすればいいのか。

その一つは、左ページのイラストのようにピンチモード（21ページ）で走り、青艇とのゲージを詰めるという方法だ。うまく青艇をホープレスポジションに追い込めればしめたものだ。

これを嫌って青艇がタッキングすれば、赤艇もすぐにタッキングして青艇をレイラインの外に追いやる。

このとき、赤艇のタッキングが遅れると、青艇にタッキングする余地を与えてしまう。右図のように、最後は青艇はスターボードタックになるため、右を死守されてしまう。

もう一つの方法として、左ページのような状況で、赤艇がピンチモードで走ってもセーフリーワードポジションにつけないようなら、青艇の風下（シモ）を通ってでも右に出る手もある。ちょうど上図の青艇と立場を入れ替える形になり、スターボードタックの権利艇として青艇とレイラインでミートすることになる。

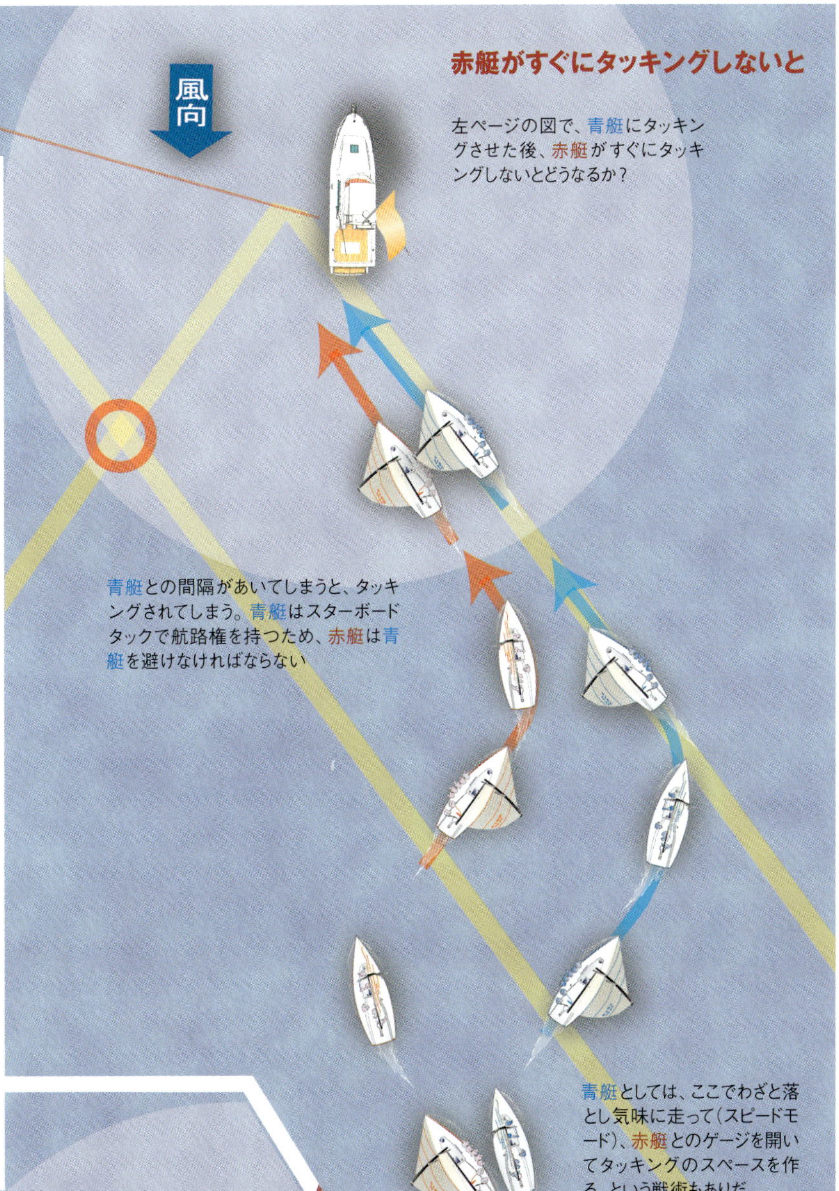
風向
赤艇がすぐにタッキングしないと
左ページの図で、青艇にタッキングさせた後、赤艇がすぐにタッキングしないとどうなるか？
青艇との間隔があいてしまうと、タッキングされてしまう。青艇はスターボードタックで航路権を持つため、赤艇は青艇を避けなければならない
青艇としては、ここでわざと落とし気味に走って（スピードモード）、赤艇とのゲージを開いてタッキングのスペースを作る、という戦術もありだ

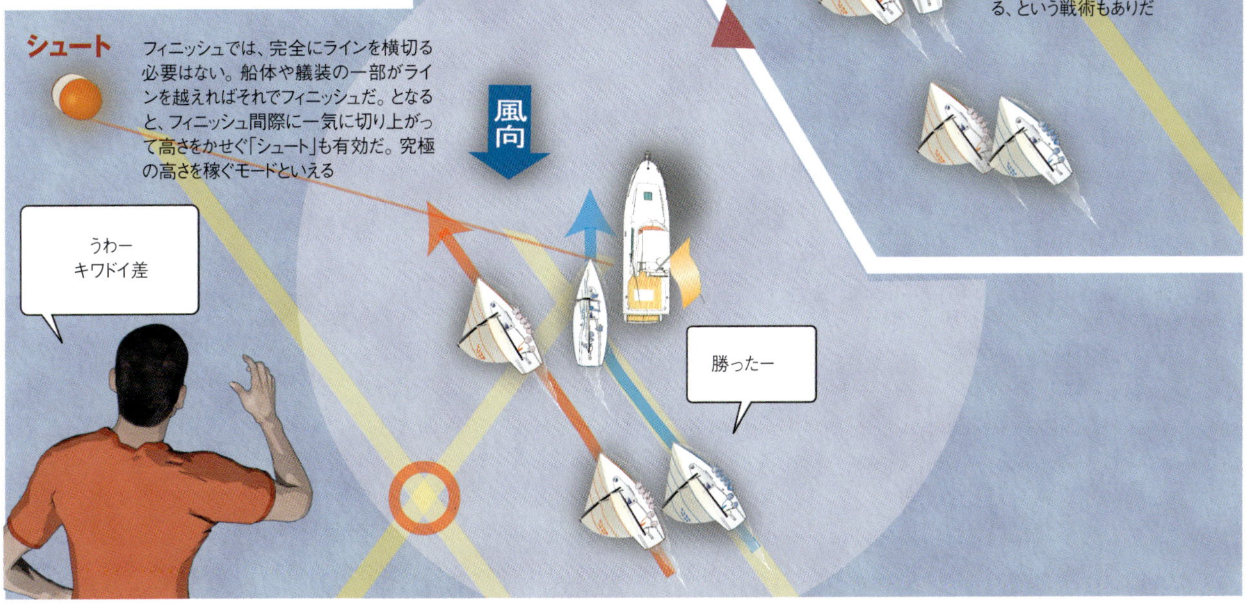
シュート
フィニッシュでは、完全にラインを横切る必要はない。船体や艤装の一部がラインを越えればそれでフィニッシュだ。となると、フィニッシュ間際に一気に切り上がって高さをかせぐ「シュート」も有効だ。究極の高さを稼ぐモードといえる
風向
うわー
キワドイ差
勝ったー

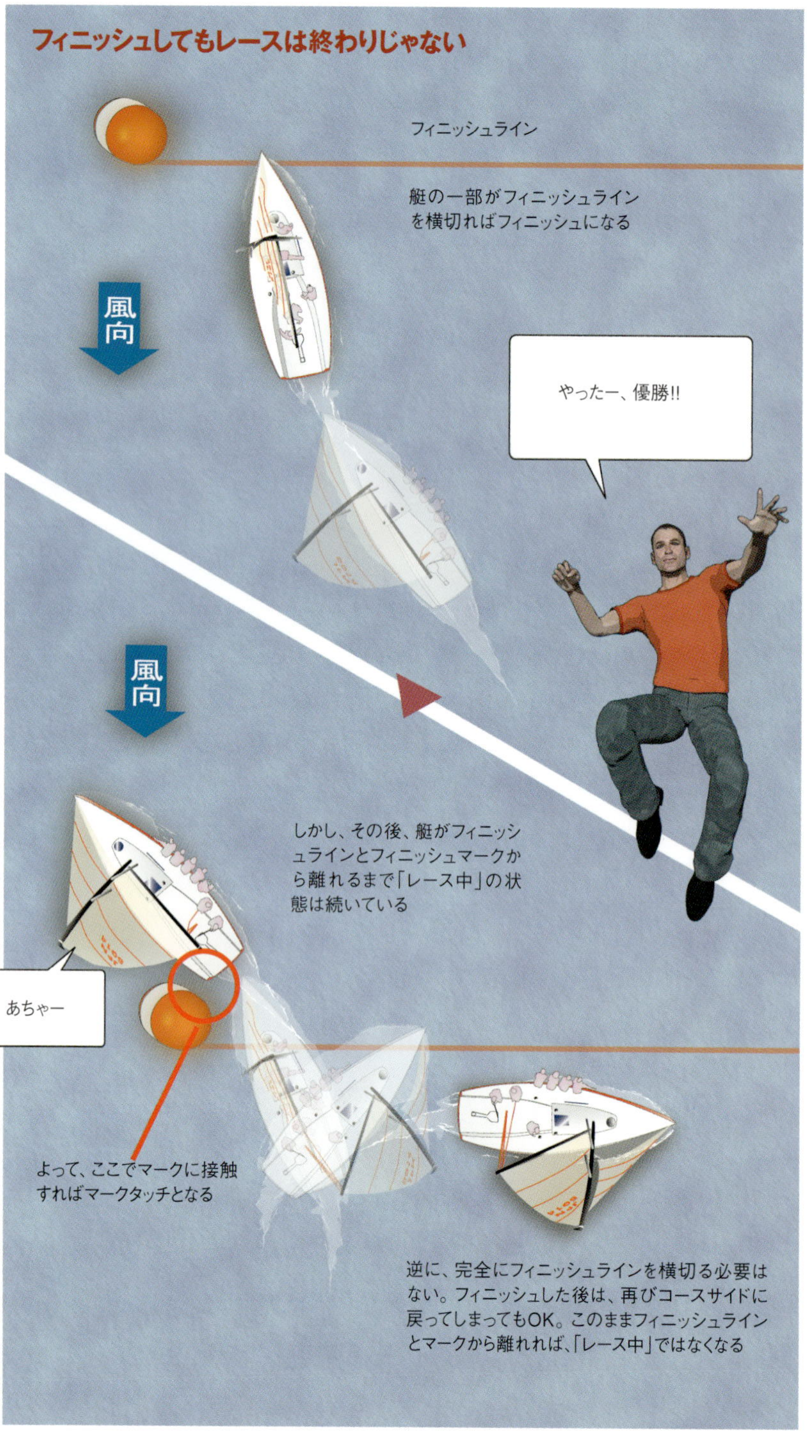

フィニッシュしてもレースは終わりじゃない
フィニッシュライン
艇の一部がフィニッシュライン
を横切ればフィニッシュになる
風向
やったー、優勝!!
風向
しかし、その後、艇がフィニッシ
ュラインとフィニッシュマークか
ら離れるまで「レース中」の状
態は続いている
あちゃー
よって、ここでマークに接触
すればマークタッチとなる
逆に、完全にフィニッシュラインを横切る必要は
ない。フィニッシュした後は、再びコースサイドに
戻ってしまってもOK。このままフィニッシュライン
とマークから離れれば、「レース中」ではなくなる


## フィニッシュとは

93ページで説明したように、船体のどこかがフィニッシュラインを横切った時点でフィニッシュとなる。

もうすこし詳しく考えてみよう。

左上図は、シュートしてフィニッシュした赤艇だ。ステム（船首先端部）がフィニッシュラインを横切った時点でフィニッシュとなる。他艇と競り合っているなら、先に鼻先がラインを横切った方が勝ちになる。ルールを要約すると「正常な位置にある乗員もしくは装備の一部がフィニッシュラインを横切った時点」とあるので、ラインを切るためにクルーが手を伸ばしたりスピンポールを突き出したりしても認められない。

さてここから、フィニッシュ後も、船体が完全にフィニッシュラインから離れ、フィニッシュマークから遠ざかるまでは「レース中」の状態は続く。

「レース中」の定義では、スタート時も、スタートの号砲の前、準備信号が揚がった時点からがレース中と定義されていた。フィニッシュ後も、フィニッシュラインとマークから離れるまではまだレース中ということだ。

したがって、ここでマークに接触してしまうとマークタッチ（【RRS 規則31】詳細は104ページ）となってしまう。

逆にヨットはフィニッシュラインを完全に横切る必要はない。左下図のように、一部がラインを横切りフィニッシュしたあとは、コース内に戻ってしまってもOKだ。このままフィニッシュラインとフィニッシュマークから遠ざかれば、そ

### セーリング競技規則から

**定義 フィニッシュ**——

艇体、または正常な位置にある乗員もしくは装備の一部がコース・サイドからフィニッシュ・ラインを横切るとき、艇はフィニッシュするという。ただし、フィニッシュ・ラインを横切った後に、次のいずれかを行う場合には、艇はフィニッシュしていない。

(a)規則44.2に基づきペナルティーを履行する場合。

(b)規則28.2に基づきフィニッシュ・ラインで行った誤りを正す場合

(c)コースの帆走を続ける場合。

**定義 レース中**——

艇がその準備信号から、フィニッシュしてフィニッシュラインとフィニッシュマークを離れるまで、もしくはリタイアするまで、またはレース委員会がゼネラルリコール、延期、もしくは中止の信号を発するまで、その艇はレース中であるという。

の艇のレースは終わる。

## リーチングフィニッシュ

92ページで紹介したリーチングフィニッシュについてもふれておこう。

### VMCを考える

最後の風下マークを回航したところで順位が決まってしまうことが多いが、ここから先は艇種や風速によって、どの程度上ればどれくらい艇速が上がるかがポイントになる。91ページで紹介したVMC(velocity made good on course)の考え方をもう一度思い出してみよう。

VMG(velocity made good;ここでは風下マークへの接近速度)の最大値が出るのが、左図の黄色矢印の角度。風下マークを目指していた時点では、この角度で走っていたはずだ。

ここから、フィニッシュラインはそれより高い位置にある。となると、最も早くフィニッシュラインを横切ることができるのは……。と、このラインは、艇種や風速によって違ってくる。仮想の艇の仮想の風速下でのポーラダイアグラム(艇、または艇種ごとの性能曲線)をイラストに重ねてみたのが左図だ。

実際には、フィニッシュラインは本部船の真下(ましも)にあるとも限らない。ここでの判断はなかなか難しいところだ。

判断しにくい場合は、後続艇のやや風上をキープするのがいいだろう。風上から追いつかれると、フィニッシュ時にマークルームを与えなければならなくなる。後続艇からすれば、風下から抜き去るのは難しい。

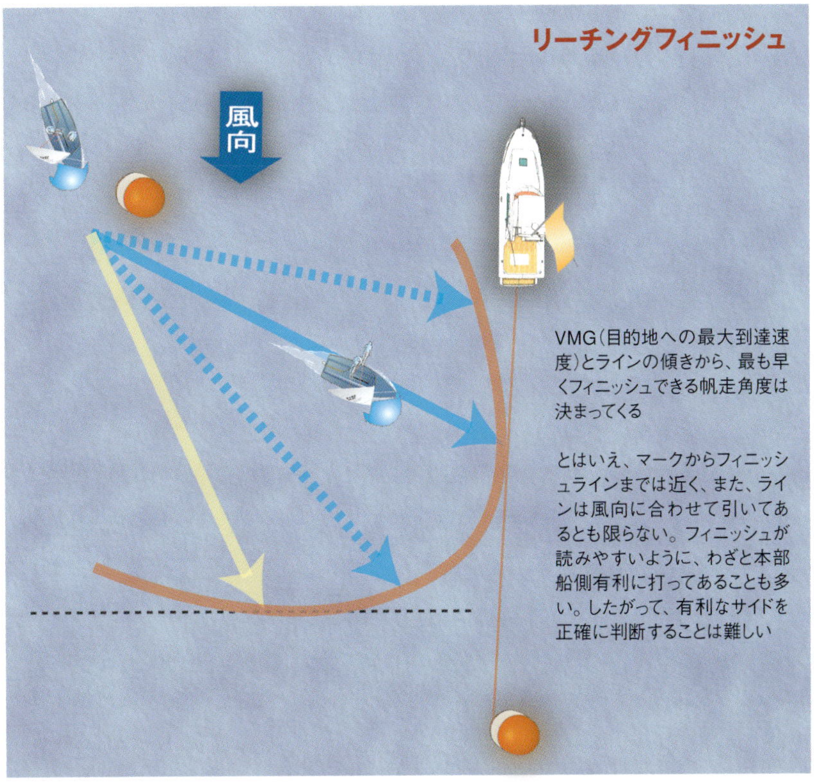
リーチングフィニッシュ
風向
VMG(目的地への最大到達速度)とラインの傾きから、最も早くフィニッシュできる帆走角度は決まってくる
とはいえ、マークからフィニッシュラインまでは近く、また、ラインは風向に合わせて引いてあるとも限らない。フィニッシュが読みやすいように、わざと本部船側有利に打ってあることも多い。したがって、有利なサイドを正確に判断することは難しい

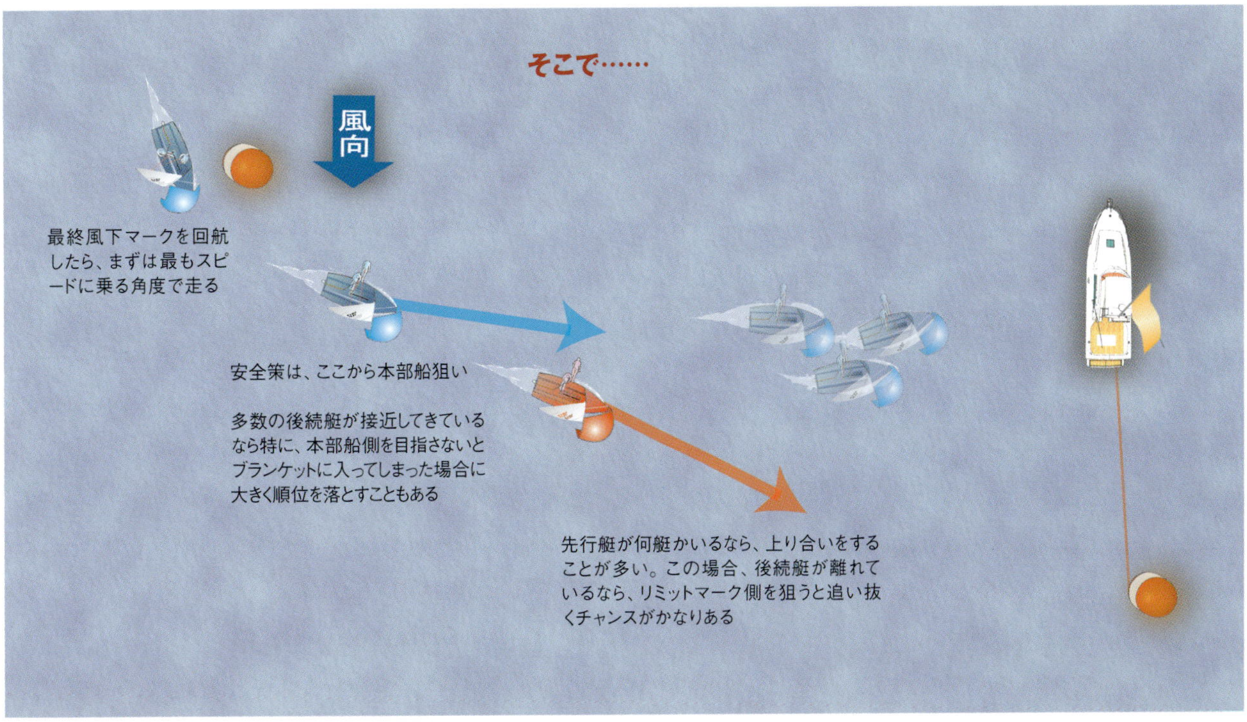
そこで……
風向
最終風下マークを回航したら、まずは最もスピードに乗る角度で走る
安全策は、ここから本部船狙い
多数の後続艇が接近してきているなら特に、本部船側を目指さないとブランケットに入ってしまった場合に大きく順位を落とすこともある
先行艇が何艇かいるなら、上り合いをすることが多い。この場合、後続艇が離れているなら、リミットマーク側を狙うと追い抜くチャンスがかなりある

# 第 6 章
# ペナルティー

# 規則を守って楽しいレースを

『セーリング競技規則』(RRS)の冒頭で、「スポーツマンシップの基本原則は、競技者が規則に違反した場合、速やかにペナルティーを履行することであり、リタイアの場合もある」と書かれている。
では、その履行すべきペナルティーとは、どんなものなのか?

## 違反すれば罰則あり

ヨットレースはルール(規則)の下で成り立っている。ルールに違反をすれば、失格など、なんらかの罰則(ペナルティー)を受けることになる。

### マークタッチ

回航すべきマークと接触してしまったら、どうすればいいのだろうか。これは【規則31】に違反したことになる。この場合の罰則は、360度のペナルティーターンだ。

【規則44.1】では、「1回転ペナルティーを履行することができる」とあるが、これは1回転ペナルティーの代わりにリタイアしてもいい、さもなければ失格となる、という意味だ。

フィニッシュした後でも
ルールは適用される
風向
フィニッシュラインとフィニッシュマークを離れるまではまだレース中。したがってここでマークと接触したら、【規則31】に違反したことになる
では、規則に違反した場合、どうしたらいいのか?


この1回転とは、1回のタッキングと1回のジャイビングを行わなくてはならないということだ(右ページ図)。360度というと、語弊があるかもしれない。ルール上は1回転ペナルティー(One-Turn Penalty)と表現されている。

これは102ページで説明したフィニッシュ後のフィニッシュマークでも同様だ。フィニッシュしても、フィニッシュラインとフィニッシュマークから離れるまでは、まだレース中だから、【規則31】は適用される。

ペナルティーターンはコースサイドで行う必要はないが、ペナルティーターンを終えた後、完全にコースサイドに戻ってから改めてフィニッシュラインを横切らなければフィニッシュにはならない。

## セーリング競技規則から

**規則31　マークとの接触**

レース中、艇は、次のいずれかのマークと接触してはならない。
- スタート前のスタート・マーク
- 帆走中のコースのレグの起点、境界または末端となるマーク
- フィニッシュした後のフィニッシュ・マーク

**規則44　インシデント時のペナルティー**

44.1　ペナルティーの履行

レース中に、1件のインシデントで1つかそれ以上の第2章の規則に違反したかもしれない艇は、2回転ペナルティーを履行することができる。規則31に違反したかもしれない艇は1回転ペナルティーを履行することができる。別の方法として、帆走指示書により得点ペナルティーまたはその他のペナルティーの適用を規定することができる。その場合、規定されたペナルティーを1回転または2回転ペナルティーと置き換えなければならない。ただし、

(a)艇が同一のインシデントで第2章の規則と規則31に違反した場合、規則31違反によるペナルティーを履行する必要はない。

(b)その艇が障害または重大な損傷を起こしたり、違反により、ペナルティーを履行したとしてもそのレースまたはシリーズにおいて著しく有利となった場合には、その艇のペナルティーはリタイアすることでなければならない。

44.2　1回転と2回転ペナルティー

艇は、インシデントの後できるだけ早く他艇から十分離れた後、1回のタックと1回のジャイブを含む回転を、同一方向に必要数だけ速やかに行うことにより、1回転または2回転ペナルティーを履行したこととする。艇はフィニッシュ・ラインまたはその近くでペナルティーを履行する場合フィニッシュする前にフィニッシュ・ラインのコース・サイドまで完全に帆走しなければならない。

# ペナルティー

## 紳士のスポーツ

マークと接触したか否か？ 規則に違反したか否か？ 通常のスポーツ競技ならば審判がジャッジしてくれるわけだが、ヨットレースの場合、マークタッチしたか否かは選手側で判断しなければならない。

サッカーならば、ボールを手で触ってしまっても、審判が笛を吹くまでゲームを続行すればいい。審判が笛を吹いて初めて違反があったことになり、ゲームは止められる。

しかし、ヨットレースでは、海上の審判が笛を吹いてくれるわけではない。マークと接触したかどうかは自分で判断し、ペナルティーを履行する必要があるか否かを自分で決めなくてはならない。

これは、誰かに見られたかどうか、という問題ではない。あくまでも紳士的に、規則に違反したと思ったら自ら罰（ペナルティー）を受ける。この部分は、ヨットレース独特のものかもしれない。

マークとは、帆走指示書において艇の定められた側で通過するよう求

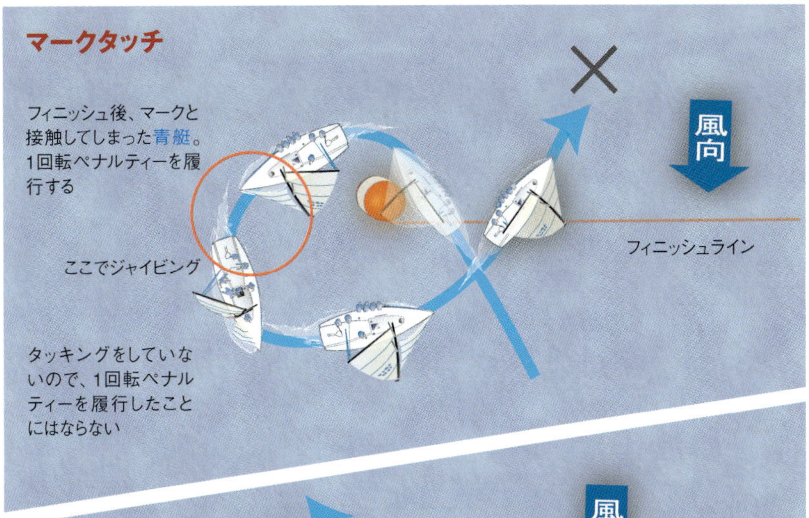
マークタッチ
フィニッシュ後、マークと接触してしまった青艇。1回転ペナルティーを履行する
風向
ここでジャイビング
フィニッシュライン
タッキングをしていないので、1回転ペナルティーを履行したことにはならない

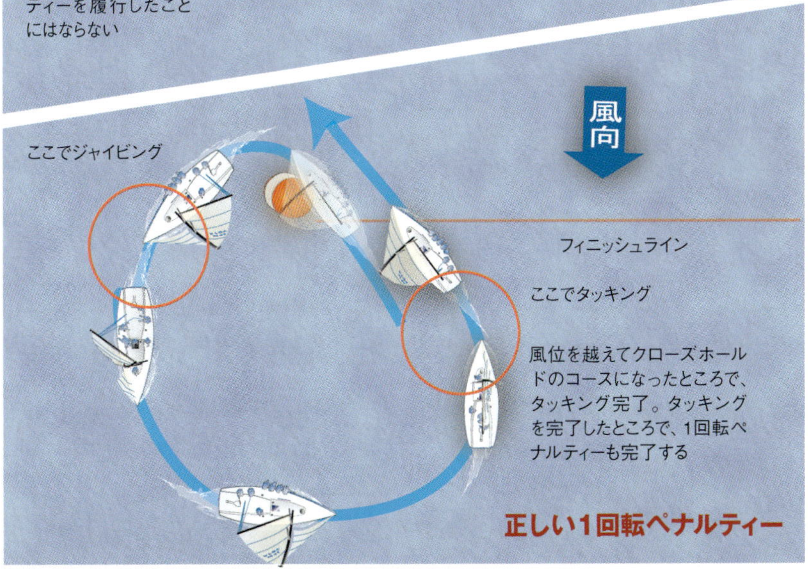
ここでジャイビング
風向
フィニッシュライン
ここでタッキング
風位を越えてクローズホールドのコースになったところで、タッキング完了。タッキングを完了したところで、1回転ペナルティーも完了する
正しい1回転ペナルティー

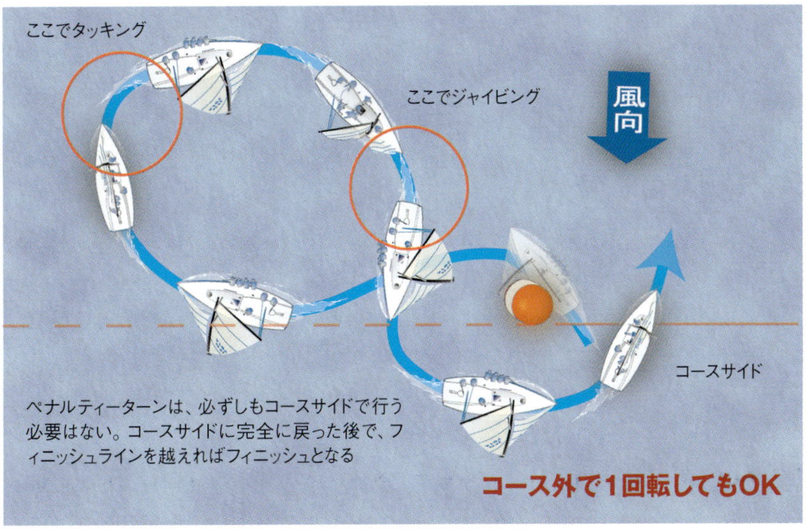
ここでタッキング
ここでジャイビング
風向
コースサイド
ペナルティーターンは、必ずしもコースサイドで行う必要はない。コースサイドに完全に戻った後で、フィニッシュラインを越えればフィニッシュとなる
コース外で1回転してもOK

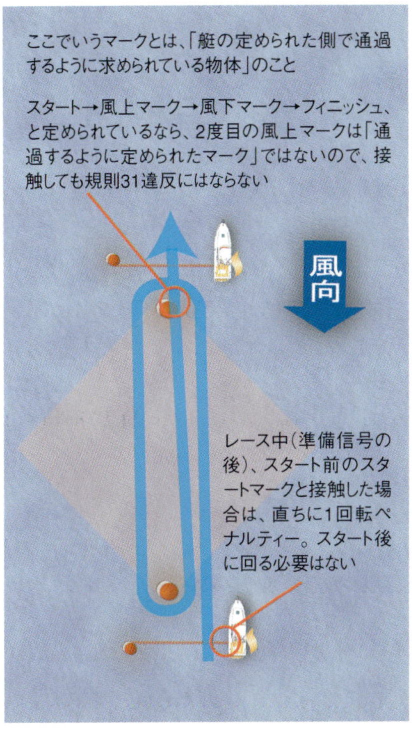
ここでいうマークとは、「艇の定められた側で通過するように求められている物体」のこと
スタート→風上マーク→風下マーク→フィニッシュ、と定められているなら、2度目の風上マークは「通過するように定められたマーク」ではないので、接触しても規則31違反にはならない
風向
レース中（準備信号の後）、スタート前のスタートマークと接触した場合は、直ちに1回転ペナルティー。スタート後に回る必要はない

### 定義　マーク

帆走指示書において、艇の定められた側で通過するように求められている物体、およびレース委員会艇で、そこからスタート・ラインまたはフィニッシュ・ラインが伸びている航行可能な水面に囲まれているものをマークという。アンカー・ラインまたはマークに偶然に付着した物体は、マークの一部ではない。

められている物体であるから、本部船も同様だ。右図は風上マークでマークタッチした例。ここでもタッキング、ジャイビングそれぞれ1回ずつ行わなければならない。ジャイビングから入った方が艇速を落とさずに回転できるかもしれないが、ペナルティーの履行中は他艇を避けていなければならない(下【規則21.2】)ので、注意しよう。

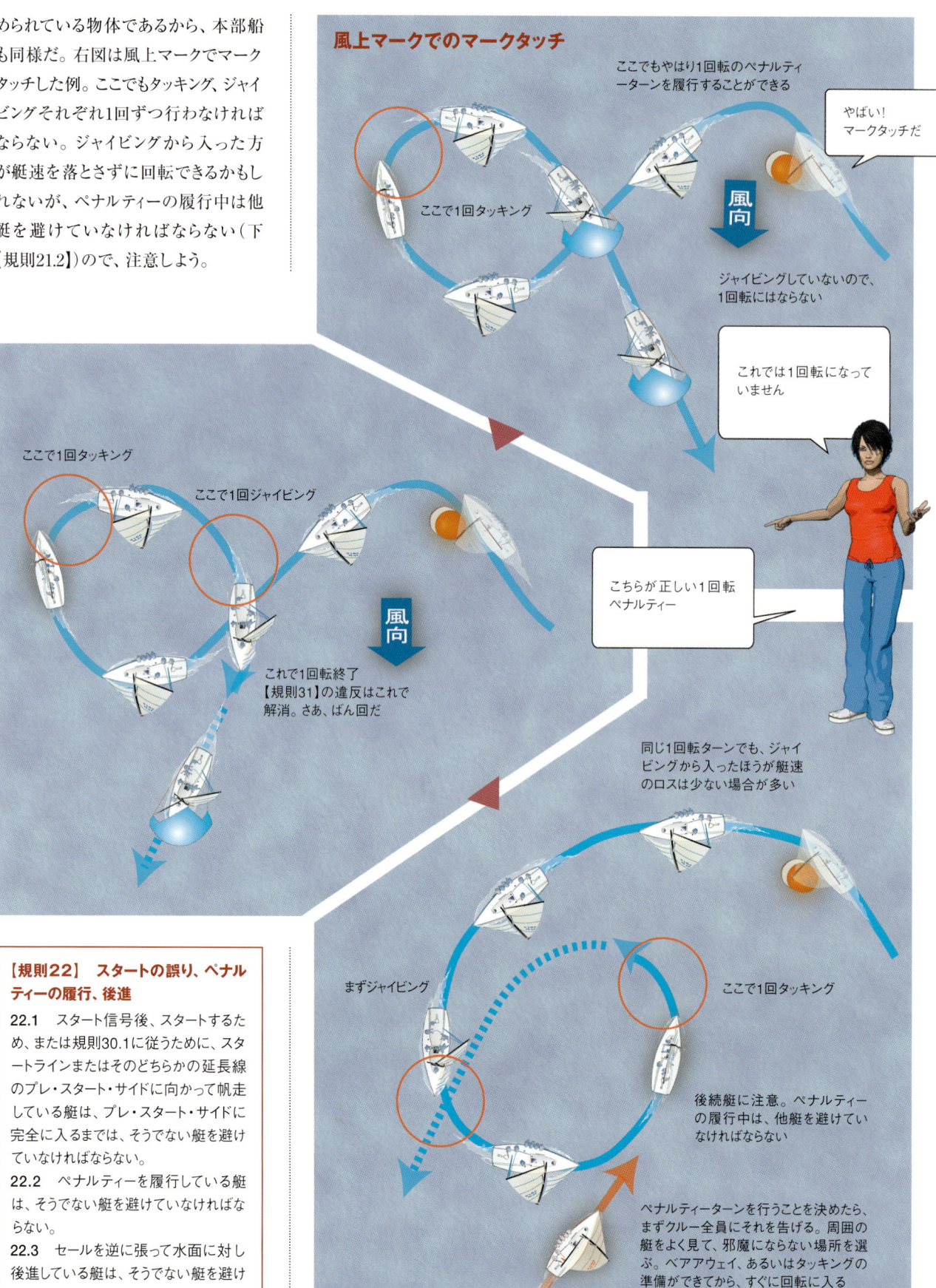

**風上マークでのマークタッチ**

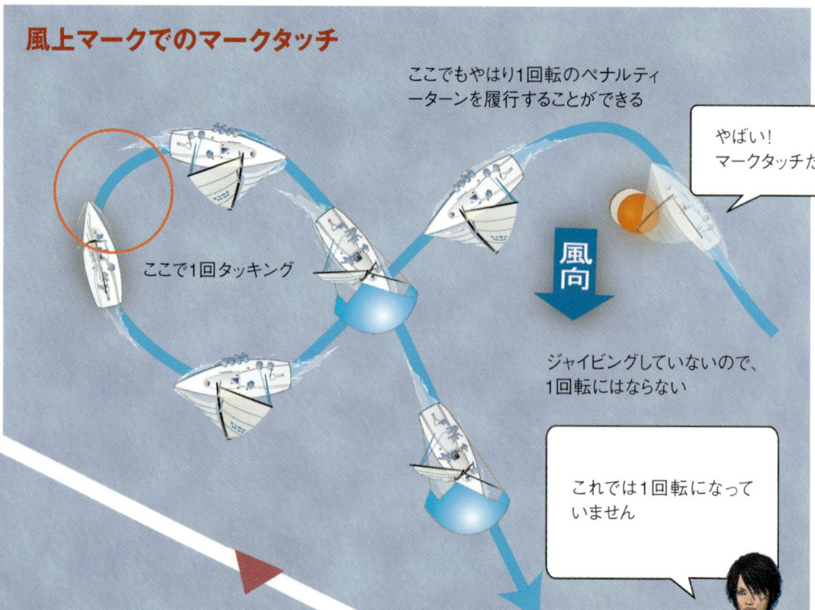
ここでもやはり1回転のペナルティーターンを履行することができる
やばい! マークタッチだ
ここで1回タッキング
風向
ジャイビングしていないので、1回転にはならない
これでは1回転になっていません

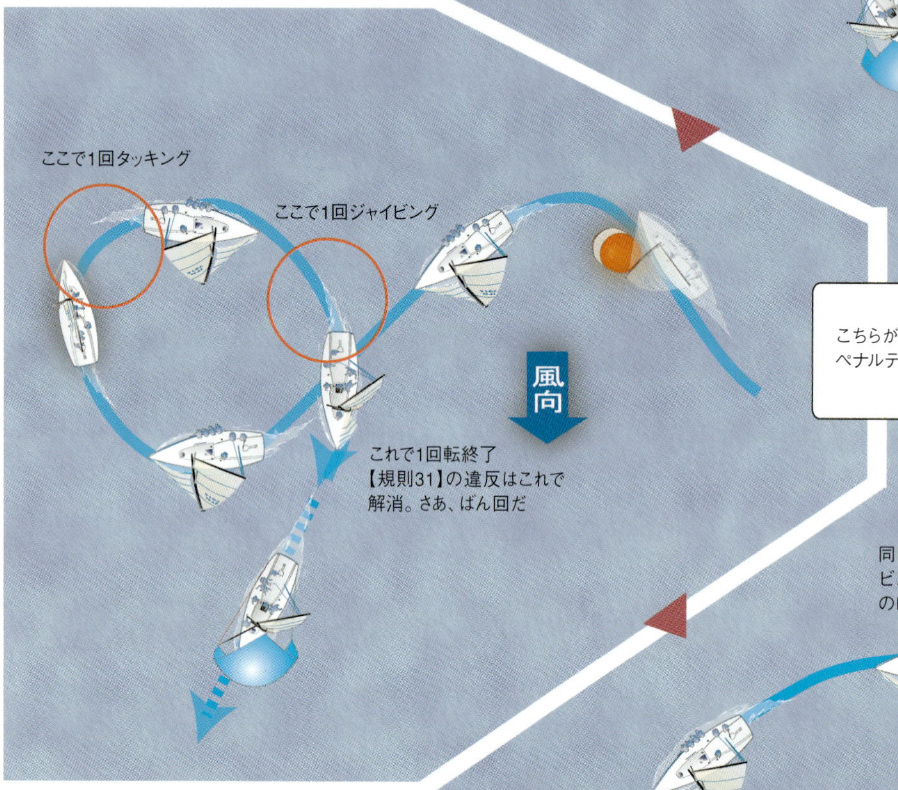
ここで1回タッキング
ここで1回ジャイビング
風向
これで1回転終了 【規則31】の違反はこれで解消。さあ、ばん回だ
こちらが正しい1回転ペナルティー

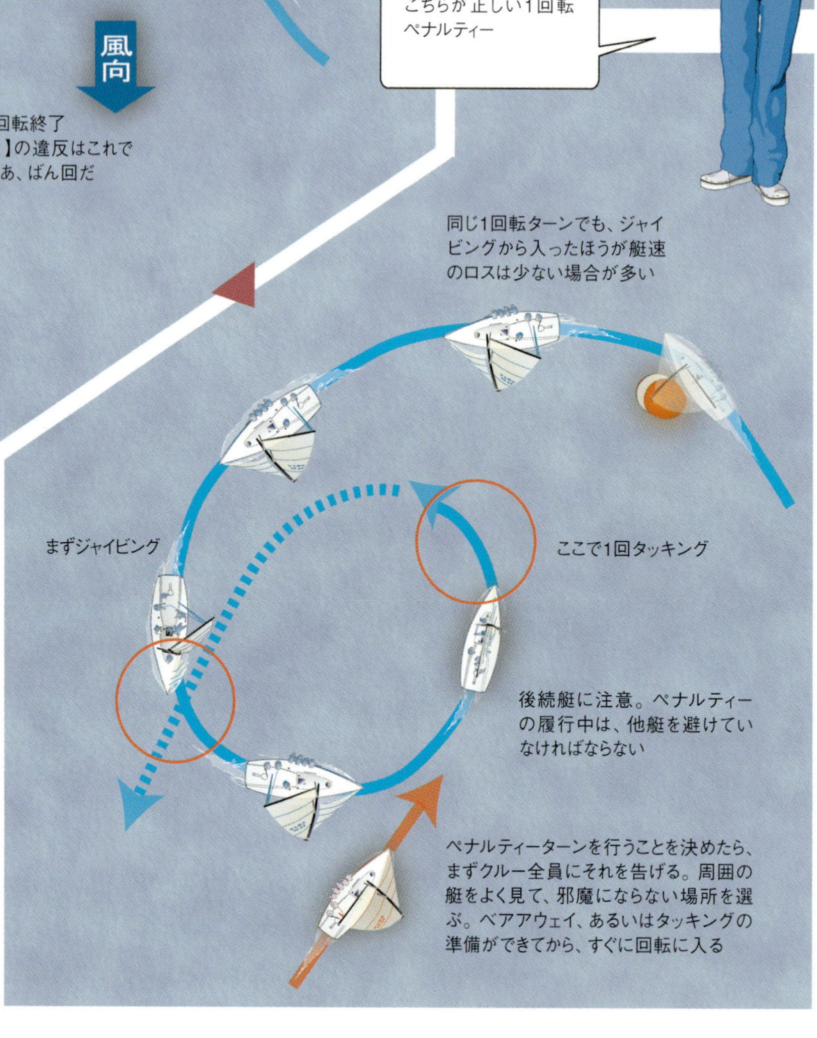
同じ1回転ターンでも、ジャイビングから入ったほうが艇速のロスは少ない場合が多い
まずジャイビング
ここで1回タッキング
後続艇に注意。ペナルティーの履行中は、他艇を避けていなければならない
ペナルティーターンを行うことを決めたら、まずクルー全員にそれを告げる。周囲の艇をよく見て、邪魔にならない場所を選ぶ。ベアアウェイ、あるいはタッキングの準備ができてから、すぐに回転に入る

**【規則22】 スタートの誤り、ペナルティーの履行、後進**

**22.1** スタート信号後、スタートするため、または規則30.1に従うために、スタートラインまたはそのどちらかの延長線のプレ・スタート・サイドに向かって帆走している艇は、プレ・スタート・サイドに完全に入るまでは、そうでない艇を避けていなければならない。

**22.2** ペナルティーを履行している艇は、そうでない艇を避けていなければならない。

**22.3** セールを逆に張って水面に対し後進している艇は、そうでない艇を避けていなければならない。

# ペナルティー

## 2回転のペナルティー

RRS第2章「艇が出会った場合」によるルールに違反したかもしれない、と思ったら、2回転ペナルティーを履行することで失格を免れる。

ジャイビングを2回、タッキングを2回で、2回転ペナルティーとなる。

### 抗議と審問

下図、スターボードタックで走る青艇の前を横切ろうとした赤艇について考えてみよう。

【規則10】によって、スターボードタックの青艇が航路権を持つ。赤艇が青艇を避けていなければならないわけだが、このまま前を通れると判断した赤艇は直進。しかし、実際には青艇がベアアウェイして避けることになった。

ここで、青艇は赤艇に対し「抗議（プロテスト）」と声をかけ、赤色旗を掲揚する。赤艇側としては自分に非があった（規則に違反した）と思ったら、直ちに2回転ペナルティーを履行する。あるいは、自分に非がないと思ったら、フィニッシュ後に審問を受け、プロテスト委員会の裁定を仰ぐことになる。ここで規則に違反したと判定された場合、当該艇は失格となる。

### 得点ペナルティー

大型のワンデザイン艇では、2回転ペナルティーを履行する際に危険があると判断されることから、レース主催者側で2回転ペナルティーに代えて得点ペナルティーを採用することがある。

これは、インシデント（規則違反となる出来事）の後、黄色旗を掲揚することによって、得点ペナルティーを履行する、としたもの。

黄色旗を掲げることで、自艇の規則違反を認めたことになり、罰則として得点が20％（帆走指示書で別に記される場合もある）減じられる。

帆走指示書に何も記載がなければ、2回転ペナルティーが適用される。

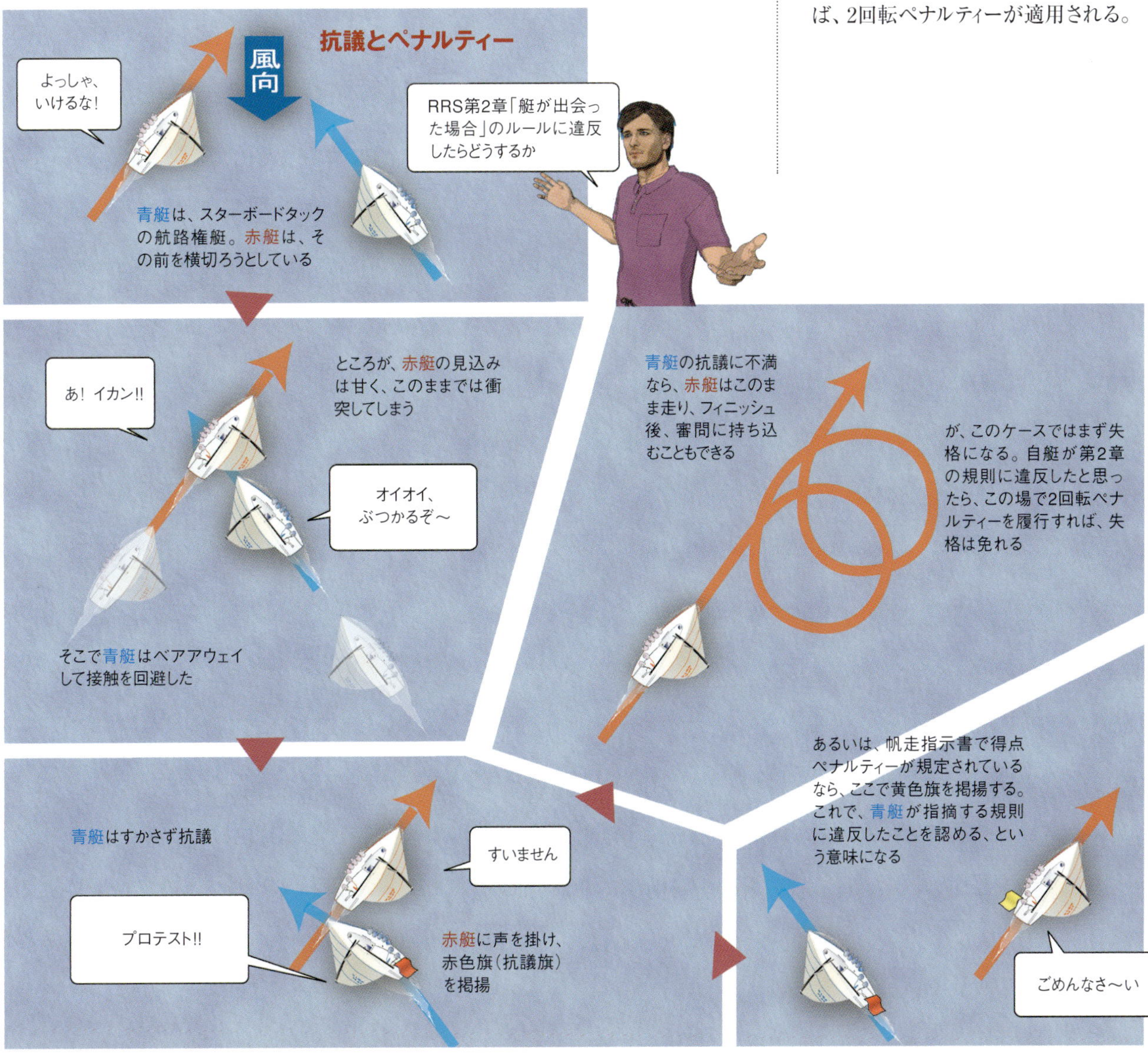

抗議とペナルティー
風向
よっしゃ、いけるな!
RRS第2章「艇が出会った場合」のルールに違反したらどうするか
青艇は、スターボードタックの航路権艇。赤艇は、その前を横切ろうとしている
あ! イカン!!
ところが、赤艇の見込みは甘く、このままでは衝突してしまう
オイオイ、ぶつかるぞ〜
そこで青艇はベアアウェイして接触を回避した
青艇はすかさず抗議
プロテスト!!
すいません
赤艇に声を掛け、赤色旗（抗議旗）を掲揚
青艇の抗議に不満なら、赤艇はこのまま走り、フィニッシュ後、審問に持ち込むこともできる
が、このケースではまず失格になる。自艇が第2章の規則に違反したと思ったら、この場で2回転ペナルティーを履行すれば、失格は免れる
あるいは、帆走指示書で得点ペナルティーが規定されているなら、ここで黄色旗を掲揚する。これで、青艇が指摘する規則に違反したことを認める、という意味になる
ごめんなさ〜い

## 衝突を回避する

自艇が航路権を持つからといって、ぶつけにいっていいというわけではない。【規則14】「接触の回避」(36ページ)によって、航路権艇側にも接触を回避する義務がある(右図)。

ただし、その接触による損傷、あるいは傷害がなければ、航路権艇にはペナルティーは科せられない。規則には違反したがペナルティーはなし、ということだ。逆に、重大な損傷を起こした場合、ここで挙げた2回転ペナルティーで失格を免れることはできない。

また、下図のように、青艇を避けて後

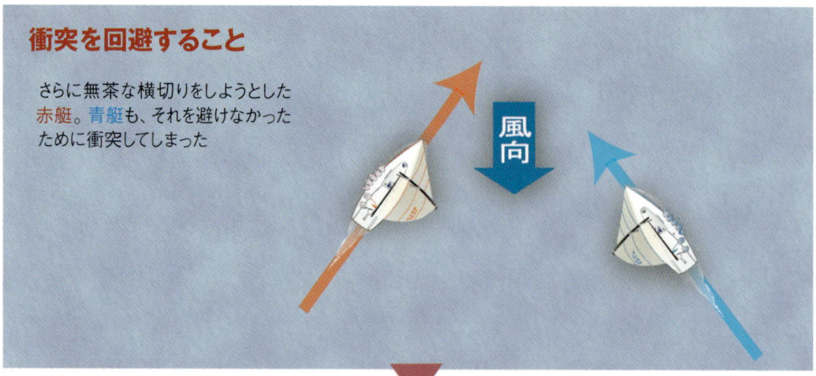

衝突を回避すること
さらに無茶な横切りをしようとした赤艇。青艇も、それを避けなかったために衝突してしまった
風向


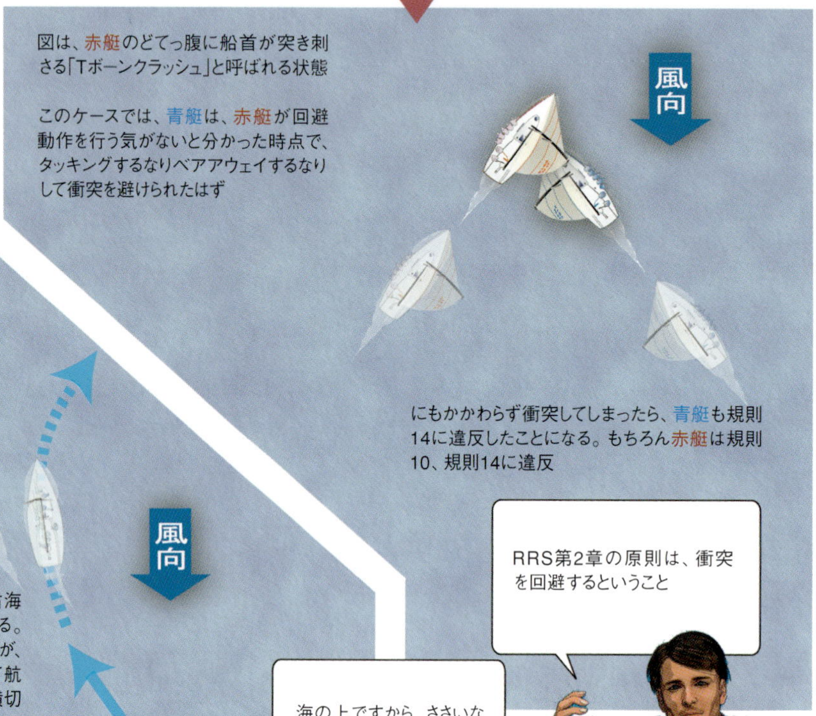

図は、赤艇のどてっ腹に船首が突き刺さる「Tボーンクラッシュ」と呼ばれる状態
このケースでは、青艇は、赤艇が回避動作を行う気がないと分かった時点で、タッキングするなりベアアウェイするなりして衝突を避けられたはず
風向
にもかかわらず衝突してしまったら、青艇も規則14に違反したことになる。もちろん赤艇は規則10、規則14に違反
RRS第2章の原則は、衝突を回避するということ
海の上ですから、ささいなことが重大な人身事故にもつながりかねません


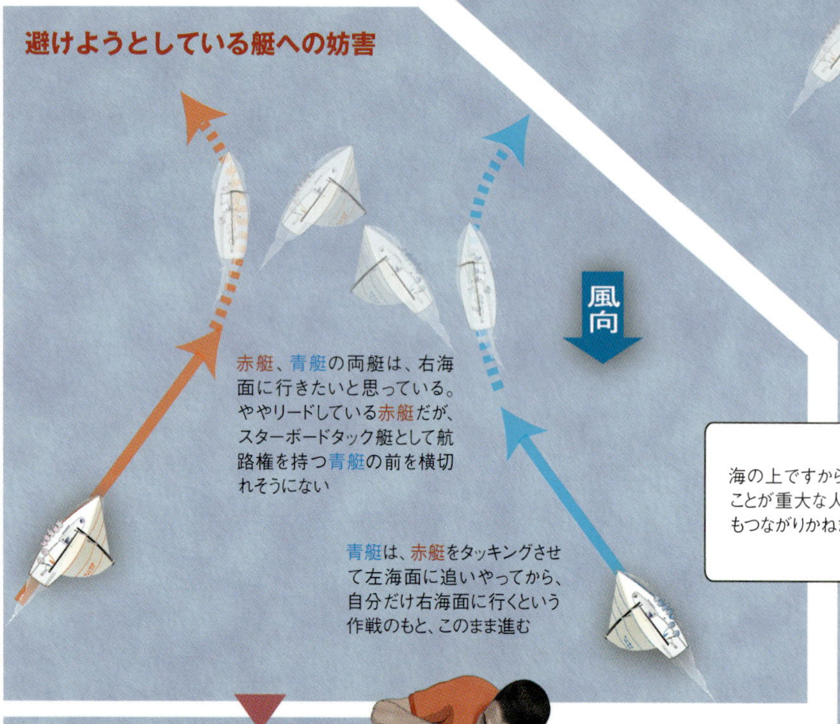

避けようとしている艇への妨害
風向
赤艇、青艇の両艇は、右海面に行きたいと思っている。ややリードしている赤艇だが、スターボードタック艇として航路権を持つ青艇の前を横切れそうにない
青艇は、赤艇をタッキングさせて左海面に追いやってから、自分だけ右海面に行くという作戦のもと、このまま進む


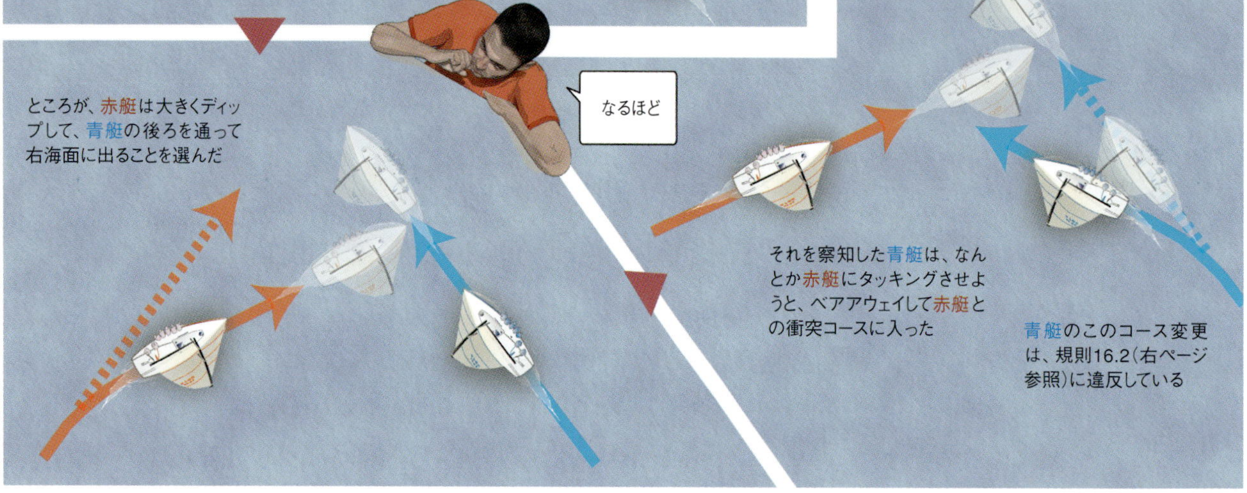

なるほど
ところが、赤艇は大きくディップして、青艇の後ろを通って右海面に出ることを選んだ
それを察知した青艇は、なんとか赤艇にタッキングさせようと、ベアアウェイして赤艇との衝突コースに入った
青艇のこのコース変更は、規則16.2(右ページ参照)に違反している

ろを通って右海面に出ようとしている赤艇に対し、青艇はそれを妨害するようなコース変更をしてはならない（規則16.1）。

ヨットレースは、艇をぶつけ合う競技ではない。これまで記してきた戦術は、あくまでも衝突を回避し、安全に競技を行うことを前提としたものだ。

### 抗議の要件

抗議をする際は、まずその場で相手に対して抗議するという意思を伝えること。単に「回れ」と声を掛けることもあるが、正しく「プロテスト（抗議）」と声を掛ける。同時に、赤色旗を掲揚する。

赤色旗はフィニッシュしてフィニッシュラインを離れるまで掲揚し続けなくてはならない。

全長6m未満の艇では、赤色旗を掲揚する必要はないが、代わりに帆走指示書で「レースコミティーボートに抗議の意思を伝えること」などとなっている場合がある。帆走指示書で抗議の手順を確認しておこう。

帰着後は、いつ、誰が、どの規則に違反したのか、帆走指示書に記載された抗議締め切り時刻までに、書面でレースオフィスに提出する。

その後、当事者には審問の時刻と場所が通告され、プロテスト委員会によって審問が行われる。

ここでプロテスト委員会が規則違反と判定した場合、失格あるいはその他のペナルティーが科せられる。

## シリーズ戦略

最後に、シリーズ全体の戦略について説明しておこう。

何回かのレースによって競われるシリーズレースでは、各レースの順位によって得点が与えられ、シリーズを通した総合得点で勝敗が決められる。

帆走指示書に明記されていない限り、セーリング競技規則 付則Aで規定される低得点方式が採用される。

これは、1位に1点、2位に2点……とした得点が与えられるものだ。

シリーズの得点は、最も悪い得点を除外した得点の合計となる（帆走指示書で、得点除外がないと定められる場合もある）。

もちろん、総合得点の少ない方が上位となる。

### 1位になる必要はない

シリーズレースでは、あくまでもシリーズ得点が重要だ。3レースを終えて、1位、10位、6位なら合計17点。10位のレースを除外しても合計7点だが、3位、3位、4位なら10点。4位のレースを除外しても6点で、順位としては上位になる。

コースエンドを狙うと、時にラッキーなシフトで断トツのトップになることがあるかもしれないが、大きく順位を落とすリスクもある。各レースで1位を取るより、コンスタントに上位に付けていたほうがシリーズ成績は上になる場合が多い。1回も1位を取っていない艇が、圧倒的な得点差でシリーズ優勝するというのは、よくあることだ。

また、シリーズ後半ではライバルとなる艇がおのずと決まってくる。

総合得点から、どの艇に勝てばいいのか、どの艇に負けてはいけないのか、単に前に入るか否かだけではなく、順位を上げるためには途中に何艇入れなければならないか、あるいは前に行かれたとしても間に他艇が入らなければ逆転はされないのか、を考えなければならない。ハンディキャップで競うレースなら、先着すればいいというわけでもないので、さらに複雑だ。

それらすべてを考慮し、得点計算をして、しっかりしたシリーズ戦略をたてた上で各レースの戦略を練っていこう。

最終目的は、シリーズ優勝することなのだから。

---

**【規則16】コース変更**

16.1　航路権艇がコースを変更する場合、相手艇に対して避けているためのルームを与えなければならない。

16.2　更に、スタート信号後、ポートタック艇がスターボードタック艇の後方を通過するように避けている場合、スターボード艇は、ポートタック艇が引き続き避けているために直ちにコース変更が必要となるようなコース変更をしてはならない。

**【規則24】他艇に対する妨害**

24.1　常識的に可能な場合には、レース中でない艇は、レース中の艇を妨害してはならない。

24.2　プロパー・コースを帆走中の場合を除き、艇はペナルティーを履行している艇または他のレグを帆走中の艇を妨害してはならない。

**【規則61】抗議の要件**

61.1　被抗議者に伝えること

（a）抗議しようとする艇は、最初の妥当な機会に相手艇に伝えなければならない。その抗議がレース・エリアで関与したか、または目撃したインシデントに関わる場合、その艇はそれぞれについて最初の妥当な機会に「プロテスト（抗議）」と声を掛け、目立つように赤色旗を掲揚しなければならない。その艇は、レース中でなくなるまで、赤色旗を掲揚しておかなければならない。ただし、

（1）相手艇が声を掛けられる距離以上に離れている場合には、抗議する艇は声を掛ける必要はないが、その意思を最初の妥当な機会に相手艇に伝えなければならない。

（2）艇体の長さが6メートル未満の艇は、赤色旗を掲揚する必要はない。

（3）インシデントが、コースの帆走に関する相手艇の誤りであった場合には、声をかけることや赤色旗の掲揚は不要だが、その意思を、相手艇のフィニッシュ前か、フィニッシュ後の最初の妥当な機会に相手艇に伝えなければならない。

（以下省略。詳しくはルールブック参照）

# セーリング競技規則　2009-2012から抜粋

## 基本原則

### スポーツマンシップと規則

セーリング・スポーツの競技者は、守り守らせる一連の規則により統制されている。スポーツマンシップの基本原則は、競技者が規則に違反した場合、速やかにペナルティーを履行することであり、リタイアの場合もある。

**第1章　基本規則**

**1　安全**

1.1　危険な状態にあるものを助けること

艇または競技者は、危険な状態にある人員または船舶を、可能な限りのあらゆる救助をしなければならない。

1.2　救命具と個人用浮揚用具

艇には、乗艇する全員のために、直ちに使用できるよう準備した1種類を含み、適切な救命具を備えていなければならない。ただし、クラス規則により別の規定を定めている場合を除く。その状況に適した個人用浮揚用具を着用することは、各競技者個人の責任である。

**2　公正な帆走**

艇およびそのオーナーは、一般に認められているスポーツマンシップとフェア・プレーの原則に従って競技しなければならない。艇は、この原則に違反したことが明らかになった場合にのみ、この規則に基づくペナルティーを課せられることがある。この規則に基づく失格は、その艇のシリーズの得点から除外してはならない。

**3　規則を受け入れること**

この競技規則に基づき運営されるレースに参加することにより、各競技者と艇のオーナーは、次のことに同意することになる。

(a)　規則により統制されること。

(b)　規則に規定された上告および再審の手順に従って、規則に基づき課せられたペナルティーおよび撮られたその他の処置を、規則に基づき生じた自公の最終決定として受け入れること。

(c)　どのような決定でも尊重し受け入れ、法定や裁判の場に訴えないこと。

**4　レースをすることの決定**

レースに参加するか、またはレースを続けるかについての艇の決定の責任は、その艇にのみある。

**5　アンチドーピング**

(省略)

本書の解説に必要と思われる部分のみ、『セーリング競技規則』から抜粋しました。掲載ページは以下のとおり。


第2章　艇が出会った場合
A節　航路権
[規則10]　反対タックの場合 ……P.27,P.51
[規則11]　同一タックでオーバーラップしている場合 ……P.51
[規則12]　同一タックでオーバーラップしていない場合 ……P.51
[規則13]　タッキング中 ……P.27

B節　一般制限
[規則14]　接触の回避 ……P.36
[規則15]　航路権の取得 ……P.67
[規則16]　コース変更
16.1 ……P.51
16.2 ……P.108
[規則17]　同一タックでのプロパー・コース ……P.52

C節　マークおよび障害物において
[規則18]　マークルーム ……P.63

D節　その他の規則
[規則22]　スタートの誤り、ペナルティーの履行、後退 ……P.106

第3章　レースの実施
[規則31]　マークとの接触 ……P.104

第4章　レース中のその他の要件
[規則44]　インシデント時のペナルティー ……P.104


本書で解説していないルールはたくさんあります。ぜひとも『セーリング競技規則』を購入し、熟読してください(日本語翻訳は(財)日本セーリング連盟で行ったもので、正式には英語版となります)

本書は「月刊KAZI」に連載されていた『ヨットレース戦術入門　レーシングタクティクス虎の巻』を加筆編集したものです。

ヨットレースのためのテキストはこれまでにも内外で出版されていますが、多くは上級者向けの内容になっています。そこで、初心者にも分かりやすいようにイラストを中心に、見て理解するタイプの入門書が作れないものかということで1997年に出版したのが『高木 裕の図解ヨットレーシング』です。ずいぶん古くなってしまったので、舵社から出版されている『虎の巻シリーズ』の一巻として新たに書き上げることにしました。

もちろん、高木 裕氏には前回同様、ご指導いただきました。インターネット環境も進化し、九州に住む高木氏との連絡もなんら問題なく行うことができました。版も大きくなり、私自身が描くイラストもずいぶん進化したと思います。

『図解ヨットレーシング』に比べると、ちょっと文字が多くなってしまったかな、とも思うのですが、イラストだけを目で追っていただいても、だいたい意味は分かると思います。

本書を手元に置いて、ヨットレースというゲームを、さらにお楽しみください。

2009年2月28日　高槻和宏

ヨットマンのための

# レーシング・タクティクス虎の巻


解　説　高槻和宏
監　修　高木 裕
イラスト　高槻和宏
表紙撮影　宮崎克彦
表紙撮影協力　〈アドニス〉(S40／大野稔久オーナー)
〈ケットフィーク〉(X35／木村大介オーナー)
葉山マリーナヨットクラブ

発行者　大田川茂樹
発行所　株式会社 舵社
〒105-0013　東京都港区浜松町1-2-17
ストークベル浜松町3F
TEL:03-3434-5342
FAX:03-3434-5184
編　集　森下嘉樹
装　丁　鈴木洋亮
印　刷　株式会社 大丸グラフィックス
2010年3月20日 第1版第1刷発行
2013年10月20日 第2版第1刷発行

定価はカバーに表示してあります。



ISBN978-4-8072-1045-9